职业技能培训教材

ZHIYE JINENG PEIXUN JIAOCAI

内燃港口装卸机械司机

山东港口青岛港集团有限公司　组织编写

中国劳动社会保障出版社

图书在版编目（CIP）数据

内燃港口装卸机械司机 / 山东港口青岛港集团有限公司组织编写. -- 北京：中国劳动社会保障出版社，2024. --（职业技能培训教材）. -- ISBN 978-7-5167-6679-8

I. U653.92

中国国家版本馆 CIP 数据核字第 2024BZ8689 号

中国劳动社会保障出版社出版发行

（北京市惠新东街 1 号　邮政编码：100029）

＊

河北宝昌佳彩印刷有限公司印刷装订　　新华书店经销

787 毫米 ×1092 毫米　16 开本　14.5 印张　267 千字

2024 年 12 月第 1 版　2025 年 3 月第 2 次印刷

定价：56.00 元

营销中心电话：400-606-6496

出版社网址：https://www.class.com.cn

版权专有　　侵权必究

如有印装差错，请与本社联系调换：（010）81211666

我社将与版权执法机关配合，大力打击盗印、销售和使用盗版图书活动，敬请广大读者协助举报，经查实将给予举报者奖励。

举报电话：（010）64954652

编审委员会

主　任：苏建光　李武成
副主任：张保华
委　员：吴宇震　崔　亮　王芙玲　袁　青
　　　　赵　波　邢东亮　姚如秀　王　晋
　　　　李　涛

编写人员

主　编：杨超奎　王　力
副主编：徐再旺　裴　蛟
编　者：孙鹏飞　杜　红　李守殿

前言

工人伟大，劳动光荣。党的二十大报告明确提出，要深入实施人才强国战略，并把大国工匠和高技能人才作为国家战略人才力量的重要组成部分。党的二十届三中全会审议通过的《中共中央关于进一步全面深化改革、推进中国式现代化的决定》指出，要"着力培养造就卓越工程师、大国工匠、高技能人才，提高各类人才素质"，进一步彰显加强技能人才队伍建设的重要意义。近年来，中共中央、国务院制定出台了《新时期产业工人队伍建设改革方案》《关于提高技术工人待遇的意见》《关于加强新时代高技能人才队伍建设的意见》等一系列指导意见，为加强技能人才队伍建设顶层设计、深化技能人才发展体制机制改革提供了有力保障。

企业技能等级认定是技能人才工作的重要组成部分，是企业技能人才开发的"牛鼻子"和"指挥棒"。为进一步贯彻落实中共中央关于技能人才队伍建设系列工作要求，山东港口青岛港结合港口新材料、新工艺、新技术、新设备的应用，以及港口机械设备大型化、自动化、智能化的普及，特成立教材编写小组，编写了6册港口职业技能等级认定教材，期待为港口行业各职业工种高技能人才借鉴提供有益参考。

本系列教材适应了当前港口的发展变化以及港口装卸（电动、内燃、流体）机械司机和维修工新颁布的国家职业标准要求，坚持以培养从业人员职业能力和满足岗位需求为目的，内容难易适度，理论知识以"够用"为度，确保从业人员能看得懂、学得会。同时，注重理论联系实际，重点帮助从业人员了解港口装卸机械的基本组成、结构和工作原理，掌握港口装卸机械的基础知识和基本技能，着重提高从业人员的职

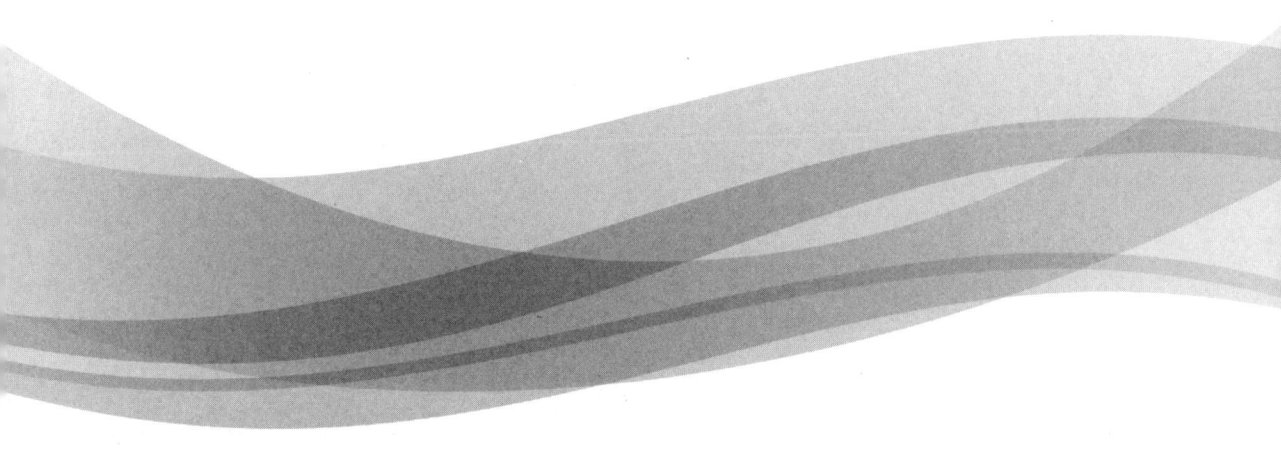

业素养和实际操作技能。教材具有较高的针对性、通用性和实用性，可满足技术工人自学需求及港口行业职业技能等级认定学习需要。

  山东港口青岛港集团有限公司组织编写的本系列教材，得到了山东省人力资源和社会保障厅相关处室、山东省公共就业和人才服务中心、青岛市人力资源和社会保障局、青岛市人力资源发展研究与促进中心、山东省港口集团有限公司党委组织部（人力资源部）的指导帮助，得到了中国港口协会、青岛港湾职业技术学院的大力支持，在此深表谢意。由于编者能力和时间所限，教材中难免存在部分问题和缺陷，敬请各位专家、读者批评指正。

山东港口青岛港集团有限公司教材编写组

2024年9月

目 录
Contents

第一章　内燃港口装卸机械 / 001
　　第一节　件杂货作业机械 / 002
　　第二节　固体散货物料作业机械 / 008
　　第三节　集装箱作业机械 / 016
　　第四节　特种作业机械 / 022

第二章　内燃装卸机械主要零部件 / 024
　　第一节　柴油发动机 / 024
　　第二节　液力变矩器 / 047
　　第三节　变速箱 / 051
　　第四节　摩擦式离合器 / 054
　　第五节　万向节 / 058
　　第六节　驱动桥 / 062
　　第七节　液压泵 / 068
　　第八节　电气元件 / 074
　　第九节　车架 / 076
　　第十节　轮胎 / 080
　　第十一节　属具 / 083

第三章　内燃装卸机械主要工作机构 / 089
　　第一节　工作装置 / 089
　　第二节　液压系统 / 107
　　第三节　转向系统 / 110

第四节 传动系统 / 114
第五节 制动系统 / 117
第六节 电控系统 / 135

第四章 内燃装卸机械操作 / 145
第一节 内燃装卸机械司机安全常识 / 145
第二节 内燃装卸机械安全操作规程 / 147

第五章 内燃装卸机械装卸工艺 / 155
第一节 港口装卸工艺 / 155
第二节 危险货物装卸工艺技术要求 / 164
第三节 起重机指挥信号 / 169

第六章 内燃装卸机械保养及技术管理 / 173
第一节 内燃装卸机械保养 / 173
第二节 故障率曲线及主动维护理念 / 181
第三节 港机设备状态监测与故障诊断 / 182

第七章 内燃装卸机械故障诊断与排除 / 191
第一节 内燃机故障诊断与排除 / 191
第二节 液压系统故障诊断与排除 / 198
第三节 电气系统故障诊断与排除 / 204
第四节 传动系统故障诊断与排除 / 208
第五节 行走系统故障诊断与排除 / 214
第六节 转向系统故障诊断与排除 / 219

第一章
内燃港口装卸机械

内燃港口装卸机械（以下简称内燃装卸机械）以内燃机为动力源，利用机械传动装置、液力传动装置、液压传动装置和电力传输装置将内燃机的扭矩和功率传递给各种工作机构，用于完成货物的水平或垂直搬运。

常见的叉车，利用水平行走和货叉的垂直升降运动，完成对货物的水平或垂直搬运；码头常用的轮胎吊车，利用水平行走、垂直起吊升降和旋转货物，同样完成对货物的水平或垂直搬运。

内燃装卸机械的特点是流动性、适用性和灵活性强，可用于较远距离的水平搬运或远途行走，移动作业范围大。内燃装卸机械可在狭窄的环境中作业，如库内、舱内和集装箱内；也可在复杂、恶劣的地面条件下作业。

内燃装卸机械广泛应用于港口、矿山、铁路、机场、大宗货物集散地等的货场、堆场和仓库内的货物装卸作业，也是土建工程、水利工程、电力工程和基建施工常用的机械设备。

内燃装卸机械的发展趋势呈现出如下 4 个特点。

1. 近年来，随着国际水运运输的发展，水路货运量不断增长，运输船舶向大型化、专业化发展，世界各国不仅建设了大型化、专业化的港口码头，也开发和配置了相应的港口装卸机械。港口装卸机械化发展的总趋势是具有建造大型化、专业化的设备，以适应运输船舶大型化、专业化需要的特点。

2. 采用新型的高强度材料和新型结构，以减轻设备的自身重量，实现机械的轻型化。

3. 应用自动控制、电子计算机等信息技术可以提高设备的技术性能和使用性能，实现机械运转的平稳性、准确性、快速性和高度可靠性。

4. 采用合理的措施并设置舒适的操作环境，以减轻司机的工作疲劳程度，提高工作效率。

内燃装卸机械主要包括件杂货作业机械、固体散货物料作业机械、集装箱的水平和垂直搬运作业机械，以及特种作业机械等。

第一节　件杂货作业机械

件杂货作业机械主要包括通用型叉车、通用型拖车和轮胎起重机。

一、通用型叉车

1. 叉车的总体架构

叉车主要由动力装置、底盘、工作装置和电气设备四大部分组成。

（1）动力装置

内燃叉车是以内燃机为动力的叉车，主要以汽油、柴油、液化天然气和油－气等作为燃料，由内燃机、传动驱动装置、操纵控制装置、工作装置等组成。

电动叉车分为以蓄电池为动力源和以交流电为动力源两种，由动力源、电动机、传动驱动装置、操纵控制装置、转向制动装置、工作装置等组成。由于交流电动叉车使用范围受限，使用较少，因此，通常所说的电动叉车指的是蓄电池叉车。

（2）底盘

底盘由传动系统、转向系统、制动系统、行驶系统四部分组成。

（3）工作装置

工作装置又称起升机构，由机械部分与液压系统组成。工作装置可分为门架式、平行连杆式和吊臂伸缩式三种，其中，门架式工作装置的应用最为广泛。

（4）电气设备

电气设备主要由蓄电池、照明装置、各种警告与报警信号装置及其他电气元件和线路组成。内燃叉车电气设备包括起动机和发电机，汽油机叉车电气设备包括点火装置，电动叉车电气设备包括直流电动机。

随着叉车技术的发展及用户使用要求的不断提高，叉车目前还包括许多选装件，如驾驶室、灭火器、各种属具、报警装置等，内燃叉车还可选装空调等。

2. 叉车的类型

（1）按动力源，叉车分为内燃叉车、电动叉车、混合动力叉车和手动叉车。

（2）按传动方式，叉车分为机械传动叉车、液力传动叉车、全液压传动叉车和电传动叉车。

（3）按特种行业用途，叉车分为防爆叉车、多向走叉车、越野叉车、军用工业叉车、车载式叉车和无人驾驶工业叉车。

（4）按装卸方式，叉车分为电动托盘堆垛车、正面叉车、侧面叉车、固定平台搬运车、集装箱正面吊和三向堆垛叉车。

（5）通用型叉车是应用最广泛的装卸机械，主要用于港口、铁路、机场、大宗货物集散地和工矿企业的货场和仓库内的货物装卸作业。其可配挂各种属具，用于完成对各种复杂件杂货的作业。通用型叉车按照作业的工况和适用的环境，分为港口型叉车、普通型叉车和特种作业叉车三大类。

1）港口型叉车。港口生产具有异常繁忙、货种复杂、作业环境恶劣等特点，要求港口型叉车必须满足高强度、高效率连续作业的要求，以适应载荷变化大、工作环境恶劣等工况条件。因此，对其设计、选型和制造工艺都提出了更高的要求。

①对动力装置的要求是输出功率大、持续功率高、适用环境温度范围大。

②对传动装置的要求是传输功率高、扭矩大、结构紧凑、强度高。

③对车体、车桥的要求是强度和刚度高、结构简单。

④对工作装置的门架和滑架的要求是结构强度和刚度高、结构紧凑，同时还要求视野良好。

⑤对港口型叉车技术性能的总体要求是安全、可靠，操作灵活、机动性强、视野良好，结构紧凑且强度、刚度高，功率高、扭矩大，作业效率高、环境适应能力强。

港口型叉车通常包括货叉前置式叉车和货叉侧置式叉车，如图1-1-1和图1-1-2所示。

图1-1-1 货叉前置式叉车

图1-1-2 货叉侧置式叉车

货叉前置式叉车使用最广泛。货叉侧置式叉车主要用于搬运长大件货物,其门架和货叉位于叉车侧面的中部,不仅可以上下移动,还可以前后伸缩,门架一侧设有前后平台,用于放置货物。

随着叉车种类和型号的不断增加,以及取物装置形式的多样化,叉车在港口的使用范围逐渐扩大。它适用于码头与后方库场及车船直接取货的短距离运输,以及仓库、货场、舱内、车内、集装箱内的装卸和堆码作业,可大大提高港口装卸作业的机械化程度,减轻装卸工人的劳动强度,从而提高装卸效率,缩短车、船在港停留时间。

叉车的机动性能为其在船舱内的堆高作业提供了保证,大大提高了船舶有效舱容利用率,降低了货物运输及装卸成本,因此在港口装卸作业中获得广泛应用。

2)普通型叉车。普通型叉车一般用于厂矿企业的仓库、货场、车间内,作业场地相对平整,使用率较低,从事货种较为单一、工况良好的或间断性的短时作业,因此,对其设计、选型和制造工艺要求不高,对其功率储备和强度、刚度,以及适用环境要求也不高。

这类叉车包括与港口型叉车相似的货叉前置式叉车、货叉侧置式叉车等,起重吨位较小。

3)特种作业叉车。特种作业叉车是为特种作业和在特种环境中作业而设计或改装的叉车,主要用于对易燃易爆危险品等货种的作业,以及有易燃易爆气体和液体及化学品的特殊环境的作业。

特种作业叉车对发动机尾气的排放温度和排气管的安装位置、表面静电强度、机械撞击和摩擦火花、作业中的振动都有严格的要求和相应的应对措施。

这类叉车包括货叉前置式叉车、货叉侧置式叉车等,起重吨位大小不等。

二、通用型拖车

通用型拖车由半挂牵引车或牵引车与托盘组成,具有牵引载荷大、装载货物多、行驶速度快、运输距离远、操控灵活等特点。通用型拖车不仅广泛用于港口、铁路、林场、机场内件杂货的短距离水平运输,也广泛用于厂对厂、站对站的长途水平运输。

1. 牵引车的总体架构

(1)主车

主车由发动机、传动系统、行驶系统、转向系统、制动系统等组成。

1)发动机包括柴油发动机、燃气发动机。

2)传动系统由离合器、变速箱、传动轴、主减速器、差速器、半轴、驱动桥、驱动轮等组成。

3）行驶系统由车架、车桥、车轮、轮胎、悬架、减振器等组成。

4）转向系统由转向盘、转向器、转向传动系统等组成。

5）制动系统由制动器和制动传动系统组成，制动传动系统又分为液压式、气压式和气液混合式等。

（2）挂车

挂车一般分为平板式挂车和框架式挂车，其结构组成基本相同，都是由车架、行走支承装置（包括支挂桥、悬挂装置、制动装置、从动车轮等）、支腿，以及集装箱锁定装置等组成。

2. 牵引车的类型

（1）半挂牵引车

半挂牵引车一般由大功率汽车和在其车架上安装的牵引架组成，如图1-1-3所示。半挂牵引车的牵引力一般较大，与托盘连接和脱离简单。

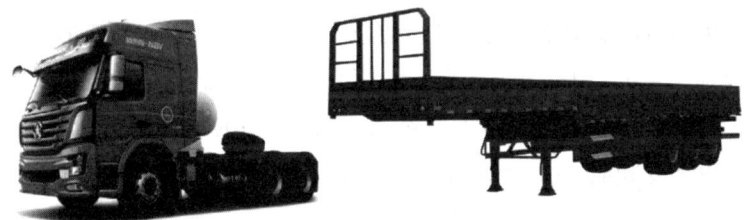

图1-1-3　半挂牵引车

托盘一般由托盘架和通用随动车桥或特质车桥组成。根据托盘架钢结构、几何尺寸和形状的不同，其载荷、用途也有所不同。

（2）全挂牵引车

全挂牵引车又称拖头，如图1-1-4所示。主车与托盘之间采用全挂式结构，托盘载荷大，可一车拖多个托盘。全挂牵引车转向灵活、操作方便，但由于倒车行驶困难、托盘无制动，因此难以适应港口大运量生产的需要，现仅在铁路、林场、机场和作业场所较小的货场、车站使用。

图1-1-4　全挂牵引车

三、轮胎起重机

1. 轮胎起重机的组成和用途

轮胎起重机广泛用于港口、铁路、林场、货场、建筑施工、管道施工、水电工程和其他需要吊装的场所。轮胎起重机是装在特制轮胎底盘上的全回转（可360°回转）臂架起重机，如图1-1-5所示。它有起升、回转、变幅和运行4个工作机构，分别完成提升和水平运移货物、调整臂架伸距及变换工作地点的动作。

轮胎起重机的起重臂、驾驶室（个别机型例外）、动力装置、平衡重（配重），以及起升、变幅、回转机构等都布置在转台上。运行底盘设有4个可收放支腿，以便增加起重能力和稳定性。

图 1-1-5 轮胎起重机

轮胎起重机的特制底盘能较好地符合起重作业的要求，轮距和轴距配置较为适当，因此稳定性较好；它的起升速度较高，吊具可为吊钩或配用双绳抓斗，因此装卸生产效率较高；它允许在一定条件下带载荷移动。例如，在使用短臂且地面平坦的情况下，轮胎起重机可以无支腿时75%额定起重量的货载作为吊货行驶，这就更加增强了起重作业的机动性。

轮胎起重机的行驶速度一般低于30 km/h，个别可达50 km/h，适宜在作业场地较为固定、以起重为主兼顾行驶的场合使用。因此，轮胎起重机在港口码头应用广泛。

港口常用轮胎起重机按驱动形式可分为电动式轮胎起重机、全液压式轮胎起重机和机械式轮胎起重机等。各种形式的轮胎起重机有时也简称吊车。随着港口的不断发展，单件货重，特别是五金、设备类货物的重量在不断增加，为满足港口装卸生产的需要，港口常用轮胎起重机的最大额定起重量有25 t、40 t、50 t、65 t、80 t等。

2. 轮胎起重机的类型

（1）自行式轮胎起重机

自行式轮胎起重机机动性强，适用于路面条件相对较好、需要长距离移动或频繁转场的场合。由于其具有机动性强的特点，因此得到了广泛使用。随着现代科学技术的不断发展，国内已生产出千吨级以上的自行式轮胎起重机，并且其使用范围还在不断扩大。但是，由于其作业需要支腿支承，所以自行式轮胎起重机结构设计复杂，尤其是对地面强度要求较高，因此其使用方面受到制约。

根据使用条件，自行式轮胎起重机可分为港口型起重机和建筑安装型起重机。

1）港口型起重机。港口常用的轮胎起重机是自行式全回转动臂起重机，主要用于港口件杂货的装卸，其中以件杂货装卸、堆垛等作业使用最为广泛，是实现港口装卸作业机械化的主要设备之一。它具有一次性投资少、适应范围广、流动性强、结构与制造较简单等优点，因而在非专业化（即非油、粮、盐、煤等大宗货类）码头得到广泛使用。

港口使用的各类起重机都具有载荷变化大、工作时间长、各工作机构的繁忙程度高、工作环境差等特点。因此，对港口型起重机的要求是钢结构强度和刚度高，抗疲劳；各工作机构的可靠性高、耐疲劳，且环境适应能力强；另外还要求其自重小，几何尺寸尽量小。

港口型起重机根据动力驱动装置的类型和驱动布置方案的不同，又可分为以下三种主要结构形式。

①内燃发动机集中驱动式：即内燃发动机的动力通过离合器（耦合器或变矩器）传递给总动力箱，再经总动力箱传递给各工作机构，从而实现动力传递。该类型起重机型号包括 UC-25 等。

②电力-机械式：即内燃发动机带动一台直流发电机，将内燃发动机的机械能转换为电能，再驱动各电动机，从而实现对轮胎起重机各工作机构的驱动。该类型起重机在各沿海港口、内河港口、地方交通运输部门也得到了广泛使用，型号包括 DLQ25A、D2LQ25、DLQ25D 等。

③液力-机械式：即内燃发动机带动一台相应的液压油泵，将内燃发动机的机械能转换为液压能，再驱动各液压马达，从而实现对起重机各工作机构的驱动。该类型起重机在港口通常称为全液压式轮胎起重机，型号包括 QLY25、QLY32、QLY40、QLY65 等。

港口型起重机的起升机构、变幅机构均采用钢丝绳滑轮组缠绕机构，臂架均采用桁架结构。

2）建筑安装型起重机。许多建筑安装型起重机也采用与港口型起重机相同的驱动方式和结构形式，其不同点只是在于对各工作机构的要求。建筑安装型起重机如图 1-1-6 所示。

图 1-1-6　建筑安装型起重机

建筑安装型起重机的特点是起升、变幅、旋转三大机构的运行速度较慢、调整性好、起升高度高，这样才能满足安装工程的需要。建筑安装型起重机一般需要长途移动，因此其行走机构的运行速度较快，有些采用汽车底盘结构。

现代建筑安装型起重机普遍采用液力－机械式驱动方式，特别是变幅机构采用油缸举升，结合液压缸伸缩臂架系统，改变了传统的机械结构，使整车结构得到了优化。但这些也对维修、保养提出了较高的技术要求。

（2）履带式起重机

履带式起重机因其对地面压强低，履带强度高，对地面所获得的反作用力大，并且整车机构坚固，故能够在松软、泥泞和沙石地面上作业，适用于机场、码头、土木工程、水电工程等大型工程的吊装、夯实、打桩等作业。履带式起重机如图1-1-7所示。

履带式起重机的特点是履带接地面积大、压强小，结构坚固，自重大，作业稳定性高，起重量大，起升高度高，行走速度低。其行走一般都是短距离、调整性移动，而长距离移动需要专用托盘运送。

图1-1-7 履带式起重机

第二节
固体散货物料作业机械

固体散货物料作业机械主要包括装载机、挖掘机、履带式推耙机、自卸车等。

在以上固体散货物料作业机械中，只有履带式推耙机一般用于港口船舶散货的平舱作业，其他都属通用机械类。

一、装载机

装载机广泛用于对土石方、煤炭、矿石及其他固体散货物料的堆垛、装车、填埋和平整作业，也可以用于比较松散的土石方的挖掘作业。在港口生产中，装载机用于矿石、煤炭堆场的堆垛作业，火车和汽车的装载作业，清理地面积料作业，以及矿石船舱内的清舱作业。它不仅可以对固体散货物料进行作业，通过换装相应的工作属具，还可以进行推土、起重、装卸木材及钢管等作业。因此，它广泛应用于港口、建筑、铁路、公路、水电、矿山等工程。装载机如图 1-2-1 所示。

图 1-2-1　装载机

1. 装载机的总体架构

装载机由发动机、底盘、工作装置、液压系统、电气设备五大部分组成。

（1）发动机是动力装置，装在装载机的尾部，兼起平衡配重的作用。

（2）底盘由传动装置、行走装置、转向装置、制动装置组成。

1）传动装置的作用是将发动机的动力传递给驱动轮，使装载机运行。它由液力变矩器（机械传动为离合器）、变速箱、万向节传动轴、装在驱动桥内的主传动装置等组成。

2）行走装置由车架、前后车桥、车轮等组成。

3）转向装置是控制装载机行驶方向的机构，由转向器、转向传动机构等组成。

4）制动装置是使装载机减速或停车的机构，由制动器、制动传动机构等组成。

（3）工作装置位于装载机的前部，用于铲取货物和升降货物。它由铲斗、动臂、摇臂、连杆（拉杆）四大基本部件及它们之间的铰销组成。

（4）液压系统通常由油泵、油缸、换向阀、分流阀、油液和油箱等组成。液压系统通过油液把动力传递给工作装置。

（5）电气设备包括发电系统、起动系统、照明系统、警示系统、仪器仪表显示系统等。

2. 装载机的类型

（1）按行走装置，装载机可分为履带式和轮胎式两种。

履带式装载机以专用履带底盘为基础，配置工作装置及操纵系统，如图 1-2-2 所示。履带式装载机具有接地压强小、通过性好、重心低、稳定性好、附着力强、牵引力大等优点，但其速度低、灵活性相对差、成本高、行走时易损坏路面。

图 1-2-2 履带式装载机

轮胎式装载机以轮胎式专用底盘为基础，配置工作装置及操纵系统。轮胎式装载机的优点是质量小、速度快、机动灵活、效率高、行走时不破坏路面。特别是在工程量不大、作业点不集中、转移较频繁的情况下，其生产效率超过履带式装载机，在工程建设中被广泛使用。轮胎式装载机在我国装载机保有量中占据 90% 以上，除非特别说明，本书所指装载机均为轮胎式装载机。

（2）按动力传动形式，装载机可分为机械传动、液力－机械传动、全液压传动、电传动。

1）机械传动。机械传动在国内仅用于斗容 0.5 m^3 以下的装载机，一般直接采用汽车或拖拉机的传动装置，即离合器和变速箱。它具有成本低、传动效率较高、可以拖动、维修方便等优点，主要缺点是操作复杂、费力、冲击振动大、离合器和变速箱使用寿命较短。

2）液力－机械传动。目前，液力－机械传动装载机在国内占主导地位，这是因为液力－机械传动取消了机械传动中的主离合器而换用液力变矩器，取消了人力换挡变速箱而换用动力换挡变速箱，这样能使装载机具有平稳插入料堆，随外载荷自动调速，不会因超载而使发动机熄火，能缓和传动系统受到的冲击，操作方便、省力，工作可靠，传动件使用寿命长等优点。其主要缺点是功率损失较大、传动效率较低、成本较高、结构复杂、维修不便。大中型装载机多采用这种传动形式。

3）全液压传动。全液压传动装载机的动力传动系统由液压泵、液压管路、液压控制阀及液压马达等组成。这种传动形式省去了一系列的传动零件，简化了传动系统，减小了整机质量，可在一定范围内实现无级变速，使传动更加平稳。目前，我国仅在小功率装载机上采用全液压传动形式。但随着液压技术的发展，液压元件的质量不断提高、成本不断降低，全液压传动在中小型轮胎式装载机上的使用会越来越广泛。

4）电传动。电传动是指用柴油机驱动交流发电机发电，以此来驱动装在车轮上的直流电动机，然后通过轮边减速器带动车轮转动，这样也可以实现无级调速。这种传动形式工作可靠、维修简单，但设备质量大、费用高，一般在大型装载机上使用。

（3）按装卸方式，装载机分为前卸式、回转式、后卸式。

1）前卸式装载机为前端铲装卸载，结构简单、工作可靠、视野好，适用于各种作业场地，应用较广。轮胎式装载机基本上都是前卸式。

2）回转式装载机的工作装置安装在可回转90°～360°的转台上，侧面卸载不需要调头，作业效率高，但结构复杂、质量大、成本高，侧面稳定性较差，适用于狭小的作业场地。

3）后卸式装载机前端装料，后端卸料，作业效率高，但作业安全性差。

（4）按转向方式不同，装载机分为偏转车轮转向、铰接转向、滑移转向。

1）偏转车轮转向的装载机以轮胎式底盘的车轮作为转向。偏转车轮转向又分为偏转前轮转向、偏转后轮转向、全轮转向三种。由于偏转车轮转向的装载机一般采用整体式车架，因此机动灵活性差，除少数小型装载机外，现在一般不采用这种转向方式。

2）铰接转向的装载机采用铰接车架，利用前后车架之间的相对偏转进行转向。铰接转向的装载机具有转弯半径小、机动灵活、可以在狭小场地作业等优点，在工程施工中广泛使用，是目前最常见的机型。国产ZL系列轮胎式装载机绝大多数采用铰接转向方式。

3）滑移转向的装载机是利用两侧车轮线速度差而实现车辆转向的，可以原地转向360°，采用轮胎式行走机构，全轮驱动，滑移转向。滑移转向的装载机最大的特点是整机外形尺寸小，且可实现原地转向。滑移转向的装载机虽然有轮子，但没有方向盘，与履带式装载机一样，它也是通过控制两边车轮间转速差实现转向的，可在作业现场随机和快速地更换或挂接各种工作装置，以适应不同的工作环境和作业内容。该类型装载机主要适用于作业场地狭小、地面起伏不平、作业内容变换频繁的场合。

滑移转向的装载机在欧美地区比较多见，在我国近两年才开始兴起。

（5）按铲斗额定装载量，装载机分为小型装载机、中型装载机、大型装载机、特大型装载机。

1）小型装载机铲斗额定装载量小于$1\,m^3$，其特点是小巧灵活，配上多种工作装置，可用于市政工程的多种作业。

2）中型装载机铲斗额定装载量为$1～5\,m^3$，其特点是机动性能好，配有多种工作装置，能适应多种作业要求，可用于一般工程施工和装载作业。

3）大型装载机铲斗额定装载量为$5～10\,m^3$，其特点是铲斗容量大，主要用于大型土石方工程。

4）特大型装载机铲斗额定装载量大于$10\,m^3$，主要用于露天矿山的采矿场，能完成矿砂、煤等物料的装车作业。

轮胎式装载机具有取料、带货行走、举升和自卸，以及一定的长距离行走能力；车架前、后两部分均采用铰接形式，又称铰接轮胎式装载机，转向灵活，装卸效率高；使用低压工程轮胎，胎面接地压强小，缓冲效果好。因此，其对地面的适应能力强，可用于路面条件较差的工作场所。

二、挖掘机

挖掘机是土建工程、水电工程、管道工程、基建工程、筑路工程、筑港工程、露天煤矿、矿山等现代化施工中，不可缺少的高效挖掘、搬运机械。挖掘机的诞生改变了传统的挖掘、搬运作业方式，大大加快了施工进度并提高了加工质量，同时，节省了大量的人力、物力。

1. 挖掘机的总体架构

挖掘机主要由动力装置、工作装置、传动装置、回转装置、行走装置、操纵装置和电气系统等组成。

液压挖掘机的主要动作包括整机行走（前进和后退）、转台左右回转、动臂升降、斗杆外张与挖掘、铲斗装土和卸载等。根据工作要求，把各液压元件用管路有序地连接起来，形成完整的液压系统。该液压系统以油液为工作介质，通过液压泵将发动机的机械能转化为液压能，并传送给油缸、液压马达等执行元件，再转化为机械能传送到执行机构，完成人们所要求的各种运动。

2. 挖掘机的类型

挖掘机为八大类工程机械中的一类，其类型与机构形式繁多，可按照挖掘工作过程、用途、传动方式等特性进行分类。

（1）按照挖掘工作过程，挖掘机可分为周期作业式和连续作业式两类。挖掘、运载、卸载等作业依次反复循环进行的挖掘机为周期作业式，各种单斗挖掘机都属于此类。上述作业同时、连续进行的挖掘机为连续作业式，各种多斗挖掘机、滚切式挖掘机、隧道挖掘机等都属于这一类。

（2）按照用途，挖掘机可分为建筑型、采矿型和剥离型等。建筑型挖掘机又称通用型挖掘机或万能型挖掘机，中小型挖掘机大部分为通用型，它可使用反铲、正铲、抓斗、装载、起重等多种可换工作装置。采矿型挖掘机和剥离型挖掘机为专用型，主要为大型和中型挖掘机，只配有正铲或装载工作装置。

（3）按照传动方式，挖掘机可分为机械传动式和液压传动式。机械挖掘机与液压挖掘机的主要区别在于传动装置不同，以及由此引起的工作装置机构形式不同。机械挖掘机采用啮合传动和摩擦传动装置来传递动力，这些装置由齿轮、链条、链轮、钢索滑轮组等零件组成；液压挖掘机则采用液压传动装置来传递动力，它由油泵、液压马达、油缸、控制阀及油管等液压元件组成。由于传动装置不同，控制装置也不同。机械挖掘机采用各种摩擦式或啮合式离合器和制动器来控制各个机构的启动、制动、逆转和调速等运动；液压挖掘机则采用液压分配器及各种控制阀来控制各机构的运动。

机械挖掘机有正铲、反铲、拉铲、抓斗、起重和吊钩等工作装置。液压挖掘机有正铲、反铲、抓斗、装载和起重等工作装置。

按回转部分转角的不同，液压挖掘机又分为全回转式和半回转式两类。大部分液压挖掘机为全回转式，小型液压挖掘机（如悬挂式等）工作装置仅能做180°左右回转，为半回转式。

（4）挖掘机的行走装置（底盘）有履带式、轮胎式、汽车式、悬挂式、拖式等。履带式挖掘机因有良好的通过性能，应用最广泛，对于松软地面或沼泽地带，还可采用加宽、加长及浮式履带来降低接地压强。轮胎式挖掘机具有行走速度快、机动性好、可在城市道路通行等特点，因此近年来在中小型液压挖掘机中发展较快。汽车式、悬挂式挖掘机是以汽车和拖拉机为基础，机械（底盘）装设挖掘机工作装置的小型挖掘机，适用于城建小量土方工程及农村建筑工程。拖式挖掘机没有行走驱动机构，转移时需由牵引车牵引，其主要优点是结构简单、成本低。

挖掘机中最常用的是履带式挖掘机，如图1-2-3所示。履带式挖掘机对路面有破坏，不适合长距离行走，通常需要拖车运送至施工现场。

图1-2-3　履带式挖掘机

履带式挖掘机具有超强的路面适应能力与爬坡能力、超高的灵活性与机动性、开阔的视野与多种工作方式，可称为"多面手"，是其他工程机械不可比拟的。它既可以在松软的地面上毫不费力地行走，又可以在坚硬的碎石上，甚至在较大块度的石料上自如地行走。它还可以为自己修"路"和作业平台,并依靠自身超强的爬坡能力爬上陡坡,站稳"脚跟"。它的工作曲臂由3根轴彼此连接,活动非常灵活,既可以挖到较深的地下,又可以够到较高和较远的地方;既可以挖掘、填埋,又可以装车、堆垛和整形。因此,履带式挖掘机在许多工程施工中可取代装载机。

由于履带式挖掘机具有的这些特性,港口的散货堆场将其用于整理垛形、装车,还用于船舱内黏附物料的放高作业。有些码头也将其用于装船作业和平舱作业。

挖掘机可换装各种属具,以对坚硬地面、墙体和物体进行破碎、起重或抱夹等不同作业,给工程施工带来极大便利。例如,安装液压破碎锤的履带式挖掘机,能够高效破拆混凝土、沥青路面,还能够拆除楼体建筑。

三、履带式推耙机

履带式推耙机可广泛用于对港口固体散货物料的清舱、平舱作业,也可用于电厂、码头松散物料的推耙作业,是散货船舶作业常用的辅助机械,如图1-2-4所示。它是由履带式推土机演变出的机械,与履带式推土机的多数作业功能相同。它质量小,履带接地面积大、接地压强较小,爬坡能力强。因此,履带式推耙机主要用于对干松散物料,如散粮、饲料、散糖、矿石、化工原料等的推、铲、填、耙、平作业。

图1-2-4 履带式推耙机

履带式推耙机由行走机构、工作机构和动力传动装置等组成。动力传动装置采用高功率、低油耗、扭矩储备系数大的发动机,整机工作效率高;并采用动力换挡变速箱,操纵灵活、方便。其传动方式有机械传动、液力-机械式传动。

现代散货运输大多采用大吨位船舶,特别是近年来,国内外港口大型化、专业化的散货码头越来越多,为大型散货船舶提供了有利条件,因此,舱内作业环境得到了极大改善,为履带式推耙机的使用提供了广阔的天地。目前,履带式推耙机舱内作业已实现了远程无线操控,进一步提高了作业的效率和安全性。

四、自卸车

自卸车又称自卸汽车、翻斗车、工程车，是指以运送货物为主，并且车厢具有自动卸料功能（配有自动倾卸装置）的载重汽车。它是利用本车发动机动力驱动液压举升机构，将其车厢倾斜一定角度卸货，并依靠车厢自重使其复位的专用汽车。它的特点是牵引力大、爬坡能力强、装载量大、行走速度快、对路面的适应能力强、可自卸物料。自卸车如图 1-2-5 所示。

图 1-2-5　自卸车

自卸车主要用于对固体散货物料的水平运输，如土、石及农作物等，还可以运输成件的货物。因此，自卸车主要用于建材厂、矿山、工地等。为了提高运输生产效率，在土木工程施工中，自卸车具有高度机动性和卸货机械化等优点，通常与铲式装载机、挖掘机和皮带运输机等配合使用，构成装、运、卸生产线，从而大幅缩短装卸时间、提高运输效率、节省人力、减轻劳动强度，实现全部运输机械化。

在港口散货作业中，自卸车主要承担矿石的搬倒、上垛，散粮的倒运、入库等。自卸车的质量利用系数较低，适用于短途运输，以充分发挥其卸货机械化的特点。

1. 自卸车的总体架构

自卸车能自动举升并倾卸固体散货物料、固体货物，如煤、砂石、矿料等。港口自卸车主要用于港口散货装卸作业。自卸车主要由底盘、工作装置和内燃机组成。

（1）底盘

底盘由传动系统、行驶系统、转向系统、制动系统等组成。

1）传动系统由离合器、变速箱、传动轴、主减速器、差速器、半轴、驱动桥、驱动轮等组成。

2）行驶系统由车架、车桥、车轮、轮胎、悬架、减振器等组成。

3）转向系统由转向盘、转向器、转向传动系统、转向油杯等组成。

4）制动系统由制动器和制动传动系统组成。

（2）工作装置

工作装置主要由液压倾卸机构、车厢、副车架及其附件组成。液压倾卸机构是自卸车的核心，是判别自卸车优劣的首要指标。

2. 自卸车的分类

（1）按用途，自卸车分为公路运输的普通型自卸车和非公路运输的重型自卸车，后者主要用于矿区、大中型土建工程和野外施工。

（2）按装载质量，自卸车分为轻型（≤3.5 t）、中型（4~8 t）和重型（≥8 t）。

（3）按传动形式，自卸车分为机械传动式、液力传动式和电力传动式。

（4）按卸货方式，自卸车分为后倾式、侧倾式、三面倾式、底卸式和货箱升高后倾式。

（5）按倾卸机构，自卸车分为直推式和杠杆举升式。直推式自卸车又分为单缸式、双缸式和多级式。杠杆举升式自卸车又分为前置式、后置式、中置式。

（6）按车厢结构，自卸车分为一面开式、三面开式、无后挡板式（簸箕式）。

自卸车由载货汽车改装而来，由汽车底盘、液压举升机构、取力装置和货厢组成。它的货厢安装在驾驶室后的车架上。

除上述固体散货物料作业机械外，还有一些其他机械通过改装属具，也能用于散货作业。如自行式全回转动臂起重机，即轮胎式吊车把吊钩换装成抓斗，叉车把货叉换装成铲斗等。

第三节 集装箱作业机械

集装箱作业机械包括集装箱叉车、集装箱空箱堆高机、集装箱重箱堆高机、集装箱正面吊、集装箱拖车、集装箱轮胎吊、集装箱跨运车等。

一、集装箱叉车

集装箱叉车是在集装箱码头和堆场上常用的一种搬运、装卸集装箱的专用叉车。

它既可用门架顶部吊具起吊搬运集装箱，也可用货叉插入集装箱底部叉槽举升搬运集装箱。其主要用于堆垛空集装箱等辅助性作业，也可在集装箱吞吐量不大的综合性码头和堆场进行集装箱装卸及短距离搬运。

在集装箱码头和货场使用集装箱叉车的优点是机动灵活，作业范围大；相对其他集装箱作业机械，其设备购置费用较低；它通过更换属具，可用于装卸、搬运其他件货，达到"一机多用"的效果。

集装箱叉车的结构与普通叉车相似，只是为了满足集装箱作业对车体、门架、货叉的强度和刚度，以及稳定性的要求，加大了几何尺寸、自重和动力。

集装箱叉车也存在一些缺点：常用的正面集装箱叉车横向尺寸大，所需通道宽度大（约14 m），且堆码层数较少，从而降低了堆场面积和高度的利用率；满载时前轮压力大，对码头前沿和堆场通道路面的承载能力要求高；行走时视野被集装箱阻挡。集装箱叉车的作业效率较低，因此，不适用于大吞吐量的集装箱码头，一般用于集装箱吞吐量不大的综合性码头，或者作为专业集装箱码头、堆场的辅助性机械。

集装箱叉车按照货叉工作位置的不同，分为正面集装箱叉车和侧面集装箱叉车。侧面集装箱叉车类似于普通侧面叉车，门架和货叉向侧面移出，叉取集装箱后回缩，将集装箱放置在货台上，再进行搬运。其行走时横向尺寸小，需要的通道宽度较小（约4 m）。但侧面集装箱叉车构造及操作较复杂，尤其是操作视线差、装卸效率低，目前较少使用。而正面集装箱叉车操作方便，是常用的形式，其又可分为重载集装箱叉车、轻载集装箱叉车、空箱集装箱叉车、滚上滚下集装箱叉车等。

二、集装箱堆高机

集装箱空箱堆高机、集装箱重箱堆高机是由叉车演变而来的。它是在叉车的滑架上安装了专用集装箱吊具。在国内，集装箱空箱堆高机（见图1-3-1）、集装箱重箱堆高机（见图1-3-2）又称集装箱空箱叉车、集装箱重箱叉车。

集装箱堆高机是集装箱运输的关键设备。它广泛用于港口、码头、铁路公路中转站及堆场内集装箱的堆垛和转运，是岸桥、场桥及正面吊的配套产品，具有堆码层数高、堆垛和搬运速度快、作业效率高、机动灵活、节约场地等特点。近年来，随着国内物流业的飞速发展，各集装箱货及箱站的集装箱数量大幅增加，从而出现场地狭小、紧张的问题。然而扩大场地受费用和地皮限制，因此，各货场及中转站均考虑向高度发展。各集装箱堆高机生产厂通过改进其工作机构中的门架装置来满足用户要求，现在，市场上已有起升高度达到25 m、堆码9层以上、门架高度13 m以上的集装箱堆高机。

图 1-3-1　集装箱空箱堆高机　　　　图 1-3-2　集装箱重箱堆高机

集装箱空箱堆高机的码箱层数一般为4～6层，有的还可以码箱9层以上，如图1-3-3所示。集装箱重箱堆高机的码箱层数一般为3～5层，现在也出现了可码箱6层以上的集装箱重箱堆高机。

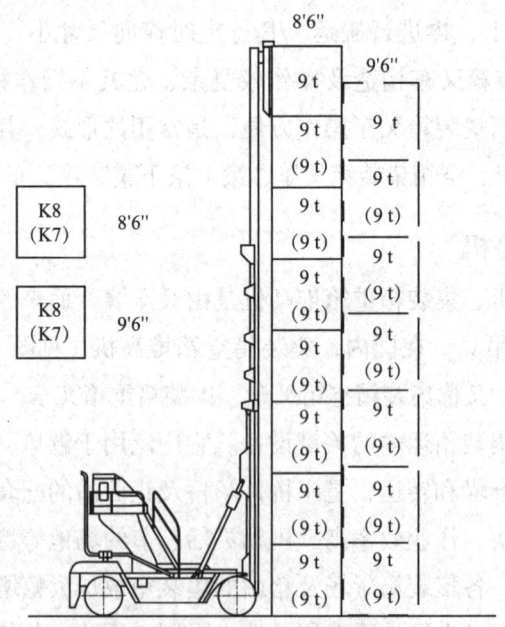

图 1-3-3　集装箱空箱堆高机载荷

注：8'6″为259.08 cm；9'6″为289.56 cm。

集装箱的标准箱型、最大载重（货重）、最大体积：20 ft^①柜、28 t、33 m³；40 ft

---

① 1 ft ≈ 0.305 m。

柜、26 t、67 m³；40 ft 高柜、26 t、75 m³；45 ft 高柜、27 t、86 m³。

集装箱的标准箱型中空箱（45 ft 高柜）自重<6 t，重箱（40 ft 平柜）自重<42 t。

为了适应载荷的需要，集装箱空箱堆高机的吊具自重<5 t，最大起重量为 10 t；集装箱重箱堆高机的吊具自重<10 t，最大起重量为 45 t。

集装箱堆高机的吊具采用伸缩式结构，由钢结构、旋锁装置、伸缩机构、导向装置、液压系统等组成，如图 1-3-4 所示。

吊具的钢结构是吊具的承载构件，呈全封闭形式，主要由主梁和伸缩梁组成。伸缩梁插入主梁的Ⅲ形梁中，在伸缩油缸的作用下，伸缩梁在Ⅲ形梁中滑动伸缩，伸出长度为 20 ft、40 ft 和 45 ft。

图 1-3-4 集装箱堆高机的吊具

旋锁装置安装在伸缩梁外端箱体上，旋锁垂直放置，用于连接吊具与集装箱箱体。作业中当两个或四个旋锁同时插入集装箱椭圆形锁眼中，液压机构旋锁转动 90°。起吊时旋锁的凸尖卡住锁眼边缘。旋锁工作示意如图 1-3-5 所示。

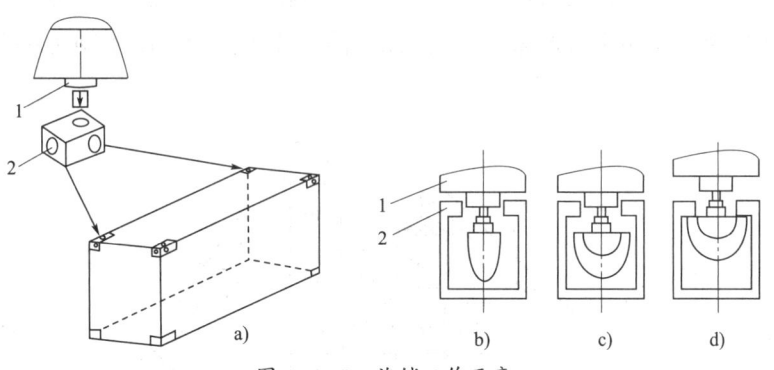

图 1-3-5 旋锁工作示意

a）旋锁与集装箱示意　b）旋锁插入到位　c）旋锁旋转 90°　d）旋锁起吊
1—旋锁　2—箱体锁眼

集装箱空箱堆高机两个伸缩梁每端各有一套旋锁装置。集装箱重箱堆高机两个伸缩梁每端各有两套旋锁装置，水平分布，端部两个旋锁的中心距与集装箱箱体上的锁眼对应。

现代集装箱空箱堆高机、集装箱重箱堆高机、集装箱正面吊的动力装置、传动方式、转向系统、制动系统和工作机构与大型叉车类似。不同的是，集装箱空箱堆高机、集装箱重箱堆高机和集装箱正面吊因吊具系统和作业性质不同，故电控和通信需特别设计。

三、集装箱正面吊

集装箱正面吊与集装箱空箱堆高机、集装箱重箱堆高机不同，它采用套筒式伸缩臂架。作业时，集装箱正面吊可同时实现整车行走、变幅和臂架伸出；能进行多层堆码和跨箱作业；在吊具上安装吊爪或吊钩，可起吊集装箱半挂车或其他重大件货物，是一种流动式集装箱装卸机械；有伸缩吊具，可装卸不同规格的集装箱。集装箱正面吊如图 1-3-6 所示。

图 1-3-6　集装箱正面吊

与集装箱空箱堆高机、集装箱重箱堆高机不同，集装箱正面吊的吊具可左右旋转，与箱子呈一定夹角吊装；集装箱正面吊作为集装箱装卸、堆码和水平运输的专用机械，与叉车相比，具有机动灵活、稳性好、堆场利用率高等优势。目前，不仅是中小港口，内陆集装箱箱站也普遍采用集装箱正面吊。集装箱正面吊作业示意如图 1-3-7 所示。

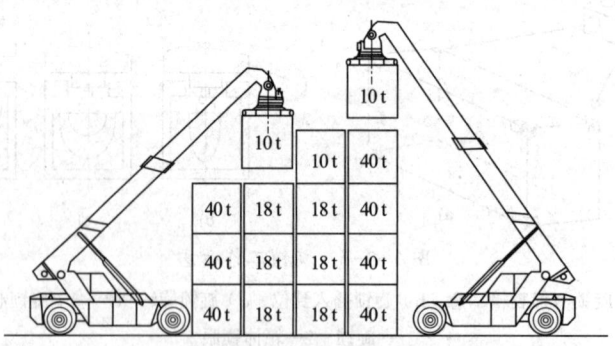

图 1-3-7　集装箱正面吊作业示意

集装箱正面吊按结构分为单臂架和双臂架两类。

（1）单臂架正面吊

单臂架正面吊的起重臂为单箱式结构，双油缸支承，制造工艺简单，如图 1-3-6 所示。但是，由于吊具与臂架为单支点连接，因此，吊运装载偏心的箱子时会发生倾斜，需要通过横移吊具找回重心，且其行走时易摇摆。另外，由于其臂架由双油缸支承，因此可能会出现油缸工作不同步，从而导致臂架受扭。

（2）双臂架正面吊

双臂架正面吊为双箱形起重臂，其示意如图 1-3-8 所示。它用两个小截面臂架代替一个大截面臂架，两个油缸各支承一个臂架，每个臂架都可以单独伸缩，也可同步动作，因此，其结构和液压系统比较复杂。由于双臂架与吊具是双支承连接，因此吊具稳定性好，即使箱子偏心或路面不平，也不会引起吊具摆动。

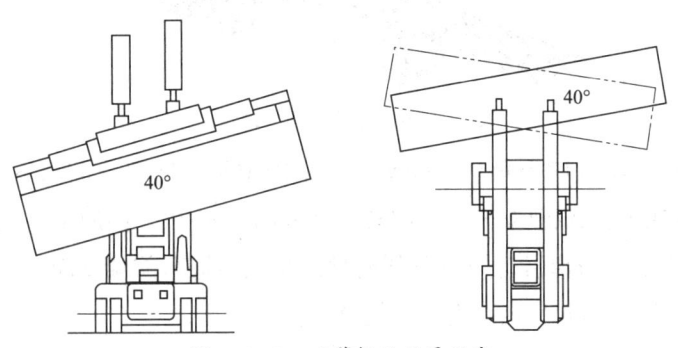

图 1-3-8 双臂架正面吊示意

双臂架正面吊在摆放倾斜的箱子时，分别调整两个支承油缸的伸缩，使臂架采取不同的高度，吊具即可倾斜。两个臂架伸出长度不同时，吊具可转动一定的角度（<12°）。

双臂架正面吊受力简单，两个支承油缸不存在同步问题。两个臂架之间距离较大，驾驶室可适当提高高度，使驾驶视野更好。但是，其吊具回转角度小是一个问题，必须在平衡梁下再安装回转机构，因而整个吊具高度较高，降低了有效的起升高度。

四、集装箱拖车

集装箱拖车的基本结构和原理与件杂货所使用的拖车相似。不同的是，集装箱拖车使用集装箱托盘，又称集装箱半挂车。集装箱牵引车与拖车如图 1-3-9 所示。

图 1-3-9 集装箱牵引车与拖车

集装箱托盘的种类较多，有骨架式（见图 1-3-10）、鹅颈式和低床式。其中，骨架式集装箱托盘使用得最多。骨架式拖车载货重量的一部分由牵引车直接承担，这样，不仅使牵引车驱动轮的附着力大大提高，牵引力得到发挥，而且由于拖车车身较短，便于倒车和转弯，因此安全可靠。

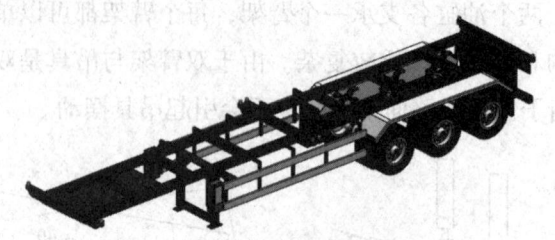

图1-3-10　骨架式集装箱托盘

骨架式拖车车架的四个角和中间都安装了固定锁紧装置，前部下方装有牵引销，再向后一些装有单腿或双腿支架，后部有一个或两个车桥，车桥两端一般均装双轮胎。双腿支架的作用是，当牵引车与拖车分离时，要先将拖车前端支起，使拖车前端相对于牵引架托板接触面抬起一定高度，以便分离。

骨架式拖车自重小、结构简单、维修方便。有的拖车为了适应20～45 ft不同规格的集装箱，还把拖车车架做成可伸缩式。骨架式拖车适用于集装箱公路运输。

用于集装箱公路运输的骨架式拖车的外廓尺寸是受国家限制的，而用于码头、场内运输的拖车则不受限制。因此，在码头、场内道路技术条件允许的情况下，也可选择货场运输专用拖车，如图1-3-11所示。在地面较平整、运距较短的场合可使用带导板的集装箱拖车，这种拖车可省去旋锁装置。

图1-3-11　货场运输专用拖车

第四节　特种作业机械

特种作业机械主要包括长大件水平运输机械、军工特种机械、隧道内运输机械、铁路施工机械、桥梁施工机械等。它们都是由普通装卸机械改装演变而来的。为了适应各种特殊环境和工作方式的需要，特种作业机械必须进行特殊的设计。特种作业内燃装卸机械如图 1-4-1 所示。

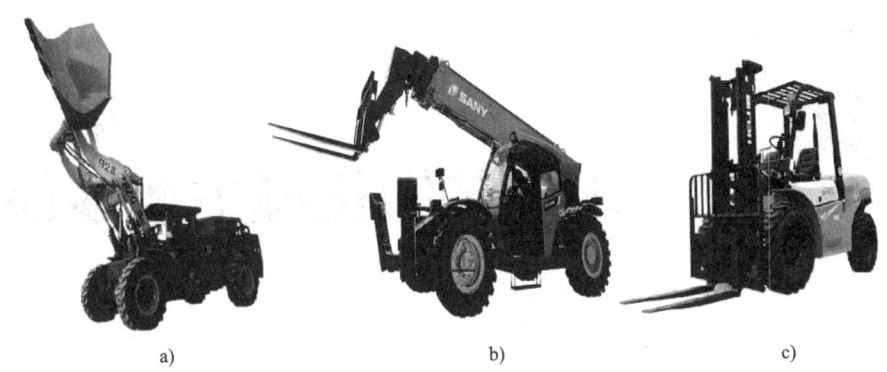

图 1-4-1 特种作业内燃装卸机械
a）巷道施工装载机 b）臂架式叉车 c）越野型叉车

图 1-4-2 所示为超长大件水平运输机械专用拖车。它既要符合不同载荷和货物几何尺寸的要求，又要满足加固的需要，更重要的是要符合运输道路通过的要求。

图 1-4-2 超长大件水平运输机械专用拖车

超长大件货物的特点是体积庞大，质量特大，形状各异，几何尺寸超长、超宽、超高等，因此，要求拖车的牵引车有强大的牵引力，托盘够长、够宽，同时还要较低矮、承载大、荷载均匀。为了符合道路的要求，还要求其有足够的转弯能力。

第二章
内燃装卸机械主要零部件

第一节 柴油发动机

随着港口机械化水平的不断提高,各种类型内燃装卸机械的不断更新,其核心内燃机也在向高效能、低能耗、低排放的方向发展。但是为了保证内燃机可靠、连续地工作,以实现其能量转换过程,往复活塞式柴油发动机的基本结构一般由以下两大机构和四大系统组成。柴油发动机横剖面如图 2-1-1 所示。

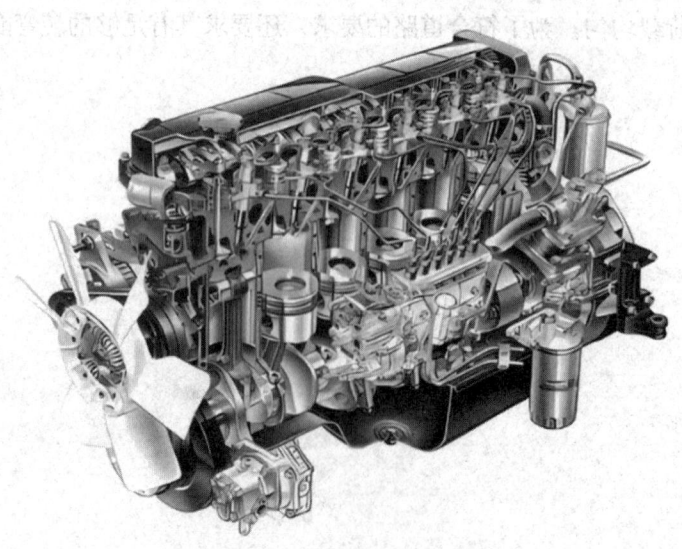

图 2-1-1 柴油发动机横剖面

一、两大机构

1. 曲柄连杆机构与机体组件

曲柄连杆机构由气缸体曲轴箱组、活塞组、连杆组、曲轴飞轮组等组成，其作用是将活塞的往复运动转换为曲轴的旋转运动，从而实现热能向机械能的转化。机体组件由气缸盖、气缸体、曲轴箱、油底壳等零部件组成，其作用是作为内燃机各机构、各系统的装备骨架，并分别作为曲柄连杆机构、配气机构、冷却和润滑系统等的组成部分之一。气缸体内有气缸，气缸中有做往复运动的活塞，其顶部有气缸盖，三者密封成为燃烧室，燃油在燃烧室内燃烧，使气体膨胀后推动活塞做功。

（1）气缸体曲轴箱组

气缸体曲轴箱组主要是指气缸体、上下曲轴箱、气缸套、气缸盖和气缸垫等，是内燃机的基本部件，承受内燃机爆发做功的强大负荷。同时，它也是内燃机零部件的安装基础，内燃机的运动件、固定件和辅助设备都安装在其上。气缸体、气缸盖上还设有冷却系统和润滑系统的回路及进、排气通道，这就要求气缸体和曲轴箱具有足够的强度和刚度，在承受很大的气体压力和运动件惯性力的情况下，不会开裂、变形，也不会导致零部件的异常磨损和漏水、漏气、漏油现象发生。

1）气缸体。气缸体是气缸的基体，本身必须具有足够的刚度和强度，一般采用高强度灰铸铁或铝合金铸成，内部铸有若干隔板和加强筋，用于增大强度，也便于支承主轴承和凸轮轴承。

为了保证气缸表面在高温下正常工作，必须对气缸进行冷却。水冷式发动机的气缸体内铸有冷却水腔，称为水套。

多缸发动机的气缸体大多采用直列排列（六缸以下）和V形排列（六缸以上）。

2）曲轴箱。曲轴箱分上下两部分，上曲轴箱用于支承曲轴。水冷发动机的气缸体和上曲轴箱常铸成一体，简称气缸体。下曲轴箱的作用是储存润滑油，因此又称油底壳。

3）气缸套

①气缸套的工作条件与材料。从发动机的工作原理可知，可燃气体是在气缸内燃烧的，气体的温度和压力瞬时值很高，会产生很大的热负荷和机械负荷。另外，燃烧产物对气缸壁有腐蚀性，活塞在气缸内往复运动会对气缸产生磨损。所以，气缸壁的性能影响整个发动机的使用寿命。

对于整体式气缸体，为提高其耐磨性，多采用表面处理，如表面淬火、镀铬等；有的则对整个气缸体采用优质材料，但这种方式成本较高。目前，更多的是采用在气缸体内镶入气缸套的结构。气缸套可用更加耐磨的材料，以延长使用寿命，气缸体则用价廉的普通铸铁或质量小的铝合金制造。

②气缸套的构造。根据是否与冷却液接触，气缸套分为干式和湿式两种。

干式气缸套的特点是外表面不直接与水接触，厚度较小，有的只有1mm。为提高与气缸体的接触面积以保证散热效果，气缸套外表面与气缸体为过盈配合。

湿式气缸套的特点是较干式气缸套稍厚，外表面与冷却水直接接触。其优点是气缸体铸造容易，便于修理、更换，散热效果较佳；缺点是气缸体刚度有所减弱，气缸套外表面易产生穴蚀，且易漏水、漏气。它主要用于高负荷或铝合金气缸体发动机。

4）气缸盖和气缸垫。气缸盖的主要作用是封闭气缸上部，并与气缸、活塞共同组成内燃机的燃烧室。同时，在气缸盖上还装有许多辅助装置，如配气机构气门、摇臂及喷油器等。气缸盖通常是用铸铁或铝合金铸造的。在多缸内燃机中，有的是每个气缸都有一个单独的气缸盖，有的是两个气缸共用一个气缸盖，还有的则是全部气缸共用一个气缸盖。

由于气缸盖直接与高温燃气接触，必须进行冷却，因此燃烧室的周围制有冷却水套。气缸盖上的水套，一般通过水孔或连通管与气缸体的水套连通。

气缸盖用螺栓紧固在气缸体上，或者用螺栓通过气缸体与曲轴箱紧固在一起。

为了防止漏气、漏水，内燃机的气缸盖与气缸体之间用气缸垫密封。常见的气缸垫有金属包皮石棉垫、金属骨架石棉垫和纯金属垫等几种。

（2）活塞组

活塞组包括活塞、活塞环、活塞销及其固定件。

1）活塞

①活塞的功用。活塞的主要作用是承受气缸中的燃气力，并将此力通过活塞销传递给连杆，以推动曲轴旋转。活塞与气缸盖、气缸共同组成燃烧室。

②对活塞的要求。由于活塞顶部直接与高温燃气接触，活塞受周期性变化的气体压力和惯性力的作用，且散热及润滑条件差，因此要求活塞具有以下特点。

a. 足够的强度和刚度，特别是活塞环槽区域要有较大的强度，以免活塞环被击碎。

b. 较小的质量，以保持较小的惯性力。

c. 耐热的活塞顶及弹性的活塞裙。

d. 良好的导热性和合理的热膨胀性，以便有合理的安装间隙。

e. 活塞与气缸壁间有较小的摩擦因数。

③活塞材料。汽车发动机的活塞最常用的材料是铝硅合金。除母体金属铝外，其合金成分的比例是硅11%～14%，铜、镍、镁各1%，以及低于1%的铁、钛和锌。其中若硅的成分越多，则热膨胀系数就越小，磨损也就越小，但制造工艺性较差。高速柴油机多采用合金铸铁和耐热钢制造的活塞。

④活塞的构造。活塞分为三部分：活塞顶部、活塞头部（又称活塞环槽部）和活塞裙部，如图2-1-2所示。

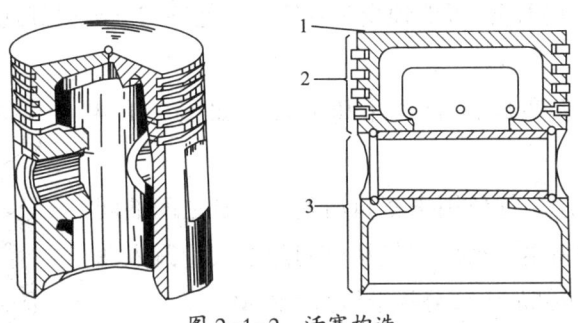

图2-1-2　活塞构造
1—活塞顶部　2—活塞头部　3—活塞裙部

活塞顶部形状（见图2-1-3）与选用的燃烧室形式有关。汽油机活塞顶部形状多为平顶，其主要优点是吸热面积小、制造简单。有些汽油机为了改善混合气的形成和燃烧环境，也采用凸顶或凹顶活塞。

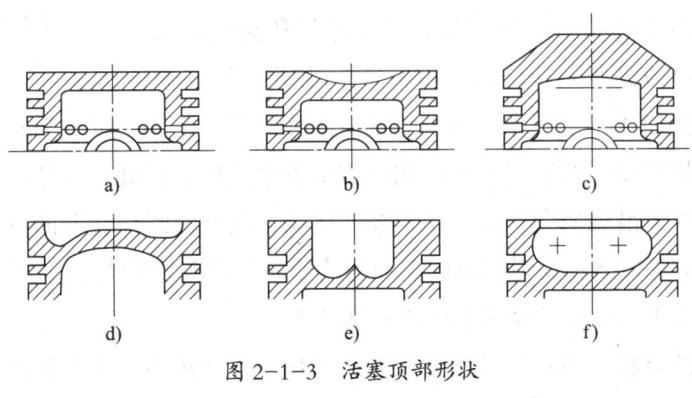

图2-1-3　活塞顶部形状
a）平顶　b）凹顶　c）凸顶　d），e），f）凹坑

柴油机的活塞顶部大多有各种凹坑，这些凹坑的形状是根据柴油机燃烧室的特点、混合气的形成方法、喷油器和气门的位置等要求而设计的。

在活塞环槽部加工有几道环槽。上面的环槽是安放气环用的，下面的一道环槽是安放油环用的。在油环槽底面钻有许多径向小孔，被油环从气缸壁上刮下来的多余润滑油经过这些小孔流回油底壳。两个环槽之间的活塞部分称为环岸。第一环岸（即最上面的环岸）承受的燃气压力比其余几个环岸大，并且它的温度也较高，所以它的轴向高度比其余几个环岸大一些。

活塞裙部是自环槽部油环槽下端面至活塞底的部分,用于引导活塞在气缸内运动和承受侧压力。裙部的径向外形为椭圆形,其长轴在垂直于销座孔中心线平面内,其短轴在销座孔中心线平面内。在内燃机运转过程中,由于销座的金属较多,从而蓄积的热量也多,因此裙部在销座中心线平面内的热膨胀大于在垂直于销座中心线平面内的热膨胀;此外,侧压力及气体力也会使裙部在销座中心线方向上的变形量增加。所以活塞在工作时,其裙部便近似地变为圆筒形,能够与气缸很好地贴合,不至于被卡住或拉伤。

2)活塞环。活塞环包括气环和油环,如图2-1-4所示。

①活塞环的功用。气环用来密封活塞与气缸之间的间隙,防止气缸中的高温、高压燃气从该间隙中大量漏入曲轴箱,同时将活塞顶部的大部分热量传给气缸壁。

油环用来刮除气缸壁上的多余润滑油,并在气缸壁上铺涂一层均匀的油膜,这样既可以防止润滑油窜入气缸燃烧,导致积炭和耗费价格较高的润滑油;又可以减小活塞、活塞环与气缸壁的磨损和摩擦阻力。此外,油环也起到封气的辅助作用。

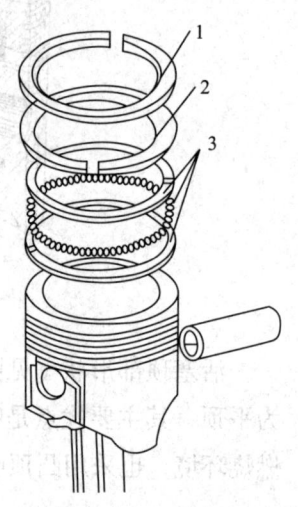

图2-1-4 活塞环
1,2—气环 3—油环

②活塞环的工作条件。气环受到气缸燃气和高温活塞的加热,其温度较高(尤其是第一环),弹力和耐磨性均会降低,因此磨损加速,可能导致燃气大量泄漏和润滑油窜入气缸。气缸在加工过程中会出现锥度和椭圆度,或者气缸在使用过程中发生变形,因此,活塞环在随活塞在气缸中上下运动时,沿径向会产生一张一缩的运动,使环受到交变弯曲应力的作用而容易折断(折断的部位多在切口的对面,因为该处的弯曲应力最大)。此外,高压燃气对第一道环的冲击作用最大,容易把环冲击成碎块。

③活塞环的材料。活塞环是用耐磨性、耐热性、导热性、冲击韧性及与气缸材料磨合性均好,并具有适当弹性的材料制造的。其中,合金铸铁(在优质灰铸铁中加入少量铜、铬、钼等合金元素)应用较广泛;强化程度较高的柴油机,由于燃气压力较高,因此多采用冲击韧性较高的合金球墨铸铁或可锻铸铁制造第一道气环;油环也有用钢片(锰钢、高碳钢等)制造的,能够大大提高刮油能力。此外,可在活塞环的径向外表面镀以多孔性铬层,或者喷镀多孔性钼层,网状镀层的微孔中能够储积润滑油,从而大大提高环的耐磨性;合金铸铁活塞环的径向外表面经过镀锡或磷化处理后,也可以改善磨合性。

④气环的截面形状。发动机气环的截面形状有很多,最常见的有如下5种。

a. 桶面环(见图2-1-5a)。这种环工作面为凸圆弧形,与气缸壁为圆弧接触,上下运动时与气缸壁面形成楔形空间,具有良好的润滑性能,从而大大减少磨损,对气缸壁面的适应性和对活塞偏摆的适应性均很好,有利于密封。这种环在发动机的第一道气环上得到了广泛应用,但这种环的制造工艺比较复杂、成本较高。

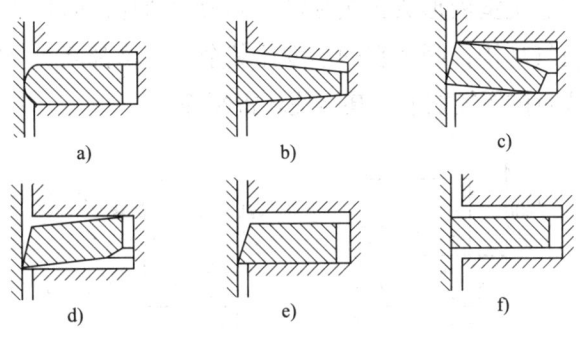

图 2-1-5 气环的截面形状
a)桶面环 b)梯形环 c)正扭曲内切环
d)反扭曲锥面环 e)锥面环 f)矩形环

b. 梯形环(见图2-1-5b)。这种环随活塞装入气缸后,在变化的侧压力作用下,会因活塞不断左右摆动而不断做径向运动,从而可以把环槽间隙内的胶状油焦、积炭等不断挤出,促使润滑油更新。这样就能防止环因环槽结胶、积炭造成密封失效,从而使环能够在高湿下长期工作。梯形环有良好的抗结胶性,因此通常用于柴油机的第一道气环。这种环的制造工艺也比较复杂,成本高。

c. 扭曲环。这种环是在矩形截面的内圆上边缘或外圆下边缘切去一部分,前者称为正扭曲内切环(见图2-1-5c),后者称为反扭曲锥面环(见图2-1-5d)。这种环随活塞装入气缸后,可提高环表面的接触应力,也可防止环在槽内上下窜动而造成泵油现象,同时还可起到密封作用。正扭曲内切环一般用于第一道气环;反扭曲锥面环可以起到向下刮油的作用,因此通常用于第二道气环。

d. 锥面环(见图2-1-5e)。这种环的锥角一般在1°以下,当它随活塞装入气缸后,与气缸壁的接触面为沿圆周分布的一条狭带,可提高环的单位接触压力,并改善与气缸壁面的适应性,有利于密封和磨合,同时也有利于向下刮油。而在向上运动时,斜面的油楔作用有利于环的润滑。在发动机中,这种环通常用于第二道气环。

e. 矩形环(见图2-1-5f)。这种环尽管结构简单、制造方便,但由于活塞在做往复运动时会产生泵油作用,从而造成环槽积炭、结胶,以及环卡死在槽中等不良后果,因此在现代发动机中已很少采用。

⑤气环的泵油作用。气环（主要指矩形环）在随活塞运动的过程中，把气缸壁上的润滑油送入气缸中的现象，称为气环的泵油现象（见图2-1-6）。当活塞向下止点运动时，环与环槽的上端面紧贴，于是在环槽下端面与环下端面的间隙内，以及在环背与环槽底部的侧向间隙内都充满了从气缸壁上刮下来的润滑油。当活塞向上止点运动时，环会转而紧贴环槽的下端面，把润滑油压挤向上，最后窜入气缸。窜入气缸的润滑油，不仅容易使燃烧室内形成积炭和增加润滑油消耗，而且还可能在环槽中形成积炭（尤其是第一道气环槽，因为它的温度比其余气环槽都高），使环卡死在环槽中，失去其密封作用，从而拉伤气缸壁，甚至使环折断等。

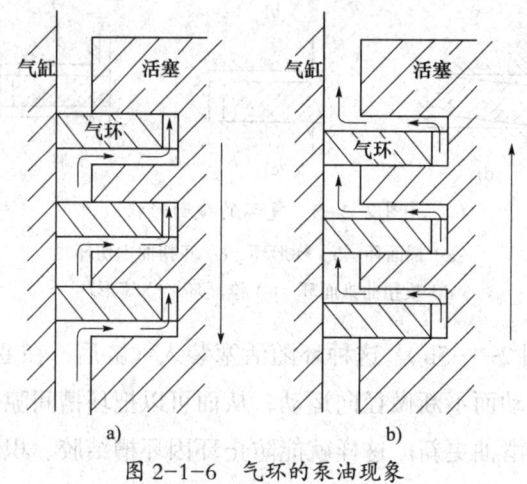

图2-1-6 气环的泵油现象

防止气环泵油现象的措施是在活塞上安装截面形状恰当的油环。

⑥油环的结构、材料与工作原理。油环是一种有开口的弹性环，由于功能和工作环境与气环不同，因此结构和工作原理也均与气环有很大不同。为了有效地将气缸壁上多余的润滑油刮下来，就要求油环和气缸壁有较高的接触压力。但油环位于末道气环的下面，如果前面几道气环密封是可靠的，那么就只有微小的燃气压力作用在油环上，自然也就不可能有环背的气压来帮助油环压紧在气缸壁上，所以，此时油环的压紧力靠的是其本身的弹力。为了提高工作面与气缸壁的接触压力，在常用的整体式油环上，采用以下两项措施：一是在油环背面加装径向衬簧来提高环压，这种径向衬簧可以是螺旋衬簧，也可以是片状衬簧；二是减小油环与气缸壁的接触面，提高环的接触压力，可在工作面上切槽，形成上下油刃以利于刮油。为了使刮下的润滑油能通过活塞油环槽底的油孔流回油底壳，在整体式油环环槽内加工有贯通的油孔或油槽，以利于回油。

现代发动机中钢制的组合式油环的应用已很广泛，它可由两片互相独立的钢制刮片和轴向衬环、径向衬环（见图 2-1-7a）组成，也可由两片钢制刮片和一个波形或 U 形衬簧组成。组合式油环（见图 2-1-8）的优点是刮片很薄，环压高，接触压力可达 0.9～1.4 MPa（整体油环只有 0.1～0.4 MPa），刮油能力强，磨合性好；各刮片独立工作，对气缸壁的顺应性好；质量小、冲击力小；回油通道大，回油阻力小。其缺点是制造成本高，安装较麻烦。

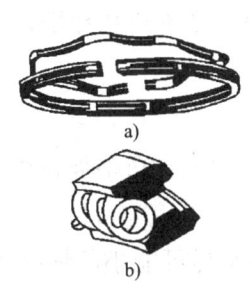

图 2-1-7　带径向衬环或螺旋衬环的组合式油环
a）径向衬环　b）螺旋衬环

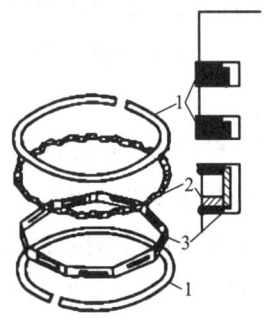

图 2-1-8　组合式油环
1—上、下刮片　2—轴向衬簧　3—径向衬簧

3）活塞销。活塞销的功用是连接活塞和连杆小头，将活塞承受的气体作用力传给连杆。

活塞销在高温下承受很大的周期性冲击载荷，并且润滑条件很差（一般靠飞溅润滑）。因此，它的强度和刚度要高，表面应耐磨，冲击韧性要好，以及质量要小。

活塞销通常用优质低碳钢或低碳合金钢加工成空心短圆管形状，外圆表面渗碳淬火，并进行精磨和抛光，以提高其表面硬度，降低表面粗糙度。活塞销的内孔也可以与外圆表面同时渗碳淬火，这样能够提高其疲劳强度。活塞销也可以采用精选 45# 钢制造，其外圆表面应进行高频淬火处理。活塞销与活塞销座孔和连杆小头衬套孔的配合，多采用"全浮式"，即活塞销与活塞销座孔为过渡配合，而与连杆小头衬套孔为动配合。在内燃机运转过程中，活塞销座孔受热膨胀后，与活塞销之间出现 0.001～0.002 mm 的间隙，活塞销便能够在销座孔内缓慢地转动，把飞溅在销座下侧小孔的润滑油带到间隙内，润滑摩擦表面，使活塞销和销座孔的磨损比较均匀。此外，由于活塞销能够自由转动，因此它承受的载荷分布也能够达到均匀，从而提高其疲劳强度。

装配活塞销时，通常先把活塞放在电炉箱中或润滑油中加热至 90～100 ℃，待活塞座孔胀大后，再把活塞销轻轻推入活塞销座孔中（活塞销也同时穿过连杆小头衬套孔）。为了防止活塞销在工作过程中发生轴向位移，应用弹性卡环进行轴向定位。

（3）连杆组

连杆组包括连杆、连杆螺栓（或连杆螺钉）和连杆轴承。

连杆受气体压力及本身惯性力的作用很大，连杆大头还受旋转离心力的作用，连杆本身又是一个较长的杆件，故要求连杆在尽可能小的质量下，保证有足够的刚度和强度。

在设计连杆时，必须选用高强度的材料，合理的结构形状和尺寸，采取提高强度的工艺措施等。连杆一般采用中碳钢和合金钢锻制而成，也有采用球墨铸铁和可锻铸铁铸造的。

连杆由连杆小头、连杆杆身和连杆大头三部分组成。

连杆小头用来安装活塞销，小头孔内一般压有减磨衬套，在小头和减磨衬套上铣槽或钻孔，用于收集激溅机油来润滑活塞销和减磨衬套。

连杆杆身多制成工字形截面，这种截面可以在质量尽可能小的情况下获得足够的刚度和强度。一些现代发动机需要用机油来控制活塞温度，而连杆杆身中钻有油道，可对连杆小端进行润滑。连杆大头与曲轴曲柄销相连，一般做成可分式，其大头部分有平切口和斜切口两种，如图2-1-9所示。两部分由高强度的精制螺栓紧固。为防止装配时错位，平切口连杆大头多利用连杆螺栓中部精加工的圆柱体来定位；斜切口连杆大头的定位形式一般采用止口定位、锯齿形定位、套筒定位和销钉定位等。

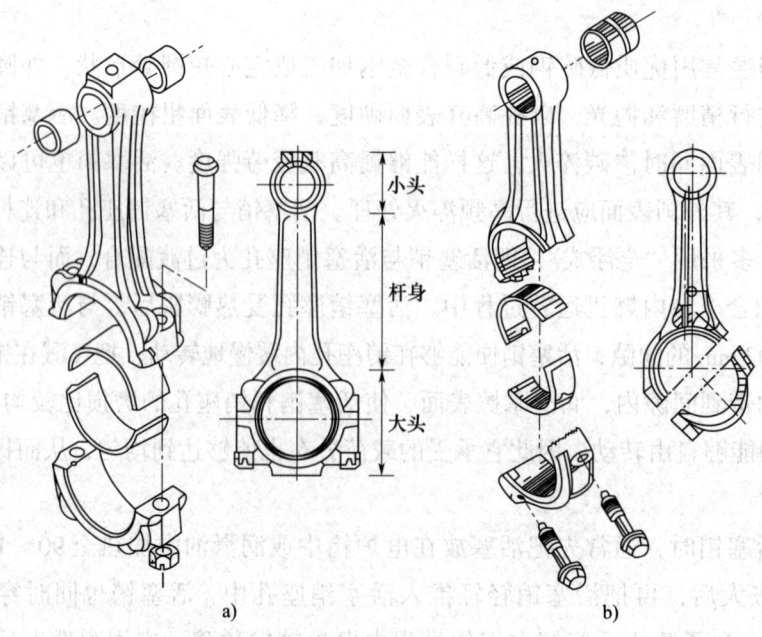

图2-1-9 连杆大头

a）平切口连杆　b）斜切口连杆

安装在连杆大头孔中的连杆轴承是分成两半的滑动轴承。轴瓦通过在厚为 1~3 mm 的薄钢瓦背的内圆柱面上浇铸 0.3~0.7 mm 厚的减磨合金层（如巴氏合金、铜铅合金、高锡铝合金等）而制成。减磨合金具有保持油膜、减少摩擦阻力和易于磨合的作用。巴氏合金轴瓦的疲劳强度较低，只能用于负荷不大的汽油机，而铜铅合金和高锡铝合金轴瓦均具有较高的承载能力和耐疲劳性。含锡量 20% 以上的高锡铝合金轴瓦，在汽油机和柴油机上均得到广泛应用。在铜铅合金减磨层上再镀一层厚度为 0.02~0.03 mm 的铟或锡，即可用于高强化的柴油机。

（4）曲轴飞轮组

曲轴飞轮组包括曲轴、飞轮及其他有不同作用的零件和附件，如图 2-1-10 所示。

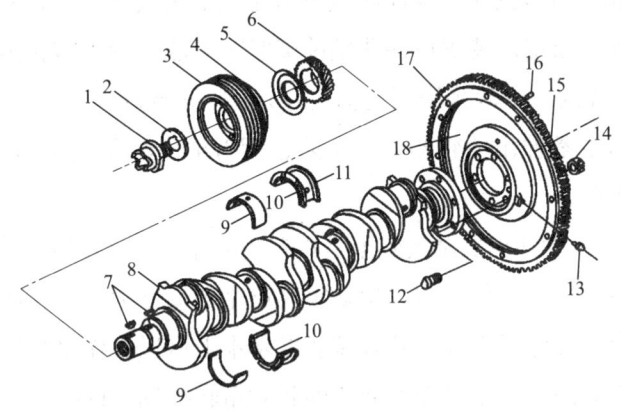

图 2-1-10　曲轴飞轮组

1—启动爪　2—锁紧垫片　3—扭转减振器　4—V 带轮　5—挡油盘　6—正时齿轮　7—半圆键
8—曲轴　9—主轴承上、下轴瓦　10—中间轴承上、下轴瓦　11—止推片　12—连接螺栓
13—油嘴　14—螺母　15—齿圈　16—圆柱销　17—上止点记号　18—飞轮

1）曲轴

①曲轴的作用。曲轴是发动机的主要机件之一。在多缸发动机上，它要连续承受做功行程从活塞经连杆传来的力，并将其转变为扭矩输送给底盘的传动机构。同时，还要通过连杆推动各缸活塞进行进气、压缩和排气，并驱动配气机构及其他辅助装置。

②曲轴的构造。曲轴由前端（又称自由端）、曲拐和后端，以及平衡块等部分组成。一个连杆轴颈和它两端的曲柄及前后两个（有时是一个）主轴颈构成一个曲拐。

曲轴的曲拐数取决于气缸的数量和排列方式。直列发动机曲轴的曲拐数等于气缸数；V 形双列式发动机左右相应气缸的连杆，一般并列装在一个连杆轴颈上，因此曲拐数等于气缸数的1/2。曲轴的形态决定了多缸发动机的发火次序，其顺序如下。

四缸发动机的发火次序有两种排列法：1—2—4—3或1—3—4—2。

六缸直列发动机的发火次序也有两种排法：1—5—3—6—2—4或1—4—2—6—3—5。

曲轴通过主轴颈支承在气缸体上，按其支承情况可分为全支承和非全支承两种。全支承曲轴的特点是每个曲拐的两端都有支承点，故主轴颈数比连杆轴颈多一个，非全支承曲轴的主轴颈数小于或等于连杆轴颈数。全支承曲轴的抗弯刚度好，主轴颈载荷小；非全支承曲轴的长度短，结构和制造工艺简单。

为了限制曲轴的轴向位移，保证活塞组与连杆组在气缸内的正确位置，在曲轴上设有轴向定位装置。当定位装置设在曲轴前端时，一般采用整体止推环；当定位装置设在曲轴中央或后端时，一般采用翻边轴瓦或分开式止推环。

曲轴的前、后端都伸出曲轴箱，为了防止润滑油沿轴颈流出曲轴箱，在曲轴前、后端均设有防漏装置。

2）扭转减振器。发动机曲轴实际上是具有一定弹性和旋转质量的轴，而且每个曲拐上作用着周期性变化的气体压力和运动零件产生的惯性力，使各曲拐的瞬时旋转速度也呈周期性变化。飞轮惯性大，其旋转速度基本上可以看作是均匀的，因此，各曲拐相对于飞轮发生方向和大小周期性变化的相对扭转振动，即扭振。如果作用力的频率与曲轴系统自由振动频率相等或是它的某一倍数，则会发生共振现象。共振不仅能引起很大的噪声，甚至可能扭断曲轴。为了消减曲轴的扭转振动，一般在发动机的曲轴前端装有扭转减振器。

在发动机中，应用最广的是摩擦式扭转减振器，其作用原理是使曲轴扭转振动的能量逐渐消耗于减振器内的摩擦，从而使振幅逐渐减小。它包括利用高黏度硅油液体摩擦原理的黏液式减振器、利用干摩擦的减振器和橡胶式减振器等。

3）飞轮。飞轮是一个转动惯量很大的圆盘。其主要功用是将做功行程中输入曲轴的一部分动能储存起来，用于在其他行程中克服阻力，带动曲柄连杆机构越过上、下止点，保证曲轴的旋转速度和输出扭矩尽可能均匀，并使发动机有可能克服短时间的超负荷。此外，在结构上飞轮往往用作汽车传动系统中摩擦式离合器的驱动件。

4）轴瓦（轴承）。曲轴上用的轴承有两种：滑动轴承和滚动轴承。采用滑动轴承时，曲轴为整体结构；采用滚动轴承时，曲轴为组合式结构。例如，国产135系列柴油机上使用的曲轴为组合式。

滑动轴承是在钢制的半圆形薄壁底板上，浇铸一层耐磨合金，通常称为轴瓦或衬瓦。浇铸在轴瓦上的耐磨合金有巴氏合金、铜铅合金或高锡铝合金等。曲轴工作时，主轴颈和轴瓦同时磨损，但主轴颈的表面比轴瓦上的耐磨合金硬度高，所以主要磨损轴瓦，曲轴的磨损较小，因此修理时，只需更换轴瓦。曲轴经过磨削之后，可继续使用。还有一些内燃机的曲轴轴颈采用表面磷化、氰化的化学热处理方法，以进一步提高硬度和耐磨度。正常使用两三个大修期内，只需更换轴瓦，不需要对曲轴进行修理。

2. 配气机构

配气机构由进、排气门和它们的启闭传动件（摇臂、凸轮轴、正时齿轮、挺杆、气门弹簧，以及进、排气管和空气滤清器等）组成。其作用是定时向内燃机气缸提供充足而干净的新鲜空气（柴油机）或可燃混合气（汽油机），并将燃烧后的废气排出气缸。

（1）配气机构的组成

配气机构的组成如图 2-1-11 所示。

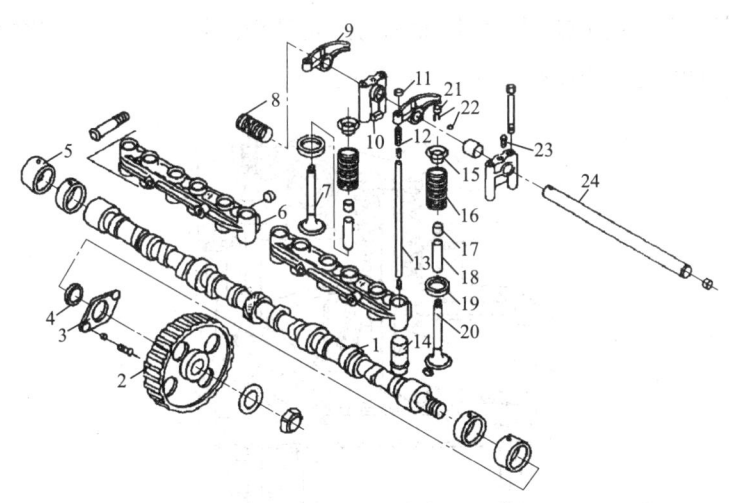

图 2-1-11　配气机构的组成

1—凸轮轴　2—凸轮轴正时齿轮　3—凸轮轴止推垫片　4—隔圈　5—凸轮轴轴承　6—挺杆架
7—进气门　8—定位弹簧　9—摇臂　10—摇臂轴支座　11—锁紧螺母　12—调整螺钉
13—推杆　14—挺杆　15—气门弹簧座　16—气门弹簧　17—气门油封
18—气门导管　19—气门座圈　20—排气门　21—气门帽
22—气门锁块　23—摇臂轴紧固螺钉　24—摇臂轴

（2）配气机构的工作原理

1）曲轴旋转，通过曲轴正时齿轮和齿轮传动装置带动凸轮轴转动。

2）凸轮轴带动凸轮型面上升，挺杆滚轮贴紧凸轮型面。当挺杆由凸轮型面推动上升时,推杆及摇臂与推杆接触的一端也被顶而上移,推动摇臂绕摇臂轴摆动。摇臂与气门连接的一端向下压气门弹簧,气门横臂压在两个同名气门(双进气或双排气)上,使气门弹簧压缩,气门下降面离开气门座孔,气门因此逐渐开启。

3)当挺杆与凸轮轴在凸轮型面顶端接触时,气门弹簧压缩量达到最大值,气门开度最大。当凸轮型面的顶端转过后,挺杆和推杆逐渐下移,摇臂回摆,摇臂和气门弹簧的压力减小,在气门弹簧复原力的作用下,气门随之上升,气门逐渐与气门座接近,即气门开度逐渐减小,最后达到气门全闭,此时气门与气门座密封气缸。当气门全闭时,气门与摇臂脱离接触。

4)四冲程发动机每完成一个工作循环,各缸的进、排气门需要开闭一次,即凸轮轴需要转一圈,而曲轴需要转两圈。曲轴转速与凸轮轴转速之比(传动比)为2:1。

(3)凸轮轴的布置形式

凸轮轴的布置形式可分为下置、中置和上置三种。

1)下置凸轮轴式配气机构。将凸轮轴布置在曲轴箱内的配气机构称为下置凸轮轴式配气机构(见图2-1-12)。它的特点是气门通过挺杆、推杆、摇臂传递动力,所以它不适合在高速发动机上使用。但因曲轴与凸轮轴距离较近,可以简化两者之间的传动装置,故这种配气机构在载货汽车上应用最广泛。

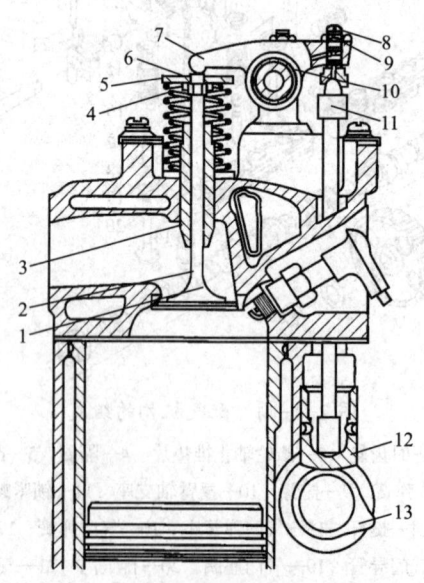

图 2-1-12 下置凸轮轴式配气机构

1—气门座 2—气门 3—气门导管 4—气门弹簧 5—弹簧座 6—锁块 7—摇臂
8—调整螺钉 9—锁紧螺母 10—摇臂轴 11—推杆 12—挺杆 13—凸轮

2)中置凸轮轴式配气机构。将凸轮轴的位置移到气缸体上部,由凸轮轴经过挺杆直接驱动摇臂,而省去推杆,这种结构称为中置凸轮轴式配气机构,如图2-1-13所示。

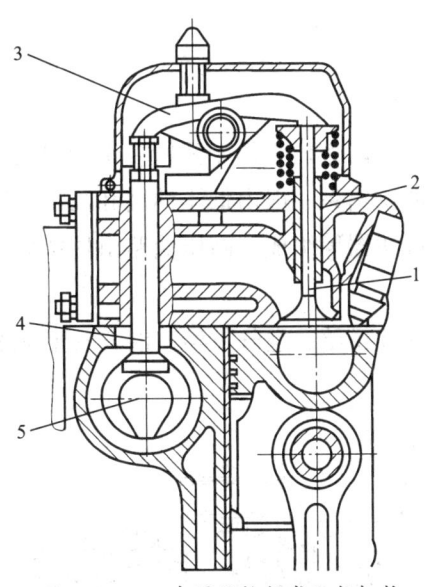

图 2-1-13 中置凸轮轴式配气机构
1—气门 2—气门导管 3—摇臂 4—挺杆 5—凸轮轴

3）上置凸轮轴式配气机构。上置凸轮轴式配气机构的凸轮轴布置在气缸盖上，如图 2-1-14 所示。凸轮轴通过摇臂直接驱动进、排气门，使进、排气门定时开闭。

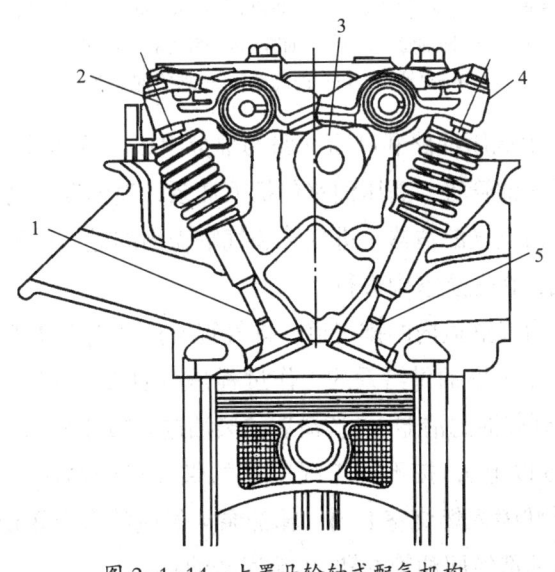

图 2-1-14 上置凸轮轴式配气机构
1，5—气门 2，4—摇臂 3—凸轮轴

将凸轮轴上置，可缩短凸轮轴与气门的距离，省去了推杆、挺杆，凸轮轴可直接通过摇臂来驱动气门，从而提高发动机的转速，因此它适用于高速发动机。

二、四大系统

1. 燃油供给系

燃油供给系的作用是按照内燃机工作循环所规定的时间，根据内燃机负荷情况向气缸提供适量的燃油。燃油供给系一般由低压油路和高压油路两部分组成。低压油路由油箱、油管、输油泵、过滤器等组成；高压油路由柱塞偶件、出油阀偶件、高压油管及喷油器等组成。

柴油机燃油供给系由燃油供给、空气供给、混合气形成及废气排出四部分组成如图 2-1-15 所示。

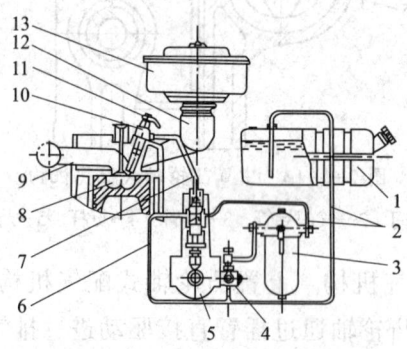

图 2-1-15　柴油机燃油供给系

1—柴油箱　2—低压油管　3—柴油滤清器　4—输油泵　5—喷油泵
6，11—回油管　7—高压油管　8—燃烧室　9—排气管
10—喷油器　12—进气管　13—空气滤清器

（1）燃油供给：由低压油路和高压油路两部分组成。低压油路包括柴油箱、输油泵、柴油滤清器、低压油管等；高压油路包括喷油泵、喷油器、高压油管等。

（2）空气供给：由空气滤清器、进气管和气缸盖内的进气道等组成。

（3）混合气形成：在燃烧室中进行。

（4）废气排出：由气缸盖内的排气道、排气管及排气消声器等组成。

柴油机工作时，整个燃油供给系的工作过程是输油泵以低压（0.15～0.3 MPa）将柴油从柴油箱 1 中送到柴油滤清器 3，滤清后的柴油进入喷油泵 5，柴油压力在喷油泵 5 中得到提高（10 MPa 以上），按不同工况所需的供油量经高压油管 7 送到喷油器 10 内，最后经喷孔呈雾状喷入燃烧室 8 内。输油泵 4 供应的多余燃油，以及喷油器顶部回油孔流出的少量燃油都经回油管 6 和 11 流回柴油箱。

2. 润滑系

发动机的润滑是由润滑系实现的。润滑系的基本任务是将清洁的、压力和温度适宜的润滑油不断地供给各运动零件的摩擦表面，以减少零件的摩擦和磨损。流动的润滑油能清除摩擦表面的磨屑、尘沙、积炭等杂质，此外润滑油还能吸收摩擦表面的热量，填充零件间隙与空隙，减少气体泄漏，帮助活塞环加强密封，减缓零件间的冲击振动，降低工作噪声及防止零件表面生锈。总之，润滑油具有润滑、冲洗、吸热、密封、吸振和防锈的作用。

发动机润滑系由机油泵、机油滤清器油道等组成，如图2-1-16所示。

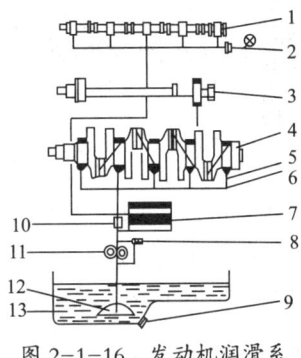

图 2-1-16　发动机润滑系

1—凸轮轴　2—压力开关　3—中间轴　4—曲轴　5—油道　6—主油道
7—机油滤清器　8—安全阀　9—放油塞　10—旁通阀
11—机油泵　12—粗集油器　13—油底壳

由于发动机各运动副的工作条件不同，因此对润滑强度的要求也不同。它取决于工作环境的好坏、承受负荷的大小和相对运动速度的快慢。发动机各部件的润滑方式主要有以下四种。

（1）压力润滑：用于负荷大、相对运动速度快的摩擦面。例如，主轴承、连杆轴承、凸轮轴轴承和气门摇臂轴（因位置偏高）等都利用机油泵采用润滑强度较大的压力润滑。

（2）飞溅润滑：用于外露表面、负荷较小的摩擦面。例如，凸轮与挺杆、偏心轮与汽油泵摇臂、活塞销与销座及连杆小头等，一般采用飞溅润滑，即依靠从主轴承和连杆轴承两侧漏甩出的润滑油和油雾来进行润滑。

（3）喷油润滑：发动机某些零部件（如活塞）的热负荷非常严重，因此可在气缸体下面的内壁上装一个喷嘴，通过将润滑油喷到活塞的底部来冷却和润滑活塞。而一般低负荷的发动机，其活塞与气缸壁之间的工作条件虽然较差，但为了防止过量的润滑油进入燃烧室，都采用飞溅润滑。事实上，喷油润滑与飞溅润滑没有本质区别。

（4）定期润滑：定期、定量加注润滑脂（油）。

3. 冷却系

发动机在工作时，燃料的燃烧及运动零件间的摩擦会产生大量的热量，使零件温度升高，特别是与燃烧气体直接接触的零件温度会很高，如果没有适当进行冷却，将无法保证发动机的正常工作。发动机冷却系由散热器、水泵、风扇和温度调节装置等组成，如图2-1-17所示。冷却系的作用是维持发动机在最适宜的温度工作。

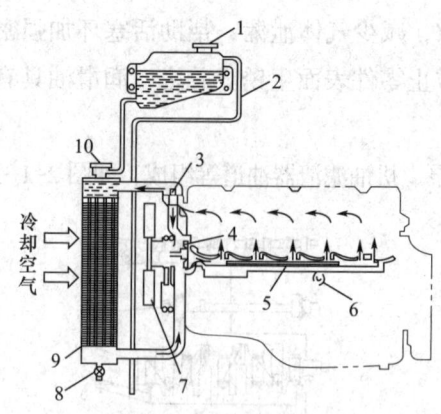

图 2-1-17 发动机冷却系

1—储水箱 2—通气管 3—节温器 4—水泵 5—油冷却器
6、8—放水螺栓 7—风扇 9—散热器 10—散热器盖

发动机工作温度过高会给发动机带来以下问题。

(1) 进气被机体加热而温度升高,充气效率降低,导致发动机功率下降。

(2) 压缩终了,燃烧室内的气体温度将更高,早燃和爆燃的倾向加大,将破坏发动机的平稳工作。

(3) 粗暴的燃烧使零件承受额外的冲击负荷,从而造成早期损坏。

(4) 高温也将破坏运动件间的正常间隙,使零件难以正常运动,甚至损坏。

(5) 高温使润滑油变稀,润滑情况恶化,加剧零件的磨损。

发动机工作温度过低会引起下列不良后果。

(1) 温度低时润滑油的黏度增大,造成润滑不良,加剧零件的磨损,增加功率消耗。

(2) 低温使燃烧质量变差。

(3) 腐蚀磨损加剧。

(4) 启动着火困难或燃烧迟缓,造成发动机功率下降,燃油消耗量增加。

(5) 未完全燃烧的燃油会冲刷和稀释摩擦表面的润滑油膜,加重零件的磨损。

可见,保持发动机的正常工作温度是保证发动机良好工作、提高工作可靠性及延长使用寿命的一个重要条件。发动机的冷却,单纯依靠零件本身对外散热是不够的,必须对某些零件,特别是与高温气体直接接触的零件进行强制冷却,才能保证发动机的正常运转。

4. 起动系

内燃机由静止状态转入工作状态,需要借助外力。起动系的作用就是为内燃机启动提供外部动力,并保证启动的安全性和可靠性。起动系主要由蓄电池、起动电动机和控制电路组成。

为使内燃机正常、可靠地工作,以上各机构、各系统必须各尽其能、互相配合、动作协调,缺一不可。

三、四冲程柴油机的基本工作原理

柴油机是一种压燃式内燃机，柴油燃料在气缸中燃烧，产生高温、高压气体，推动活塞运动，并通过曲柄连杆机构由曲轴、飞轮对外输出动能，从而完成燃料从化学能转化为热能再转化为机械能的能量转换。

柴油机的燃油要经过与空气的混合燃烧才能转化为热能。要使燃油燃烧，空气仅是燃烧条件之一，还必须使混合气具有一定的温度。发动机的活塞在气缸内向下运动，将空气吸进气缸内，此时空气的温度很低。活塞向上运动时，将空气迅速压缩，空气的温度和压力都上升，并达到足以使柴油燃烧的温度。此时再将燃油以雾化状态喷入，燃油立即在高温、高压的空气中燃烧。燃油燃烧后放出大量的热能，使燃气的压力、温度急剧增高，在气缸中膨胀，并通过活塞推动曲柄连杆机构对外做功。膨胀终了，即活塞做功行程终了，活塞将做过功的废气排出。所有工作循环结束，发动机做好准备，以便新鲜空气再次进入。

综上所述，柴油机每做一次功，都必须经过进气、压缩、膨胀做功、排气四个行程（见图 2-1-18），这四个行程称为一个工作循环。循环不断进行，柴油机便能连续地工作。

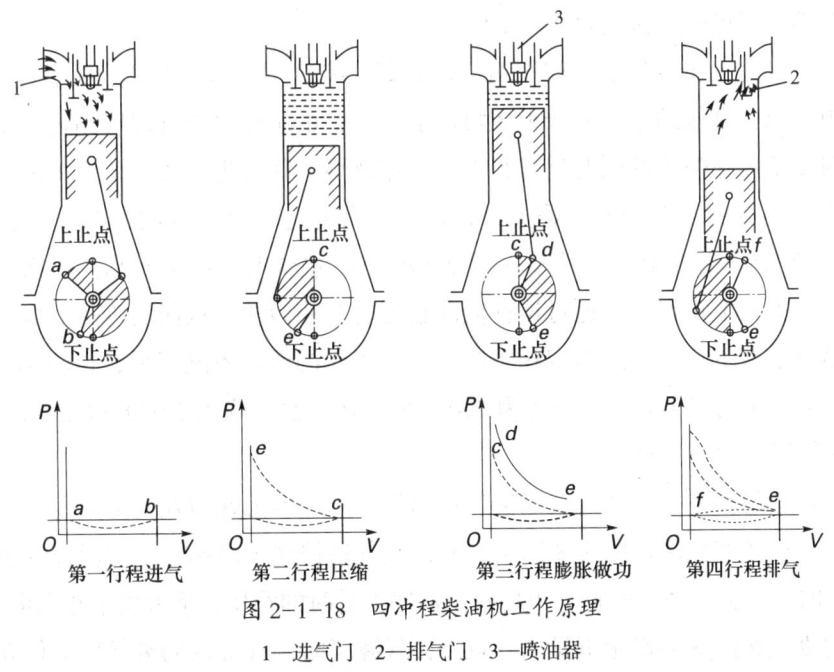

图 2-1-18　四冲程柴油机工作原理
1—进气门　2—排气门　3—喷油器

在结构上，柴油机工作循环中的进气、压缩、膨胀做功和排气等过程都是通过活塞、连杆、曲轴、配气机构和燃油供给系等部件相互配合来实现的。通过四个行程完成一个工作循环的柴油机称为四冲程柴油机，只用两个行程完成一个工作循环的柴油机称为二冲程柴油机。工程机械所用柴油机多为四冲程柴油机。

1. 四冲程柴油机的工作循环

（1）第一行程——进气

这一行程的任务是使气缸充满新鲜空气。行程开始时，活塞由上止点往下移动，进气门1打开，排气门2关闭。由于活塞下行，气缸容积增大，气缸压力降低到大气压力以下，依靠气缸的内外压差，使新鲜空气不断进入气缸。进气过程的大部分时间里，气缸的压力低于大气压力，其值为80～95 kPa。由于进气系统的阻力，因此进气终了时，气缸压力略低于大气压，为78～88 kPa；新鲜空气在进气过程中受气缸壁和活塞顶等高温件的加热，并与上一循环高温残余废气混合，所以进气终了时，气缸内的气体温度为320～340 K。

（2）第二行程——压缩

这一行程的任务是对进气行程吸入气缸中的新鲜空气进行压缩，使其达到足够的温度和压力，为柴油的燃烧创造条件。当活塞从下止点运动到b点时，进气门1关闭，空气开始被压缩。随着活塞上行，气缸容积不断减小，空气的压力和温度不断升高，压缩终了时，气缸内气体的压力达到2 940～4 900 kPa，温度达到770～970 K。

（3）第三行程——膨胀做功（工作）

当活塞到达上止点稍前，即压缩行程后期，柴油经喷油器3以雾状喷入气缸，并与气缸中高温、高压的空气混合形成可燃混合气，由于此时空气温度超过了柴油的着火点，因此柴油在喷入的同时就自行着火迅速燃烧。此时进、排气门是关闭的，气缸内的压力和温度由于燃烧而急剧上升，最高压力可达5 880～8 820 kPa，最高温度可达1 770～2 770 K。在上止点后某一时刻（d点），燃烧基本结束。高温、高压气体膨胀，将活塞推向下止点，并通过连杆使曲轴旋转对外做功，从而实现热能向机械能的转化。随着活塞下行，气缸内容积不断增大，气体的温度不断降低，运动到e点，膨胀做功结束，做功终了时，压力降为290～390 kPa，温度降为1 070～1 170 K。

（4）第四行程——排气

这一行程的任务是将做过功的废气排出气缸外。因为残留在气缸内的废气是影响下一个工作循环充气质量的重要因素，所以废气排得越干净越好。当活塞越过下止点开始上行时，气缸压力已降低，可以减少活塞上行时的背压，活塞由下止点向上运动，气缸内的废气在活塞的作用下排出气缸。排气终了时，气缸内的废气压力仍高于大气压力，为103～123 kPa，温度为570～970 K。

综上所述，四冲程柴油机有如下特点。

（1）一个工作循环是在曲轴回转两圈内完成的。

（2）在曲轴回转两圈的过程中，进气门、排气门和喷油器均只开闭一次。

（3）每个工作循环中只有工作行程对外做功，其余三个行程都是为工作行程做准备的，都需要外界供给能量。柴油机常做成多缸的，这样进气、压缩、排气行程所需的能量可由其他正在工作的气缸提供。如果是单缸柴油机，则能量可由较大的飞轮供给，即在工作行程中，柴油机带动飞轮加速旋转，依靠飞轮的旋转惯性，带动柴油机完成其他三个行程。

2. 柴油机常用名词和术语

（1）上止点（TDC）

上止点为活塞离曲轴中心线最远的位置（见图2-1-19），此时曲轴的曲柄转至曲轴中心线上方并垂直于曲轴中心线。

（2）下止点（BDC）

下止点为活塞离曲轴中心线最近的位置（见图2-1-19），此时曲轴的曲柄转至曲轴中心线下方并垂直于曲轴中心线。

（3）行程（S）

上止点、下止点之间的垂直距离，用S表示（见图2-1-19）。它等于曲柄半径R的两倍，即$S=2R$。若用曲柄转角表示，则一个行程相当于曲柄转角180°。

（4）曲柄半径（R）

曲轴的曲柄销轴中心线与主轴颈中心线的垂直距离，常用R表示（见图2-1-19）。

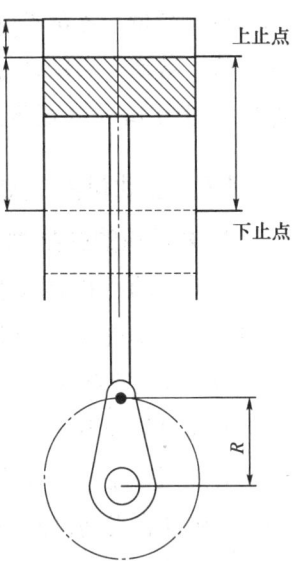

图2-1-19 各名词的位置

（5）缸径（D）

气缸内径，常用D表示。

（6）燃烧室容积（V）

当活塞位于上止点时，活塞顶与气缸盖底面之间的气缸容积，称为燃烧室容积，用V表示。

（7）气缸工作容积

气缸工作容积是指活塞从上止点移动到下止点所经过的空间，又称行程容积或活塞排量，用V_S表示（见图2-1-19）。若一台柴油机有i个气缸，则柴油机的总排量V_h为：

$$V_h = iV_S$$

（8）气缸总容积V_a

当活塞在下止点时，活塞顶以上气缸的全部空间称为气缸总容积，它是燃烧室容积V和工作容积V_S之和，用V_a表示，即：

$$V_a = V_S + V$$

（9）压缩比 ε

气缸总容积 V_a 与燃烧室容积 V 之比称为压缩比，常用 ε 表示，即：

$$\varepsilon = V_a/V$$

压缩比是柴油机的一个重要参数，表明气缸内空气被活塞压缩的程度。压缩比越大，压缩终了时的气体压力和温度就越高，燃油就越容易燃烧，燃烧产生的压力就越高，零部件受力或曲轴输出的力就越大。反之，压缩比越小，压缩终了时的气体压力和温度就越低，零部件受力或曲轴输出的力就越小，功率也就越低。压缩比对柴油机的燃烧、效率、启动性能、工作平稳性及机械负荷等都有很大影响。现代柴油机的压缩比一般为14～22或更高。增压柴油机的压缩比相应有所减小。

四、发动机的主要性能指标

1. 发动机的主要性能指标

发动机的性能指标可表征各类发动机的性能、特点，是比较性能优劣的评价指标。港口内燃装卸机械发动机的性能指标，主要包括动力性指标和经济性指标等。

（1）动力性指标

发动机的动力性指标包括有效扭矩和有效功率。

有效扭矩是指发动机通过飞轮对外输出的转矩，用 M_e 表示，单位为 N·m。它应与外界施加在发动机曲轴上的全部阻力矩平衡。有效扭矩通常通过发动机的台架试验，用测功器或扭矩仪测出。有效功率是指发动机通过飞轮对外输出的功率，用 N_e 表示，单位为 kW，它等于有效扭矩与曲轴转速的乘积。曲轴转速用 n 表示，单位为 rpm。所以，当通过发动机台架试验测出有效扭矩和曲轴转速后，发动机的有效功率即可用以下公式算出：

$$N_e = M_e n / 9\,550$$

式中　N_e——有效功率，kW；

　　　M_e——有效扭矩，N·m；

　　　n——曲轴转速，rpm。

　　　9 550——常数，kW。

发动机产品铭牌上标明的功率及相应的转速称为标定功率和标定转速。按发动机台架试验国家标准规定，发动机的标定功率分为 15 min 功率、1 h 功率、12 h 功率和持续功率四种。汽车发动机经常在部分负荷、较小功率下工作，因此用 15 min 功率作为标定功率；港口内燃装卸机械发动机的标定功率为 12 h 功率。

（2）经济性指标

一般用燃油消耗率表示发动机的经济性指标，即发动机每产生 1 kW 有效功率，在 1 h 内所消耗的以克（g）为单位的燃油消耗量。燃油消耗率用 g_e 表示，单位为 g/（kW·h）。燃油消耗率越低，经济性越好。

2. 发动机的特性

随着使用情况的不同，发动机所产生的功率、扭矩和燃料消耗率等也是不断变化的。这些性能指标随工况而变化的关系，称为发动机的特性。通常在坐标图上以曲线的形式表示这种关系，称为发动机的特性曲线。

在发动机的各种特性中，最常用的是表征有效扭矩、有效功率和燃料消耗率随发动机工况而变化的速度特性和负荷特性。

（1）速度特性

发动机的有效指标随转速变化而变化的关系称为速度特性。

速度特性可通过发动机在试验台上（如测功器试验台）进行试验而求得。试验时，先使发动机工作在正常温度、正常机油压力下，且点火提前角（或喷油提前角）及燃料供给系的调整均为最佳状况，然后使节气门保持一定开度（或使喷油泵齿条处于某一位置），变更发动机的转速，经测量和计算即可得到一系列与曲轴转速 n 相对应的有效扭矩 M_e、有效功率 N_e 和燃油消耗率 g_e 的值。根据这些数据，画出 M_e、N_e、g_e 随 n 变化的关系曲线，即为这一节气门开度（或喷油泵齿条位置）对应的速度特性曲线。

如果改变节气开度（或喷油泵齿条位置），则可得到另外一组特性曲线。当节气门全开（或喷油泵齿条处于标定功率循环供油量位置）时，所得到的特性曲线称为发动机外特性曲线，而把在节气门其他开度（或喷油泵齿条其他位置）情况下得到的特性曲线称为发动机部分特性曲线。

发动机外特性代表发动机所具有的最高动力性能。外特性曲线上标出的发动机最大功率和最大扭矩及相应的转速，是表示发动机性能的重要指标，需要结合汽车使用条件，如道路情况所要求克服的阻力、最高车速等，来分析发动机外特性是否符合要求。

发动机的工作范围一般应在额定功率时的转速和最大扭矩时的转速之间。从经济性和动力性来全面考虑，发动机工作的最有利转速范围应在额定功率时的转速和最低燃油消耗率时的转速之间。

（2）负荷特性

在转速保持一定的情况下，逐步改变负荷，即改变喷油量或混合气量，燃油消耗率和每小时燃料消耗量随负荷或功率等改变而变化的特性称为负荷特性。

五、内燃机的型号编制规则

按照国家标准《内燃机产品名称和型号编制规则》（GB/T 725—2008）的规定，内燃机型号由以下四部分组成。

第一部分：产品特征代号，由制造厂根据需要自选相应字母表示。

第二部分：由缸数符号、冲程符号、气缸排列形式符号和缸径符号组成。

第三部分：结构特征和用途特征符号。

第四部分：区分符号。同一系列产品因改进等原因需要区分时，由制造厂选用适当符号表示。

型号编制示例：汽油机。

4100Q 表示四缸，四冲程，缸径 100 mm，水冷，汽车用。

CA6102 表示第一汽车制造厂制造，六缸，四冲程，缸径 102 mm，水冷，汽车用柴油机。

6105BQ 表示六缸，直列四冲程，缸径 105 mm，水冷，B 变型，汽车用。

6102G 表示六缸，直列四冲程，缸径 102 mm，水冷，工程机械用。

C6121ZG09 表示六缸，直列四冲程，缸径 121 mm，水冷，增压，工程机械用（C：系列代号，09：设计变型代号）。

引进机型编号含义如下。

WD615·67，W 表示水冷，D 表示柴油发动机，6 表示缸数，15 表示单缸排量 1.5 L，67 表示机型变型编号。

六、提高内燃机动力性能的途径

1. 采用增压技术

目前，发动机广泛采用废气涡轮增压器，使空气进入气缸前进行预压缩，这样可以提高发动机的平均有效压力，增加输出功率，同时也是改善发动机燃油经济性、降低废气有害排放、节约原材料的一项最有效技术措施。

2. 合理组织燃烧过程，提高循环指示效率

燃料燃烧过程是内燃机能量转换的重要过程。随着发动机的不断强化，以及增压程度和转速的不断提高，要对发动机的混合气形成、燃烧及燃油供给系统进行深入研究。

3. 改善换气过程，提高气缸的充量系数

在相同的气缸容积和进气状态下，若能吸入更多的新鲜空气，则可允许喷入更多的燃料，在同样的燃烧条件下获得更多的有用功，从而改善换气过程、提高充量系数、减少换气损失。

4. 提高发动机的转速

提高发动机的转速可以增加单位时间内每个气缸做功的次数，从而提高发动机的输出功率，与此同时，发动机的比质量也随之降低。当前，小型发动机的最高转速已达 5 000 r/min，但一般在 3 000 r/min 左右，活塞平均速度为 11～13 m/s。

5. 提高内燃机的机械效率

提高内燃机的机械效率可以提高其动力性和经济性指标。这方面主要靠合理选择各种热力和结构参数，从结构、工艺上采取措施减少其摩擦损失及附属机构所消耗的功率。

6. 采用二冲程提高发动机的升功率

理论上，二冲程相对于四冲程，其发动机的升功率可以提高一倍。但由于二冲程在组织热力过程和结构设计上的特殊问题，在相同工作容积和转速下，平均有效压力往往达不到四冲程的水平，升功率只能提高 50%～60%。但是，近年来国外不少公司在大力进行工程机械二冲程发动机的研究。

第二节 液力变矩器

一、液力变矩器的特点

1. 液力变矩器是以液体为工作介质的传动装置，广泛应用在港口机械的传动机构中。

2. 液力变矩器输入轴与输出轴之间不是刚性连接，因此它们之间的转速可以是不同的。

3. 由于导轮对液体的作用，液力变矩器能够保持输出扭矩与输入扭矩不相等，因此，它可以在很宽的速比范围内保持输出扭矩大于输入扭矩。

4. 当外负荷增加时，液力变矩器输出转速降低，而输出扭矩增加；当外负荷减小时，输出转速升高，而输出扭矩降低。

5. 液力变矩器在一定的挡位内可以实现自动无级调速，从而使传动性更符合负荷变化的要求。

6. 液力变矩器操作方便，消除了发动机与工作机械间的相互冲击现象，延长了机械的使用寿命，具有良好的保护作用。

二、液力变矩器的工作原理和基本性能

1. 液力变矩器的工作原理

液力变矩器由泵轮、涡轮和导轮等组成（见图 2-2-1），是一个封闭的液力循环圆系统。

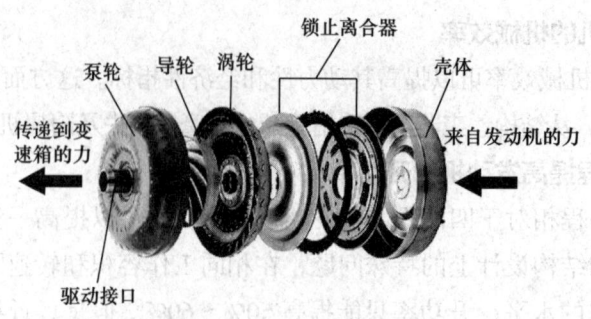

图 2-2-1　液力变矩器结构

发动机带动泵轮旋转，循环圆系统中的液体受到泵轮叶片的作用产生流动，将旋转的机械能转换成高速流动的液体动能。高速液流由泵轮进入涡轮，作用到涡轮叶片上，推动涡轮旋转，将液体的动能换为机械能。功率由涡轮轴输出，由于涡轮与泵轮之间存在导轮，因此当高速液流由涡轮出口进入导轮时，导轮的叶片使液流方向发生了改变，液流给固定的导轮叶片一个作用力，而导轮叶片给液流的反作用力，增加了涡轮的扭矩，从而使涡轮扭矩大于泵轮扭矩。涡轮扭矩一般要比泵轮扭矩大，这就是液力变矩器能增大输出扭矩的原因。

2. 液力变矩器的基本性能

反映液力变矩器主要特性的基本性能有变矩性能、经济性能及透过性能。

（1）变矩性能

液力变矩器的变矩性能是指液力变矩器在一定范围内按一定规律无级改变由泵轮轴传至涡轮轴扭矩的能力。

（2）经济性能

液力变矩器的经济性能是指液力变矩器在不同传动比下工作时效率的大小。经济性能的评价指标有两点：一是最高效率的大小，二是高效工作区的宽度。高效工作区一般是指效率≥75%（港口机械）的变矩工况宽度。

（3）透过性能

液力变矩器的透过性能又称透穿性能，它是指泵轮力矩（转速）随涡轮力矩（转速）变化而变化的性能。

3. 在设备中采用液力变矩器传递动力有以下优点

（1）使用液力变矩器时，若设备的外界负荷变化，则驱动轮上的驱动力矩和转速可以自动、连续、无冲击地变化。

（2）由于液力变矩器的输出扭矩特性曲线接近理想的牵引性曲线，因此改善了设备的牵引性能。

（3）在液力变矩器中，由于泵轮与涡轮之间没有机械连接，因此对发动机和传动装置有保护作用。

（4）液力变矩器可以起到离合器的作用。

液力变矩器的缺点是传动效率较低，其高效率的转速范围较小。因此，在变矩系数较大的工况条件下，其效率将大大下降。另外，液力变矩器的变矩系数一般在 4 以下，这样的变矩范围不能适应装卸机械对传动比的要求，因此，传动装置中，在液力变矩器之后还装有变速箱，以满足传动比的要求。

三、液力变矩器的类型和结构

1. 液力变矩器的类型

（1）液力变矩器根据各工作轮在工作腔内的排列顺序，可分为 B—T—D 型正转液力变矩器和 B—D—T 型反转液力变矩器。港口装卸机械多采用正转液力变矩器。

（2）液力变矩器根据涡轮叶片列数，可分为单级、多级液力变矩器。

（3）液力变矩器根据可能实现由不同液力传动的状态数目，可分为单相、两相和多相液力变矩器。

另外，液力变矩器根据涡轮形式、工作叶轮片可否转动等，还可分为不同形式，在此从略。

2. 两种液力变矩器的结构形式

港口装卸机械常用的液力变矩器结构形式有如下两种。

（1）三元件单级两相液力变矩器

图 2-2-2 所示为三元件单级两相液力变矩器结构简图及导轮受力示意，导轮 D 通过单向联轴器 M 固定在机壳上。

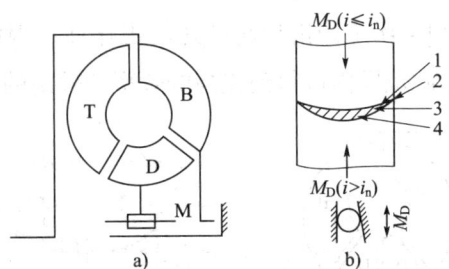

图 2-2-2 三元件单级两相液力变矩器结构
简图及导轮受力示意

a）结构简图 b）导轮受力示意

当液力变矩器转速比（i 为涡轮与泵轮转速比）在 $0 \sim i_n$ 范围内时（i_n 为导轮 D 单向联轴器脱开时的转速比），从涡轮流出的液流冲击导轮的工作面，图 2-2-2b 中 1、2

所示的方向即为液流冲击导轮的方向。此时,液压对导轮的作用力力矩 M_D 使导轮在单向联轴器上被楔紧,也就是导轮被固定在机壳上,这时,整个系统处于液力变矩器工况。当涡轮轴上的负荷减小,转速比刚大于 i_n,从涡轮流出的液流按图 2-2-2b 中 3、4 所示的方向冲击导轮背面时,液流对导轮的作用力力矩 M_D 与 1、2 方向相反,使单向联轴器脱开,导轮就朝液流方向自由转动了。导轮的旋转方向与泵轮一致,从而使液压失去了固定导轮的作用,也就失去了变矩能力,而使系统转为液力耦合器工况。

但是,必须指出,单级两相液力变矩器在转入液力耦合器工况时,与一般液力耦合器的工作情况不完全相同,因为它存在一个随液流空转的导轮,损失了一部分能量,因此,单级两相液力变矩器在液力耦合器工况下的效率低于一般液力偶合器的效率。液力偶合器的效率一般为 $\Psi_{max}=0.97\sim0.98$,而单级两相液力变矩器在液力耦合器工况下的效率一般为 $\Psi_{max}=0.95\sim0.97$。

(2)四元件单级三相液力变矩器

图 2-2-3 所示为一种典型的四元件单级三相液力变矩器结构简图及导轮受力示意,它有两个导轮 D_1 和 D_2,分别通过单向联轴器固定在壳体上。

在 $i=0\sim i'$ 区段,从涡轮流出的液流沿两个导轮 D_1 和 D_2 的工作面流动,如图 2-2-3b 中 1、2 所示的液流方向,液流作用于两导轮的力矩分别为 M_{D1} 和 M_{D2},使两个单向联轴器都被楔紧,导轮都被固定在壳体上不能转动。此时,这种液力变矩器如同一个简单的三元件液力变矩器。

由于两个导轮不能转动,两个导轮叶片可组成一个弯曲较大的叶片,这就保证了在较低的转速范围内,有较高的变矩比 K。

在 $i'<i<i_n$ 区段,液流作用于两个导轮的方向如图 2-2-3b 中 3、4 所示,这时,液流冲击导轮的背面。作用力力矩 M_{D1} 改变了方向,使导轮 D_1 单向联轴器脱开,导轮 D_1 开始旋转,但液流 3 和 4 还是冲击导轮叶片的工作面,因此导轮 D_2 的单向联轴器仍在楔紧状态。此时,在此范围内可得到较高的效率和较高的变矩比。

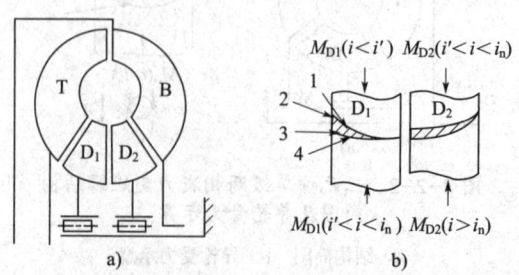

图 2-2-3 四元件单级三相液力变矩器结构简图及导轮受力示意
a)结构简图 b)导轮受力示意

第三节 变速箱

一、变速箱的功用

（1）改变柴油机和车轮之间的传动比，从而改变设备的行驶速度和牵引力，以适应设备作业和行驶的需要。

（2）实现倒挡，改变行驶方向。

（3）实现空挡，可以切断传给行走装置的动力，使柴油机在运转的情况下，不将动力传给行走装置，便于发动机的启动和停车安全。

内燃装卸机械对变速箱的要求如下。

（1）具有足够的挡位和合适的传动比，以满足设备的使用要求。

（2）工作可靠，使用寿命长，传动效率高，结构简单，制造维修方便。

（3）换挡轻便，接合平稳，不出现卡滞和跳挡现象。

二、变速箱的类型

1. 按操纵方式的不同分类

按操纵方式的不同，变速箱可以分为人力换挡变速箱和动力换挡变速箱两种。

人力换挡变速箱结构简单，工作可靠。但采用人力操纵，劳动强度大，同时，换挡时的动力切断时间较长，这些因素会影响设备作业效率的提高，并使设备在恶劣路面上行驶时通过性差。因此，除了极少数小型设备，人力换挡变速箱已极少使用。

动力换挡变速箱结构复杂，体积也比较大。但动力换挡操纵轻便、换挡快，换挡时切断动力的时间较短，能实现在大负荷的情况下换挡不停车，可大幅提高设备的生产效率。

2. 按轮系形式的不同分类

按轮系形式的不同，变速箱可分为行星齿轮式变速箱和定轴式变速箱两种。

变速箱中有些齿轮的轴线可在空间旋转，这种轴线旋转的齿轮称为行星齿轮，而装有这种行星齿轮的变速箱称为行星齿轮式变速箱。行星齿轮式变速箱只有动力换挡一种方式。

若变速箱中所有齿轮都有固定的旋转轴线，则称为定轴式变速箱。

3. 定轴式动力换挡变速箱

定轴式动力换挡变速箱由固定轴线的传动轴、外啮合圆柱齿轮、换挡离合器、液压控制系统等组成。换挡离合器按组成可分为单离合器和双离合器。

三、普通齿轮变速箱的工作原理

普通齿轮变速箱又称定轴式变速箱，由一个外壳、轴线固定的几根轴和若干齿轮组成，利用不同齿数的齿轮啮合传动，可实现变速、变扭和改变旋转方向。

当一对齿数不同的齿轮啮合传动时，若小齿轮驱动大齿轮转动，则转速降低；若大齿轮驱动小齿轮转动，则转速升高，这就是齿轮传动的变速原理。变速箱就是根据这一原理利用若干大小不同的齿轮副传动而实现变速的。如图 2-3-1 所示，发动机的转矩由输入轴 I 输入，经两对齿轮传动，由输出轴 II 输出。其中，第一对齿轮，1 为主动齿轮，6 为从动齿轮；第二对齿轮，5 为主动齿轮，2 为从动齿轮。传动比为：

$$i = \frac{\text{所有从动齿轮齿数的乘积}}{\text{所有主动齿轮齿数的乘积}} = \text{各级齿轮传动比的乘积}$$

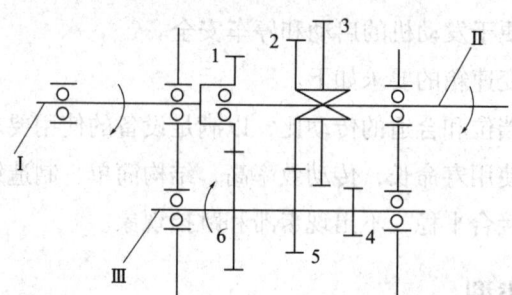

图 2-3-1　双级齿轮传动式变速箱示意

I—输入轴　II—输出轴　III—中间轴　1—输入轴主动齿轮　2,3—输出轴从动齿轮
4,5—中间轴主动齿轮　6—中间轴从动齿轮

车辆变速箱某一挡位的传动比就是这一挡位各级齿轮传动比的乘积。

由于 $i = \frac{n_\text{入}}{n_\text{出}} = \frac{M_\text{入}}{M_\text{出}}$（$M$ 表示转矩），因此可看出传动比既是变速比又是变扭比，降速则增扭，增速则降扭。一般把变速箱传动比较小的挡位称为高挡，传动比较大的挡位称为低挡，变速箱挡位的变换称为换挡，由低挡向高挡变换称为加挡（或升挡），反之称为减挡（或降挡）。车辆变速箱就是利用这一关系通过改变速比来适应车辆行驶阻力变化的。

四、行星齿轮式变速箱

叉车、装载机除配置定轴式变速箱外，还可配置行星齿轮式液力 - 机械变速箱。行星齿轮式变速箱与同样传动比的定轴式变速箱相比，具有结构紧凑、传动效率高、输入和输出轴可以同心等优点，因而在港口装卸机械中得到广泛应用。行星齿轮式变速箱结构紧凑的原因有两点：一是在结构布置上，齿轮间相互套在一起，输入轴和输出轴同心，因而充分利用了空间；二是齿轮传动的负载被均匀地分布在几个行星齿轮上，负载由多个轮齿承担，每个轮齿的负载较轻，因而可采用较小模数的齿轮。

行星齿轮式变速箱的主要缺点是结构复杂，制造、加工、装配工艺要求高，成本高，维修复杂。

国产 ZL20 型、ZL30 型、ZL50 型装载机，美国卡特彼勒 936 型、966 型、980 型装载机均采用行星齿轮式液力-机械变速箱。

下面对行星齿轮式变速箱的原理进行介绍。

基本行星排中单排行星齿轮的结构如图 2-3-2a 所示。

三个行星齿轮 3 装在行星架 4 上，可绕其本身的中心轴自转，又可随行星架绕太阳轮 1 的中心轴公转。齿圈 2 套在行星齿轮的外面，行星齿轮又靠在太阳轮的外面。太阳轮、行星架、齿圈三者同心。这种行星排的转速关系为：

$$n_s + kn_r - (1+k)n_c = 0$$

$$k = \frac{Z_r}{Z_s}$$

式中　n_s——中心轮转速；

n_r——齿圈转速；

n_c——行星架转速；

k——行星排特性参数；

Z_r——齿圈齿数；

Z_s——太阳轮齿数。

在装载机上，太阳轮一般与液力变矩器的涡轮输出齿轮相连，齿圈和行星架一般与变速箱输出轴相连。

如果将太阳轮、行星架、齿圈三个元件中任意一个制动，如图 2-3-2b 所示，其余两个分别是输入元件或输出元件，就可得到 6 种不同的传动比。变速箱就是利用这种原理，来实现不同的动力输出。在装载机中，常用的传动方案有如下 4 种。

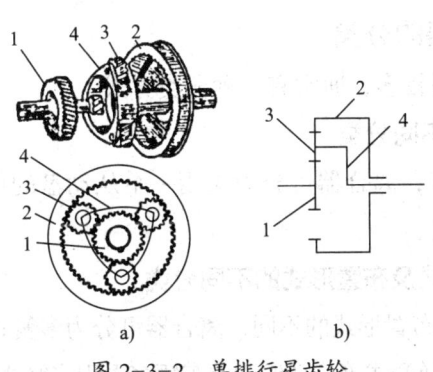

图 2-3-2　单排行星齿轮

a) 结构　b) 原理

1—太阳轮　2—齿圈　3—行星齿轮　4—行星架

（1）齿圈制动（$n_r=0$），太阳轮输入（主动），行星架输出（从动）。当使用这种传动方案时，行星架的传动方向与太阳轮相同，而转速变慢，是减速增力传动。

（2）行星架制动（$n_c=0$），太阳轮输入，齿圈输出。由于行星架制动，因此行星齿轮只能自转，不能公转。齿圈在行星齿轮的带动下旋转，方向与太阳轮相反。倒挡时使用这种方式传动。

（3）若将三个元件中任意两个元件与离合器结合在一起，则行星齿轮机构不再起差速作用，而是与离合器构成一个整体旋转机构，相当于直接挡，则有：

$$n_s=n_r=n_c$$

（4）若三个元件中任何一个都不受制动，则行星排不起传力作用。此时，行星排有两个自由度，主动轴转动时，从动轴可以不动，也可以保持惯性顺滑行。这种方案相当于空挡。

由上可见，行星齿轮式变速箱的换挡是通过对不同元件的制动来实现的，各齿轮为常啮合，因而换挡时无冲击，运行平稳，齿轮使用寿命长，因此在叉车、装载机传动系统中得到广泛应用。

第四节 摩擦式离合器

一、摩擦式离合器的分类

摩擦式离合器的类型较多，通常有三种分类方式。

1. 按从动盘数目的不同分类

按从动盘数目的不同，离合器可分为采用一个从动盘的单片式、采用两个及以上从动盘的双片式和多片式。

2. 按压紧弹簧的形式及布置形式的不同分类

按压紧弹簧的形式及布置形式的不同，离合器可分为多簧式（分布弹簧式）、膜片弹簧式、中央弹簧式和斜置弹簧式等。现代载重车辆多采用多簧式和膜片弹簧式离合器。

3. 按操纵机构的不同分类

按操纵机构的不同，离合器可分为机械式、液压式、气压式和气液助力式等。

二、摩擦式离合器的功用与要求

1. 摩擦式离合器的功用

（1）保证车辆平稳起步。

（2）便于换挡，保证换挡操作过程顺利进行，并减轻或消除换挡时的冲击。

（3）防止传动系统过载。

2. 对摩擦式离合器的要求

（1）在能保证传递发动机输出的最大转矩而不打滑的同时，又能防止传动系统过载。

（2）分离迅速、彻底，接合平顺、柔和，便于换挡和保证车辆平稳起步。

（3）具有良好的散热能力和热稳定性。

（4）离合器从动部分的转动惯量要尽可能小，以减轻换挡时对齿轮的冲击。

（5）操纵轻便。

三、摩擦式离合器的工作原理

摩擦式离合器的基本组成与工作原理如图 2-4-1 所示。

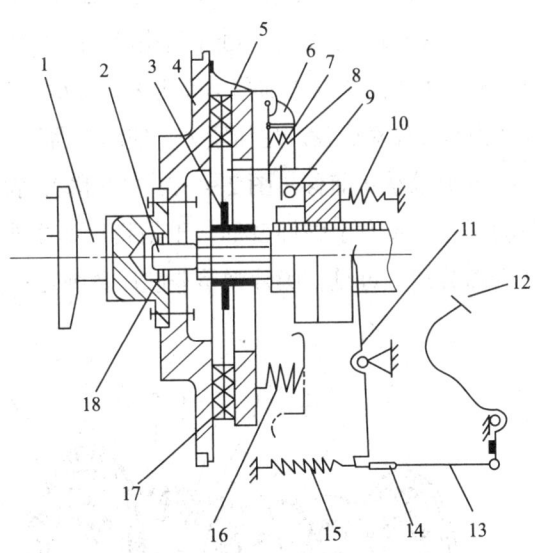

图 2-4-1 摩擦式离合器的基本组成与工作原理

1—曲轴 2—从动轴 3—从动盘 4—飞轮 5—压盘 6—离合器 7—分离杠杆 8—弹簧
9—分离轴承 10，15—回位弹簧 11—分离拨叉 12—踏板 13—拉杆
14—拉杆调节叉 16—压紧弹簧 17—从动盘摩擦片 18—轴承

1. 接合状态

当离合器处于接合状态时，踏板 12 处于最高位置，此时分离杠杆 7 内端与分离轴承 9 之间存在间隙，这一间隙称为离合器间隙（反映到离合器踏板上，为消除这一间隙的踏板行程，称为离合器踏板自由行程）。压盘 5 在压紧弹簧 16 作用下压紧从动盘 3，发动机

的转矩经飞轮压盘通过两个摩擦面的摩擦作用传给从动盘,再由从动轴2输入变速箱。

2. 分离过程

踏下离合器踏板,待离合器间隙消除后,分离杠杆外端即可拉动压盘克服压紧弹簧的压力向后移动(图2-4-1中压盘5向右移动),从而撤除作用于从动盘的压紧力,摩擦作用消失,离合器主、从动部分分离,中断动力传递。

3. 接合过程

当需要恢复动力传递时,缓慢抬起离合器踏板,在压紧弹簧压力的作用下,压盘向前移动并逐渐压紧从动盘,使接触面之间的压力逐渐增加,相应的摩擦力矩也逐渐增加,直至离合器完全接合,接合过程结束。

四、摩擦式离合器的构造

1. 膜片弹簧式离合器

膜片弹簧式离合器的结构如图2-4-2所示。膜片弹簧式离合器的压紧弹簧是一个用优质薄弹簧钢板制成的带有锥度的膜片弹簧10。膜片弹簧式离合器工作原理如图2-4-3所示。当离合器盖3未固定在飞轮1上时(见图2-4-3a),在飞轮与离合器盖装配面之间有一段距离,膜片弹簧6不受力,处于自由状态。当用螺钉将离合器盖紧固在飞轮上时(见图2-4-3b),由于离合器盖前移消除距离,支承环7压靠膜片弹簧6使其发生弹性变形,同时膜片弹簧外端对压盘产生压紧力,使离合器处于接合状态。当分离离合器时(见图2-4-3c),分离轴承4前移(图2-4-3c中左移),膜片弹簧被压在支承环7上,并以此为支点摆动而进一步发生弹性变形,于是膜片弹簧外端后移,并通过分离拉钩拉动压盘后移使离合器分离。可见,膜片弹簧兼起压紧弹簧和分离杠杆的作用。

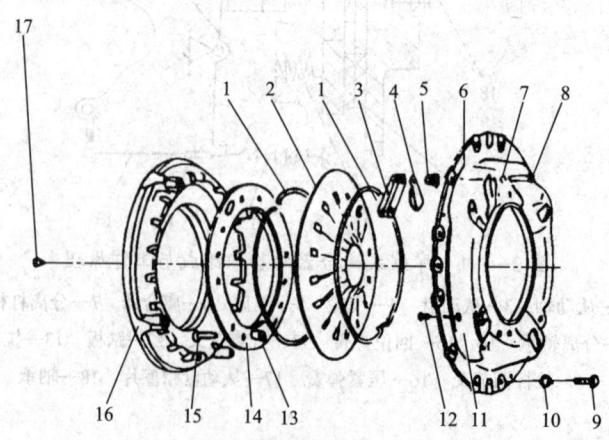

图2-4-2 膜片弹簧式离合器的结构

1—支承环 2—膜片弹簧 3—传动片 4—分离钩 5—分离钩螺钉 6—离合器盖 7—弹簧垫圈
8—内六角螺栓 9—紧固螺栓 10—膜片弹簧 11—平衡垫圈 12—平衡铆钉
13—隔套 14—支承圈 15—铆钉 16—压盘 17—定位销

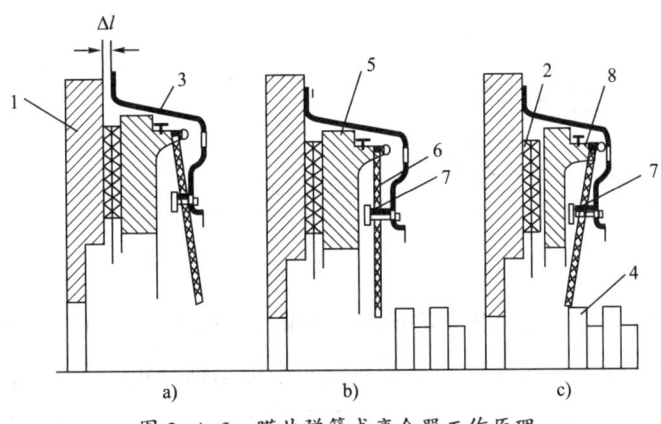

图 2-4-3 膜片弹簧式离合器工作原理
1—飞轮 2—从动盘 3—离合器盖 4—分离轴承 5—压盘
6—膜片弹簧 7—支承环 8—分离拉钩

2. 从动盘与扭转减振器

发动机传到车辆传动系统中的转速和转矩呈周期性不断变化，这就使传动系统中产生扭转振动。为了缓冲减振，避免发生共振，不少车辆传动系统中都设置了扭转减振器，且多数扭转减振器附装在离合器的从动盘上。

图 2-4-4 所示为扭转减振器示意。扭转减振器由减振弹簧 1、减振器盘 2、从动盘本体 3 及其他附属件组成。由于止动销的直径比其穿过的从动盘毂上的三个小窗孔的尺寸小，因此允许从动盘本体和减振器盘铆成的整体相对从动盘毂转动一定的角度，起缓冲和减振作用。

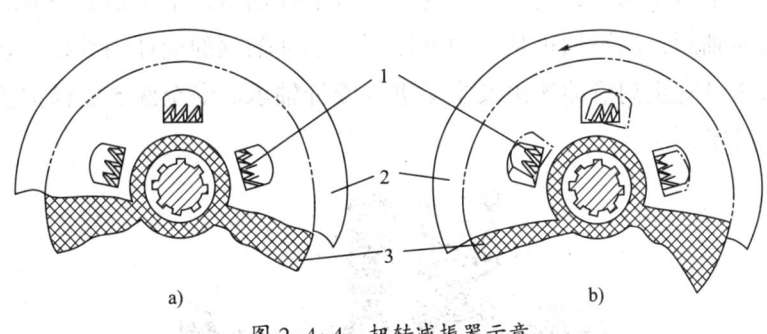

图 2-4-4 扭转减振器示意
a) 不工作时 b) 工作时
1—减振弹簧 2—减振器盘 3—从动盘本体

3. 分离轴承

分离杠杆随离合器主动部分一起绕其中心转动，而分离套筒则沿其轴线移动，因此两者之间必须装有分离轴承。分离轴承广泛采用轴向或径向推力轴承，其中多为在轴承装配之前一次加足润滑脂的封闭式，即预润滑轴承。

第五节 万向节

万向传动装置一般由万向节、传动轴和中间支承组成。万向节有弹性和刚性两种,弹性万向节依靠弹性元件的弹性变形来适应两个传动轴交角的变化。由于弹性元件的弹性变形量有限,因此弹性万向节一般用于两轴交角不大于5°的万向传动中。轮胎式工程机械大多采用刚性万向节。刚性万向节有不等角速万向节(又称十字轴式万向节)和等角速万向节两种。

一、十字轴式万向节

十字轴式万向节(见图2-5-1)结构简单、工作可靠,两轴间夹角允许达到15°~20°。它一般由一个十字轴6,两个万向节叉和四个滚针轴承等组成,两个万向节叉4和8上的孔分别套在十字轴6的两对轴颈上。这样,当主动轴转动时,从动轴既可随之转动,又可绕十字轴中心在任意方向摆动。为了减少摩擦损失,提高传动效率,在十字轴轴颈和万向节叉孔间装有滚针2和套筒1组成的滚针轴承,用螺钉和轴承盖9将套筒1固定在万向节叉上,并用锁片将螺钉锁紧,防止滚针轴承在离心力作用下从万向节叉内脱出。为了润滑滚针轴承,十字轴上一般装有注油嘴并有油路通向轴颈,润滑油可从注油嘴注到十字轴轴颈的滚针轴承处。装在金属座孔内的油封3可防止润滑油流出及尘垢进入滚针轴承。安全阀5能保护油封不会因油压过高而损坏。

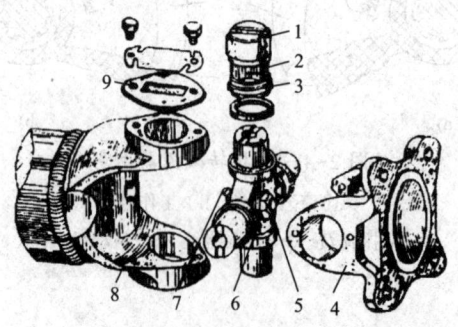

图 2-5-1 十字轴式万向节

1—套筒 2—滚针 3—油封 4,8—万向节叉
5—安全阀 6—十字轴 7—油嘴 9—轴承盖

为了提高密封性能，近年来，在十字轴式万向节中多采用如图 2-5-2 所示的橡胶油封。实践证明，橡胶油封的密封性能远优于老式的毛毡油封和软木垫油封。当用注油枪向十字轴内腔注入润滑油而使内腔油压大于允许值时，多余的润滑油便从橡胶油封内圆表面与十字轴轴颈接触处溢出，故十字轴上不需要安装安全阀。

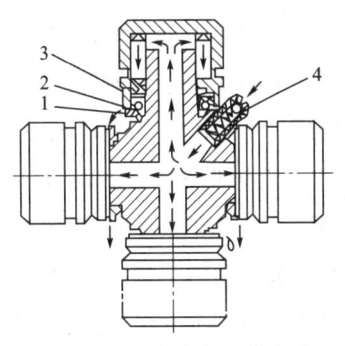

图 2-5-2 十字轴润滑油道及密封装置

1—油封挡盘 2—橡胶油封
3—油封座 4—注油嘴

单个十字轴式万向节在输入轴和输出轴有夹角的情况下，其两轴的角速度是不相等的。下面以图 2-5-3 来说明单个十字轴式万向节不能等角速传动的特性。

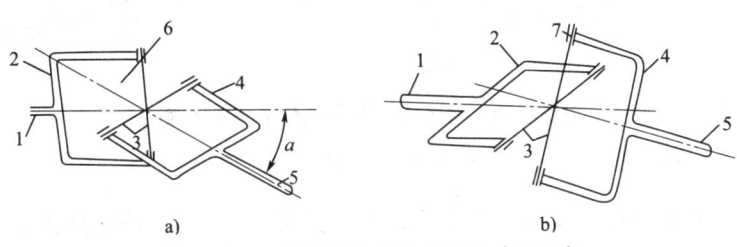

图 2-5-3 十字轴式万向节传动特性分析

1—主动轴 2—主动叉 3—十字轴 4—从动叉
5—从动轴 6，7—十字轴上的点

当主动叉 2 处于垂直位置时（见图 2-5-3a），十字轴 3 上的点 6 在运动中既绕主动轴 1 转动，又绕从动轴 5 转动。点 6 绕主动轴 1 的旋转半径为 r_1（旋转半径垂直于旋转轴线），而绕从动轴 5 的旋转半径为 r_5，显然 $r_1 > r_5$。但点 6 的线速度是一致的，也就是说它绕主动轴和绕从动轴转动的线速度是相同的。线速度等于角速度乘以旋转半径，这时由于点 6 绕从动轴 5 转动的旋转半径小，所以这一瞬间，从动轴 5 的角速度必然大于主动轴 1 的角速度。

当旋转 90°使主动叉 2 处于水平位置时（见图 2-5-3b），十字轴上的点 7 绕从动轴 5 转动的旋转半径大于绕主动轴 1 转动的旋转半径。所以这时从动轴 5 的角速度必然小于主动轴 1 的角速度。由此得出结论，从动轴 5 的角速度呈周期性变化，将使从动轴及与其相连的传动部件产生扭转振动，从而产生附加载荷，影响部件的使用寿命。

必须注意，"十字轴式万向节传动不能等角速传动的特性"是指从动轴在一周中的角速度不均匀，而主、从动轴的转速是相等的。十字轴式万向节的这种不等角速性，将使从动轴及与其相连的传动部件产生角加速度，从而产生扭转振动，不利于装载机的匀速行驶，而由此产生的附加载荷也将影响部件的使用寿命。

从单个万向节传动的不等角速性，很容易联想到，如果再加一个万向节和第一个万向节相对安装，则第二个万向节的主动轴将是不等角速的，而它的从动轴是否可能与第一个万向节的主动轴一样做等角速转动呢？

实践和理论分析表明，只要第一个万向节两轴间夹角与第二个万向节两轴间夹角相等，并且第一个万向节的从动叉与第二个万向节的主动叉在同一平面内，则经过双万向节传动后，就可使第二个万向节从动轴与第一个万向节主动轴一样做等角速转动。如图 2-5-4 所示，夹角 α 仅允许到 $30°$，否则中间传动轴的旋转不均匀度太大，所以夹角 α 应尽量小一点，一般不大于 $20°$。

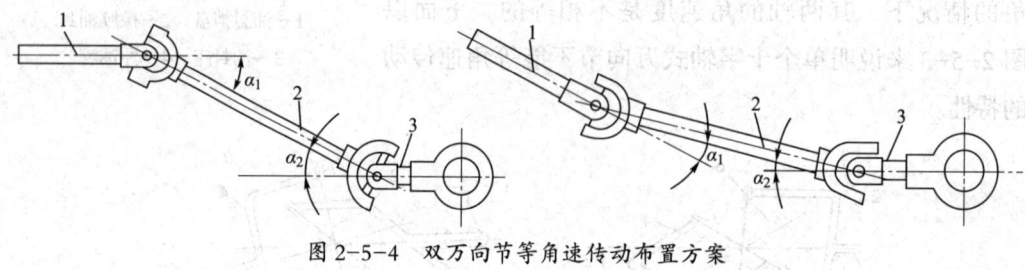

图 2-5-4 双万向节等角速传动布置方案
1—主动轴 2—传动轴 3—从动轴

图 2-5-4 所示为双万向节等角速传动布置方案。主、从动轴的相对位置是由整机的总体布置和总装配确定的；传动轴两端万向节叉的相对位置则由装配传动轴保证。因此，在安装时必须保证传动轴两端的万向节叉在同一平面上。

二、等角速万向节

双万向节虽能近似达到等角速传动，但在某些情况下（如转向驱动桥），由于受到空间位置的限制，因此要求万向传动装置结构紧凑、尺寸小，且转向轮的最大转角受作业机械机动性的要求，常要达到 $30°\sim40°$，甚至更大，而双万向节传动很难适应，故需要用一个就能实现等角速传动的万向节。目前，应用较多的等角速万向节有双联式、球叉式、三销式和球笼式四种。以下重点介绍双联式和球叉式。

1. 双联式等角速万向节

双联式等角速万向节实际上是一套将传动轴长度缩减至最小的双万向节等角速传动装置。图 2-5-5 中的双联叉 3 相当于两个在同一平面的万向节叉。要想使主动轴 1 和从动轴 2 的角速度相等，应保证 $\alpha_1=\alpha_2$，且双联叉 3 的对称线能平分所连两轴的夹角。

图 2-5-6 所示为双联式等角速万向节的结构。在万向节叉 6 的内端有球头，与球碗 8 的内球面配合，球碗座 2 则镶嵌在万向节叉 1 的内端。球头与球碗的中心与十字轴中心的连线中点重合。当万向节叉 6 相对万向节叉 1 在一定角度范围内摆动时，双联叉 5 也被带动偏转相应角度，使十字轴中心的连线与万向节叉 1 和万向节叉 6 的轴

线交角差值很小，从而保证两轴角速度接近相等，其差值在允许范围内，故双联式等角速万向节具有准等角速性。

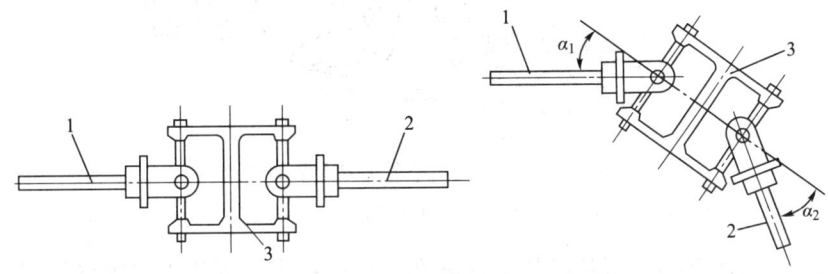

图 2-5-5 双联式等角速万向节示意

1—主动轴 2—从动轴 3—双联叉

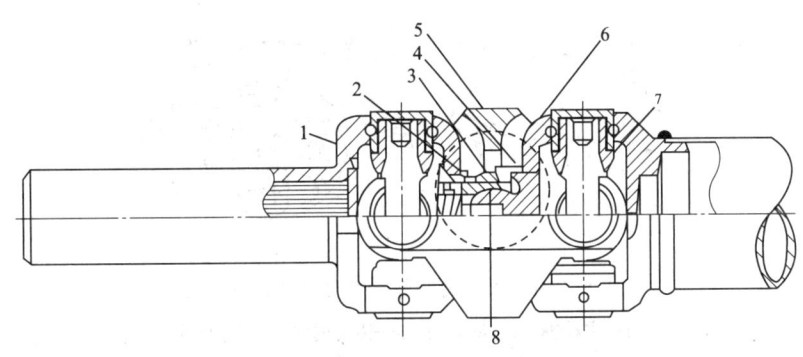

图 2-5-6 双联式等角速万向节的结构

1，6—万向节叉 2—球碗座 3—衬套 4—防护圈
5—双联叉 7—油封 8—球碗

双联式等角速万向节允许有较大的轴间夹角，且具有结构简单、制造方便、工作可靠的优点，故在转向驱动桥中的应用逐渐增多。

2. 球叉式等角速万向节

图 2-5-7 所示为球叉式等角速万向节的结构。从动叉 1 和主动叉 2 分别与内、外半轴制成一体。在每个叉上都有四个曲面凹槽，装配后形成两个相交的环形槽，作为四个传动钢球的滚道。定心球 5 放在两叉中心的凹槽内，以定中心。当车轮转向时，两个叉绕定心球相对转动一个角度。为了能将钢球顺利地装入槽内，在定心球上铣出一个凹面，凹面中央有一个深孔。装配时，首先将定位销 4 装入从动叉中央的孔内，并放入定心球；然后在两个球叉槽中陆续放入三个传动钢球；接着将定心球的凹面对准尚未放钢球的凹槽，以便放入第四个钢球；再将定心球的孔对准带定位销 4 的从动叉孔，提起从动叉使定位销落入定心球孔内；最后将锁销 3 插入从动叉上与定位销垂直的孔中，限制定位销的轴向移动，保证定心球的位置正确。

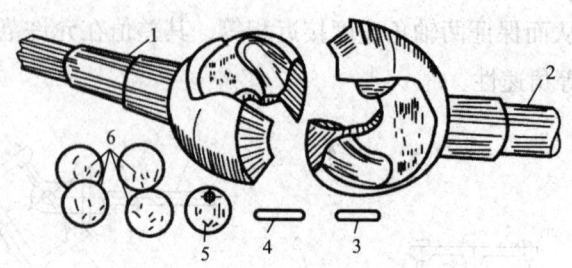

图 2-5-7　球叉式等角速万向节的结构

1—从动叉　2—主动叉　3—锁销　4—定位销　5—定心球　6—传动钢球

球叉式等角速万向节可从结构上保证在工作过程中，其传力点始终位于两轴交角的平分面上，使传力点到两轴的距离始终相等，从而保证主、从动轴的等角速关系，如图 2-5-8 所示。

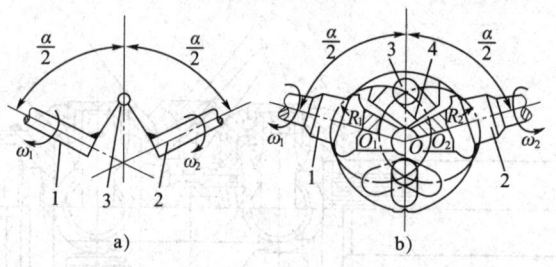

图 2-5-8　球叉式等角速万向节的工作原理

1—主动轴　2—从动轴　3—传动钢球　4—定心球

球叉式等角速万向节工作时，正、反转动都只有两个钢球传力。因此，钢球和凹槽间的压力较大，容易磨损，使用过程中钢球容易脱落，且曲面凹槽加工也较复杂。球叉式等角速万向节的优点是结构紧凑、简单，主、从动轴间夹角可达 32°～33°。

近年来，有些球叉式等角速万向节省去了定位销和锁销，中心钢球上也没有凹面，而是靠压力装配，这样结构更简单，但拆装不便。

第六节　驱动桥

驱动桥是传动系统中最后一个大总成，是变速箱或传动轴之后、驱动轮之前的所有传力机件与壳体的总称。本节以轮胎式装载机驱动桥为例进行介绍。

一、驱动桥的功能、类型及组成

1. 驱动桥的功能

驱动桥的基本功能是通过主减速器及轮边减速器，降低由变速箱输入的转速，增加转矩，以满足主机的行驶、作业速度及牵引力的要求。同时，通过主传动将纵向的旋转运动转变为垂直横向的旋转运动，从而带动驱动轮旋转，使主机完成沿直线方向行驶的功能。另外，通过差速器完成左、右轮胎之间的差速功能，以确保两边行驶阻力不同时仍能正常行驶。

驱动桥除完成基本功能外，还是整机的承重装置、行走轮的支承装置、行车制动器的安装与支承装置等。因此，驱动桥在轮胎式装载机中是一个非常重要的传动部件。

2. 驱动桥的类型

驱动桥按照行车制动器的结构形式及安装部位的不同分为两类，一类是干式外置钳盘式制动器驱动桥，即通常所指的驱动桥；另一类是制动器在驱动器壳体内部，浸在油里的驱动桥，通常称为内藏湿式多片式制动器驱动桥。

目前，应用最多、保有量最大的驱动桥是干式外置钳盘式制动器驱动桥。

3. 驱动桥的组成

驱动桥分前桥和后桥，其区别在于主传动中的螺旋锥齿轮副的螺旋方向不同。前桥的主动螺旋锥齿轮为左旋，后桥则为右旋，其余结构相同。驱动桥的结构如图 2-6-1 所示。

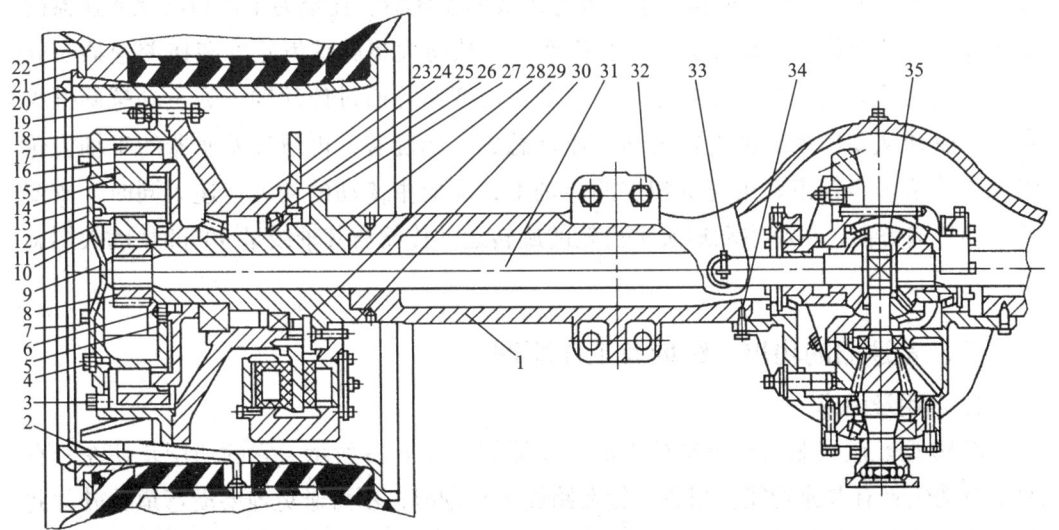

图 2-6-1 驱动桥的结构

1—桥壳 2—轮辋 3—螺塞 4,32,34—螺栓 5,26—轴承 6—圆螺母 7—密封垫 8—太阳轮
9,16—挡圈 10—盖 11—滚针 12—钢球 13—行星齿轮轴 14—垫片 15,18—行星齿轮
17—内齿轮 19—轮辋螺栓 20—锁环 21—轮辋轮缘 22—轮胎 23—轮毂 24—制动盘
25—防尘罩 27—卡环 28—轮边支承轴 29—油封 30—盘式制动器
31—半轴 33—透气管 35—主传动器（包括差速器）

该驱动桥主要由桥壳、主传动器（包括差速器）、半轴、轮边减速器（包括行星齿轮、内齿轮、行星齿轮轴、太阳轮等）、轮胎及轮辋等组成。

桥壳安装在车架上，承受车架传来的载荷并将其传递到车轮上。桥壳又是主传动器、半轴、轮边减速器的安装支承体。

主传动器是一级螺旋齿轮减速器，传递由传动轴传来的转矩和运动。

差速器是由两个锥形直齿半轴齿轮、十字轴和四个锥形直齿行星齿轮，以及左、右差速器壳等组成的行星齿轮传动副。它对左、右两个车轮的不同转速起差速作用，并将主传动器的转矩和运动传给半轴。

左、右半轴为全浮式，将主传动器通过差速器传来的转矩和运动传给轮边减速器。

二、主传动器的功用、组成及工作原理

1. 功用

主传动器的功用是降低从变速箱传来的转速，增加转矩，并将动力的传递方向改变 90°，然后经差速器传至轮边减速器。

2. 组成及工作原理

图 2-6-2 所示为主传动器的结构。主传动器由两部分组成：一部分是由主动螺旋锥齿轮和从动大螺旋锥齿轮组成的主传动；另一部分是由差速器左壳、差速器右壳、行星锥齿轮、半轴锥齿轮、十字轴等组成的差速器。托架为主传动器及差速器的支承体。主动螺旋锥齿轮直接安装在托架上，从动大螺旋锥齿轮安装在差速器右壳上，与差速器总成一起安装在托架上。动力由变速箱通过传动轴传到主动螺旋锥齿轮上，驱动从动大螺旋锥齿轮带动差速器总成一起旋转，再通过差速器的半轴齿轮将动力传给与半轴齿轮用花键相连的半轴上，完成主传动的动力传递。同时，改变动力的传递方向，可将主动螺旋锥齿轮的旋转运动传给与其轴线呈 90° 的从动大螺旋锥齿轮。

三、差速器的功用、组成及工作原理

1. 功用及组成

ZL50 型轮胎式装载机驱动桥中的差速器如图 2-6-3 所示。它的功用是使左、右两个驱动轮具有差速功能。当驱动轮在路面上行驶时，不可避免地要沿弯道行驶，此时外侧驱动轮的路程必然大于内侧驱动轮的路程；此外，路面高低不平或左、右驱动轮的轮压、气压、尺寸不一样等原因，也将引起左、右驱动轮行驶路程的差异。这就要求在驱动的同时，驱动桥应具有能自动根据左、右驱动轮路程的不同而以不同的角速度沿路面滚动的能力，从而减少或避免驱动轮与地面之间可能产生的纵向滑动，以及由此引起的磨损和在弯道行驶时的功率损耗。

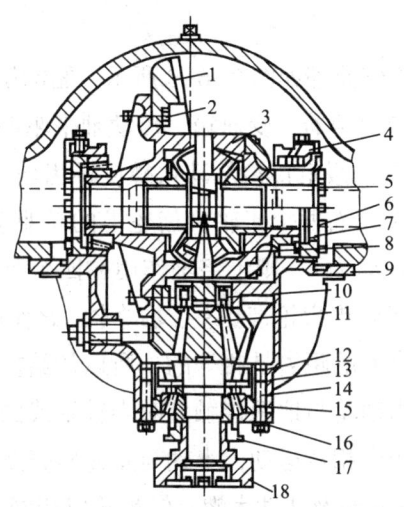

图 2-6-2 主传动器的结构

1—从动大螺旋锥齿轮 2—差速器右壳 3—十字轴 4—轴承座 5—半轴锥齿轮 6—差速器左壳
7—圆锥滚子轴承 8—行星锥齿轮 9—托架 10—圆柱滚子轴承 11—主动螺旋锥齿轮
12—垫片 13—轴套 14—轴承套 15—调整垫片
16—密封盖 17—骨架油封 18—法兰

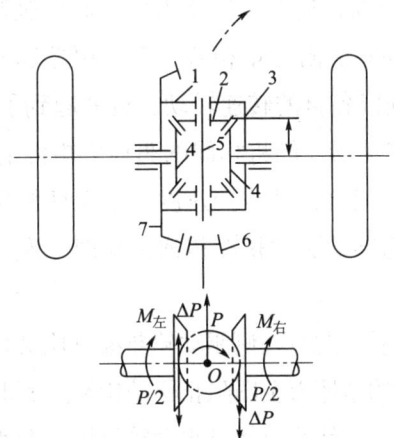

图 2-6-3 ZL50 型轮胎式装载机驱动桥中的差速器

1—差速器右壳 2—锥齿轮 3—差速器左壳 4—半轴锥齿轮
5—十字轴 6—主动螺旋锥齿轮 7—从动大螺旋锥齿轮

显然，如果将驱动桥左、右两侧的驱动轮简单地用一根刚性轴连在一起进行驱动，则左、右驱动轮的转速必然相同，这就无法减少和避免驱动轮的纵向滑动及由此引发的磨损。

ZL50 型轮胎式装载机采用行星锥齿轮差速器和左、右半轴的传动方式，保证了左、右轮在驱动的情况下能自动调节转速，以减少或避免驱动轮纵向滑动及由此引发的磨损。

2. 工作原理

行星锥齿轮差速器的工作原理如图 2-6-3 所示。驱动桥主传动中的主动螺旋锥齿轮是由发动机输出的转矩经变矩器、变速箱、传动轴来驱动的，而从动大螺旋锥齿轮是由主动螺旋锥齿轮驱动的。假定传给从动大螺旋锥齿轮的力矩为 ΔP，那么与从动大螺旋锥齿轮装成一体的左、右两个半轴锥齿轮上的总驱动力矩也是 ΔP。若行星锥齿轮的轮心离半轴轴线的距离为 r，则十字轴作用在四个行星锥齿轮处的总作用力矩为 $P=\Delta P/r$，这个力矩通过半轴锥齿轮带动左、右半轴。P 作用在行星锥齿轮的轮心处，它离左、右半轴锥齿轮啮合处的距离是相等的，所以传给左、右驱动轮的驱动力矩也是相等的。若此时左、右驱动轮与地面接触处对半轴轴线的阻力矩也相等，则行星锥齿轮和半轴锥齿轮之间不产生相对运动，半轴与差速器壳及从动大螺旋锥齿轮的阻力矩也相等，因此半轴与差速器壳及从动大螺旋锥齿轮以相同的转速一起转动，就像左、右驱动轮是由一根轴连在一起驱动的一样。

有时，由于某种原因，左、右驱动轮与地面接触处对半轴轴线作用的阻力矩不相等。例如，左轮的阻力矩为 $M_{左}$，右轮的阻力矩为 $M_{右}$，它们之间的差值为 ΔM，即 $M_{右}-M_{左}=\Delta M$。若力矩 ΔM 大于使行星锥齿轮转动时所需克服内部阻力的力矩，则行星锥齿轮就会绕自身的轴线 O 转动，使左半轴锥齿轮与右半轴锥齿轮以相反的方向转动。由此可见，只要左、右驱动轮的阻力矩相差一个克服差速器内部转动摩擦力的力矩，就能使左半轴与右半轴分别以各自的转速转动，也就起到了差速的作用。因此，ZL50 型轮胎式装载机采用这种差速器，能将相同的驱动力矩传给左、右驱动轮；当两侧驱动轮受到不同的阻力矩时，就会自动改变速度，直至两侧驱动轮的阻力矩基本相等。需要注意的是，当这种差速器的驱动桥在传递力矩时，左、右驱动轮之间只能差速，而不能差力。

从驱动桥沿弯道行驶来看，此时外侧驱动轮要滚过比沿直线行驶时更长的路程，若差速器中行星锥齿轮转动时的摩擦力企图阻止驱动轮沿路面上较长的轨迹滚动，那么将在驱动轮与地面之间产生滑动，地面也将对驱动轮作用一个滑动摩擦力，阻止驱动轮在地面滑动，从而使驱动轮滚转并克服行星锥齿轮的内部摩擦力。这样，外侧驱动轮就滚过了较长的路程，减少或避免了驱动轮在地面产生纵向滑动及由此引起的磨损。内侧驱动轮在沿弯道行驶时，要滚动比沿直线行驶时更短的路程，使其不产生纵向滑动的原理和外侧驱动轮是相同的。

四、轮边减速器

轮边减速器是传动系统中的最后一个装置，故又称最终传动装置，主要用于进一步减小转速，增大转矩。

轮边减速器是一个单排行星齿轮机构，所以称为行星齿轮减速器。其内齿圈经花键固定在桥壳两端的轮边支承上，是固定不动的。行星架和轮辋由轮辋螺栓固定成一体，因此轮辋和行星架一起转动，其动力通过半轴、太阳轮再传到行星架上。

轮边行星传动原理如图2-6-4所示。由该图可见，半轴带动用花键与其连成一体的太阳轮，以 $n_{太}$ 转速与方向转动，与太阳轮啮合的行星齿轮则以相反方向转动。由于齿圈固定不动，因此行星架以转速 $n_{架}$、与太阳轮相同的方向转动，$n_{架} < n_{太}$，因此得到减速。

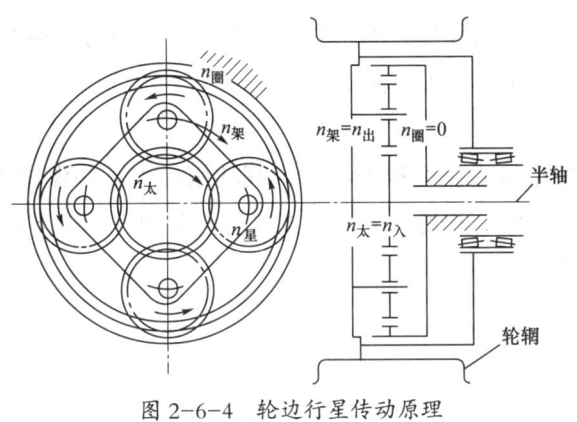

图2-6-4　轮边行星传动原理

轮胎式装载机的轮边减速器的结构基本一致。图2-6-5所示为郑工955A型装载机轮边减速器的结构。其中，行星架与轮毂可转动，由半轴将动力传给太阳轮；太阳轮带动行星齿轮和行星架，并传给轮毂，然后带动驱动轮转动。

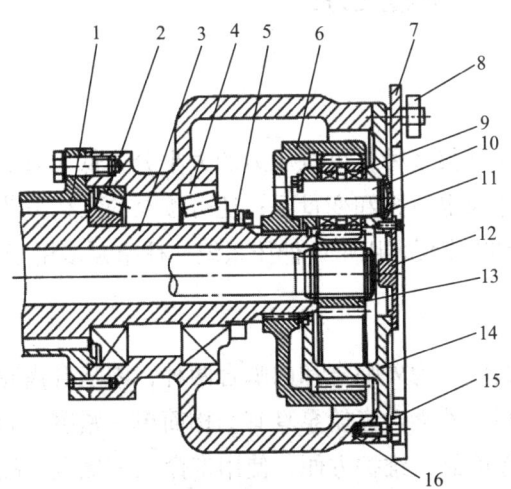

图2-6-5　郑工955A型装载机轮边减速器的结构
1—连接盘　2，4，11—轴承　3—支承轴　5—圆螺母　6—内齿圈　7—压环
8—螺母　9—行星齿轮　10—半轴　12—端盖　13—太阳轮
14—行星架　15—螺栓　16—轮毂

五、半轴及驱动桥壳

1. 半轴

半轴的作用是将主传动器传来的动力传给最终传动,或直接传给驱动轮。

轮胎式驱动桥的半轴是一根两端带有花键的实心轴,一端插在半轴齿轮的花键孔中,另一端插在最终传动的太阳轮的花键孔中,转矩经过行星齿轮与行星架传到轮毂上,带动驱动轮转动。

由于轮毂通过两个滚锥轴承装到桥壳上,因此,驱动轮受到的各种反力均由桥壳承受,半轴仅受到纯转矩的作用,而不受任何弯矩。半轴的这种装配形式受力状态最好,故应用很广泛,称为全浮式半轴。

2. 驱动桥壳

轮胎式装载机驱动桥壳是一根空心梁,其功用是支承并保护主传动器、差速器、半轴和最终传动等零部件,并通过适当的方式与机架相连,以支承整机重量,并将路面的各种反力传给机架。

第七节 液压泵

液压泵的分类方式有很多种,可按压力的大小分为低压泵、中压泵和高压泵;也可按流量是否可调节分为定量泵和变量泵;还可按泵的结构分为齿轮泵、叶片泵和柱塞泵,其中,齿轮泵和叶片泵多用于中低压系统,柱塞泵多用于高压系统。

一、齿轮泵

齿轮泵按结构形式可分为外啮合和内啮合两种,内啮合齿轮泵的应用较少,故本节只介绍外啮合齿轮泵。外啮合齿轮泵具有结构简单、紧凑,容易制造,成本低,对油液污染不敏感,工作可靠,维护方便,使用寿命长等优点,故广泛应用于各种低压系统。随着齿轮泵在结构上的不断完善,中高压齿轮泵的应用逐渐增多。目前,高压齿轮泵的工作压力可达 14~21 MPa。

1. 齿轮泵的工作原理

外啮合齿轮泵的工作原理如图 2-7-1 所示。它由装在壳体内的一对齿轮组成,齿轮两侧由端盖罩住，壳体、端盖和齿轮的各个齿间槽组成了许多密封工作腔。当齿轮按图 2-7-1 所示方向旋转时，由于相互啮合的齿轮逐渐脱开，右侧吸油腔的密封工作容积逐渐增大，形成部分真空，因此油箱中的油液在外界大气压的作用下经吸油管进入吸油腔，将齿间槽充满，并随着齿轮旋转，被带到左侧的压油腔内。在压油腔的一侧，由于齿轮逐渐进入啮合，密闭工作容积不断减小，油液便被挤出去，从压油腔输送到压油管中。啮合点处的齿面接触线一直起着隔离高、低压油腔的作用。

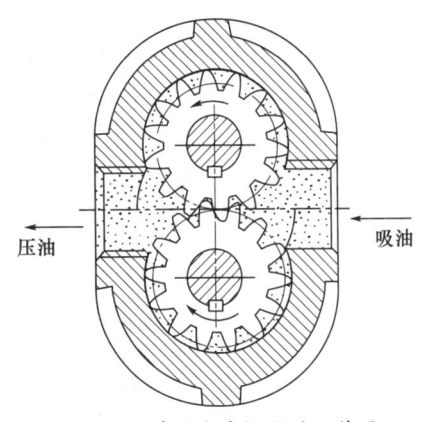

图 2-7-1　外啮合齿轮泵的工作原理

外啮合齿轮泵运转时的泄漏途径有三个：一为两个齿轮的齿面啮合处；二为齿顶与齿轮壳内壁的间隙；三为齿端面与侧板之间的间隙。当压力增加时，前两种间隙不会改变，但第三种间隙挠度增大，此为外啮合齿轮泵泄漏最主要的原因，故不适合用作高压泵。

为解决外啮合齿轮泵的内泄漏问题，提高其压力，已逐步开发出固定侧板式齿轮泵，其最高压力长期平均为 7～10 MPa。此外，还有可动侧板式齿轮泵，高压时侧板被往内推，以减少高压时的内泄漏，其最高压力可达 14～17 MPa。液压油在渐开线齿轮泵运转过程中，因齿轮相交处的封闭体积随时间而改变，故常有一部分液压油被封闭在齿间，如图 2-7-2 所示，称为困油现象。因为液压油不可压缩而使外啮合齿轮泵在运转过程中产生极大的振动和噪声，所以必须在侧板上开设卸荷槽，以防止振动和噪声的产生。

2. 齿轮泵的结构

齿轮泵的外形大致相同，但内部结构却有不同，可分为无侧板型、浮动侧板型和浮动轴套型。

CB-B 型齿轮泵为无侧板型，其结构如图 2-7-3 所示。它是分离三片式结构，三片是指泵体 7 和前、后泵盖 4、8，结构简单，不能承受较高的压力。泵体内装有一对齿数相等又相互啮合的齿轮 6，长轴 11 和短轴 1 通过键 10 与齿轮 6 相连接，两根轴借滚针轴承 2 支承在前泵盖 4、后泵盖 8 中。前、后泵盖与泵体用两个定位销 12 定位，用六个螺钉 5 连接并压紧。为了使齿轮能灵活转动，同时又要使内泄漏最小，在齿轮端面和泵盖之间应有适当的间隙。为了防止泵内油液外泄，又能减轻螺钉的拉力，在泵体的两端面开有封油卸荷槽 d，此槽与吸油口相通，内泄漏油液由此槽流回吸油口。另外，在前、后泵盖中的轴承处也钻有泄油孔 a，使轴承处泄漏油液经短轴中心通孔 b 及通道 c 流回吸油腔。

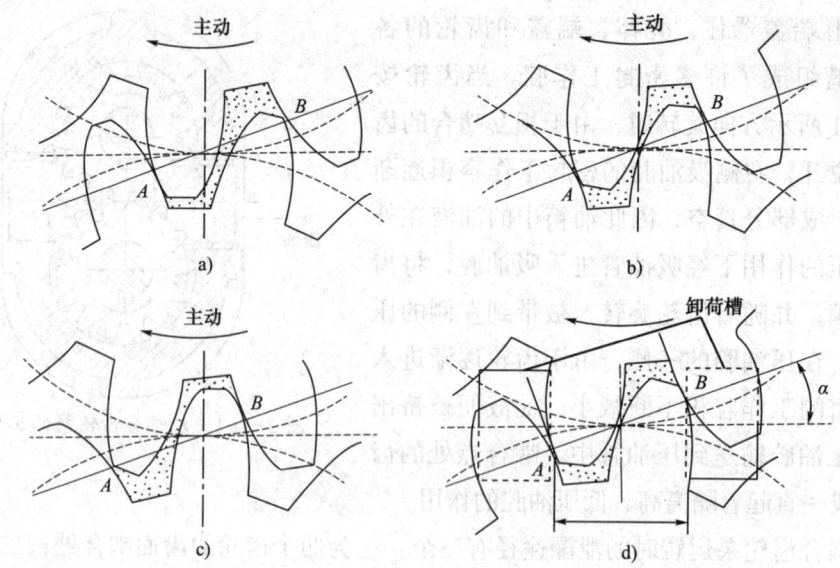

图 2-7-2 困油现象
a)、b)、c) 困油过程　d) 开设卸荷槽

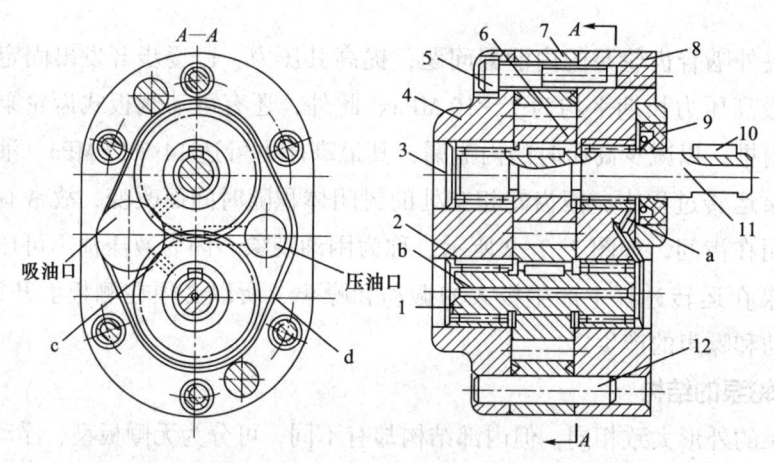

图 2-7-3 CB-B 型齿轮泵的结构
1—短轴　2—滚针轴承　3—油堵　4—前泵盖　5—螺钉　6—齿轮
7—泵体　8—后泵盖　9—密封圈　10—键　11—长轴　12—定位销
a—泄油孔　b—短轴中心通孔　c—通道　d—卸荷槽

齿轮泵工作时,压油腔的压力高,吸油腔的压力低,这样便产生不平衡径向力,使轴弯曲变形、轴承磨损加快,严重时会导致齿轮顶圆擦壳。为了减小不平衡径向力对泵造成的不良影响,CB-B 型齿轮泵采取了缩小压油口的办法,使压油腔的油压仅作用在 1~2 个齿轮的范围内,并适当增大齿顶圆与泵体内孔的间隙。

二、叶片泵

叶片泵的优点是运转平稳、压力脉动小、噪声小、结构紧凑尺寸小、流量大。其缺点是对油液要求高,若油液中有杂质,则叶片容易卡死;与齿轮泵相比,结构较复杂。叶片泵被广泛应用于机械制造中的专用机床和自动线的中低压液压系统。该泵有两种结构形式:一种是单作用叶片泵,另一种是双作用叶片泵。单作用叶片泵往往是变量的,而双作用叶片泵是定量的。

1. 单作用叶片泵

单作用叶片泵的工作原理如图 2-7-4 所示。单作用叶片泵由转子 1、定子 2、叶片 3 和端盖等组成,定子具有圆柱形内表面,定子和转子间有偏心距 e,叶片装在转子槽中,并可在槽内滑动。当转子压油回转时,由于离心力的作用,叶片紧靠在定子内壁,这样,在定子、转子、叶片和两侧配油盘间就形成了若干个密封的工作空间。当转子按逆时针方向回转时,在图 2-7-4 的右部,叶片逐渐伸出,叶片间的空间逐渐增大,从吸油口吸油,这是吸油腔。在图 2-7-4 的左部,叶片被定子内壁逐渐压进槽内,工作空间逐渐缩小,将油液从压油口压出,这就是压油腔。在吸油腔和压油腔之间有一段封油区,把它们隔开。这种叶片泵每转一周,完成一次吸油和压油,因此称为单作用叶片泵。转子不停地旋转,泵就不断地吸油和压油。

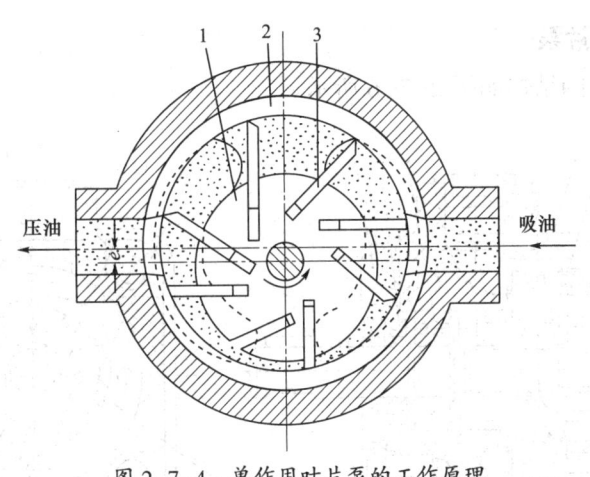

图 2-7-4 单作用叶片泵的工作原理
1—转子 2—定子 3—叶片

改变转子与定子的偏心距,即可改变泵的流量,偏心距越大,流量越大,若将转子与定子调成几乎是同心的,则流量接近于零。因此,单作用叶片泵大多为变量泵。

另外还有一种限压式变量泵,当负荷小时,泵输出流量大,负载可快速移动;当负荷增加时,泵输出流量变小,输出压力增加,负载速度降低。这样可减少能量消耗,避免油温上升。

2. 双作用叶片泵

双作用叶片泵的工作原理如图 2-7-5 所示。定子内表面近似为圆,转子和定子同心安装,两个吸油区和两个压油区对称布置。转子每转一周,完成两次吸油和压油。双作用叶片泵大多是定量泵。

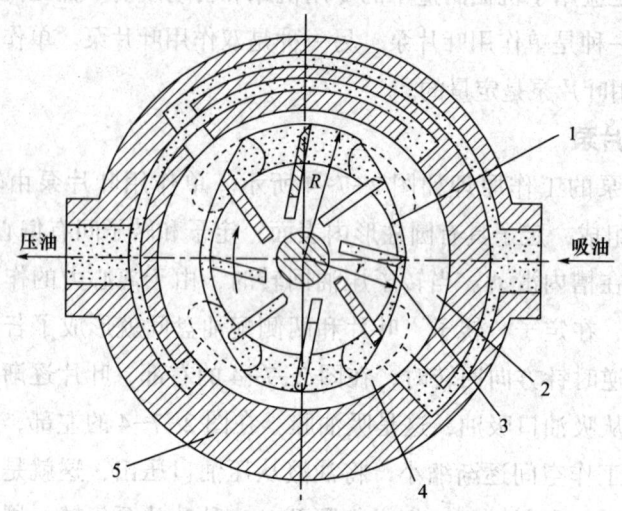

图 2-7-5 双作用叶片泵的工作原理
1—转子 2—定子 3—叶片 4—油液 5—壳体

3. YB1 型叶片泵

YB1 型叶片泵的结构如图 2-7-6 所示。

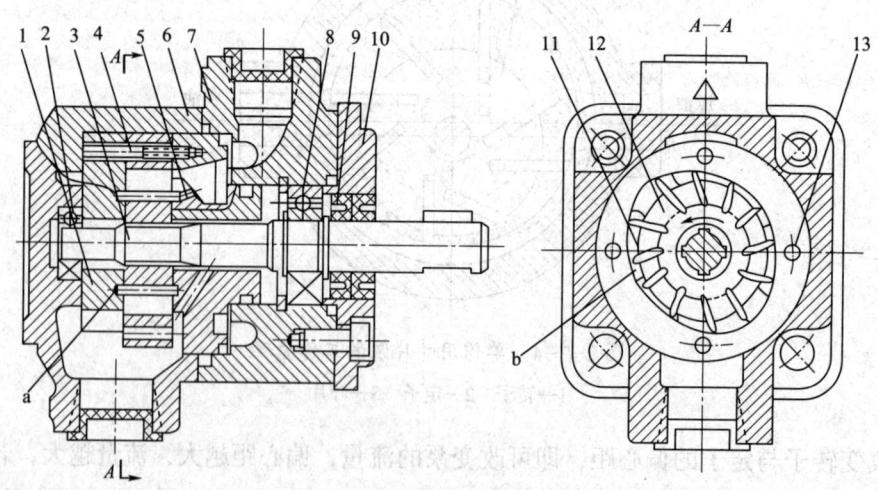

图 2-7-6 YB1 型叶片泵的结构
1—左配油盘 2,8—滚珠轴承 3—传动轴 4—定子 5—右配油盘 6—后泵体
7—前泵体 9—油封 10—压盖 11—叶片 12—转子 13—螺钉
a—环槽 b—压油腔

为了便于装配和使用，YB1型叶片泵的两个配油盘与定子、转子和叶片可组装成一个部件，用两个螺钉13紧固。转子12上开有12个径向槽，槽内装有叶片11。为了使叶片顶部与定子内表面紧密接触，叶片根部通过配油盘的环槽a与压油腔b相通。转子安装在传动轴3上，传动轴由两个滚珠轴承2和8支承。右配油盘5是浮动的，它可以自动补偿与转子之间的轴向间隙，从而保证密封可靠，减少泄漏。

三、柱塞泵

柱塞泵的工作原理是通过柱塞在液压缸内做往复运动来实现吸油和压油。与齿轮泵和叶片泵相比，柱塞泵能以最小的尺寸和最小的质量供给最大的动力，是一种高效率的泵，但该泵制造成本相对较高，适用于高压、大流量、大功率的场合。柱塞泵可分为轴向式和径向式两大类。轴向式又可分为直轴式（斜盘式）和斜轴式两种，其中直轴式应用较广。

直轴式轴向柱塞泵的工作原理如图 2-7-7 所示。轴向柱塞泵是将多个柱塞配置在一个共同缸体的圆周上，并使柱塞中心线和缸体中心线平行的一种泵。图 2-7-7 中，柱塞沿圆周均匀分布在缸体内，斜盘轴线相对缸体轴线倾斜一定角度，柱塞靠机械装置或在低压油的作用下压紧在斜盘上（图 2-7-7 中为弹簧6的弹簧力），配油盘4和斜盘1固定不转。当原动机通过传动轴使缸体转动时，由于斜盘的作用，迫使柱塞在缸体内做往复运动，并通过配油盘的配油窗口进行吸油和压油。按图 2-7-7 所示的回转方向，当缸体转角在 $\pi/2 \sim -\pi/2$ 范围内时，柱塞向外伸出，柱塞底部缸孔的密封工作容积增大，从而通过配油盘的吸油窗口吸油；当缸体转角在 $-\pi/2 \sim \pi/2$ 范围内时，柱塞被斜盘推入缸体，使缸孔的密封工作容积减小，从而通过配油盘的压油窗口压油。缸体每转一周，每个柱塞各完成吸、压油过程一次。若改变斜盘倾角 γ，则能改变柱塞行程的长度，即改变液压泵的排量；若改变斜盘倾角方向，则能改变吸油和压油的方向，即成为双向变量泵。

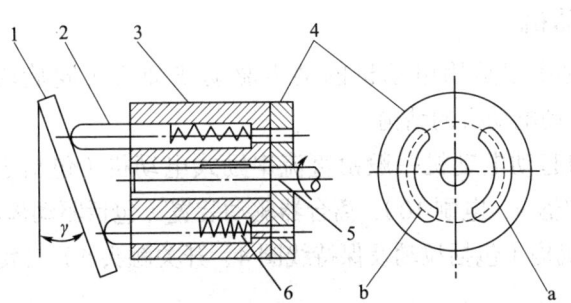

图 2-7-7　直轴式轴向柱塞泵的工作原理

1—斜盘　2—柱塞　3—缸体　4—配油盘　5—传动轴　6—弹簧

a—压油窗口　b—吸油窗口

四、液压泵的图形符号

液压泵的图形符号如图 2-7-8 所示。

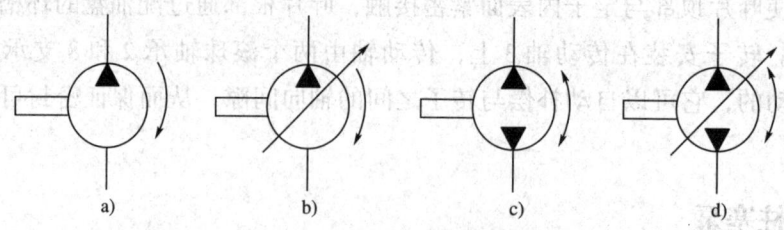

图 2-7-8 液压泵的图形符号

a) 单向定量液压泵 b) 单向变量液压泵 c) 双向定量液压泵 d) 双向变量液压泵

第八节 电气元件

一、蓄电池

蓄电池的主要作用是供给启动电动机所需的短时间、巨大的放电电流，也可在发电机低速时或用电设备出现高峰负荷时与发电机一起供电。当发电机运转时，又及时向蓄电池充电。

目前，国内港口内燃装卸机械均采用启动用铅蓄电池，这种蓄电池启动电流大，能满足启动的要求，但是如果使用和保养不当，蓄电池将会很快损坏。

二、起动电动机

起动电动机的作用是用电动机的动力驱动柴油机飞轮旋转，使柴油机启动。图 2-8-1 所示为起动电动机的结构。

装载机采用的起动电动机一般由直流串励式电动机（包括定子铁芯 6、磁场线圈 7、电枢 8、换向器 9、电刷 10）、离合器驱动装置（包括驱动齿轮 1、离合器 2、拨叉 3）及电磁控制机构（包括拉动及保持线圈 4、开关触头 5）三大部分组成。

三、充电发电机

充电发电机的作用有两个：一是向本机所有用电设备供电；二是与相应的调节器配合向蓄电池充电，以补充蓄电池在启动和供给其他用电设备时消耗的电能。

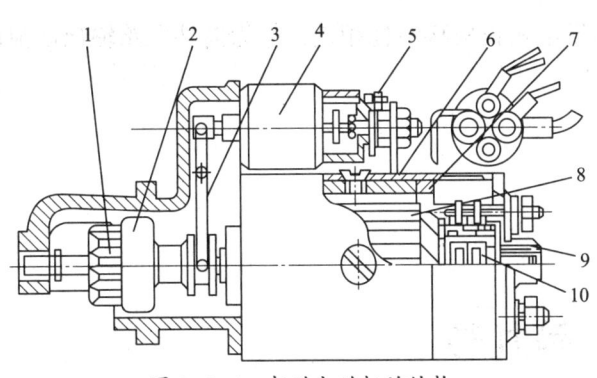

图 2-8-1 起动电动机的结构

1—驱动齿轮 2—离合器 3—拨叉 4—拉动及保持线圈 5—开关触头 6—定子铁芯
7—磁场线圈 8—电枢 9—换向器 10—电刷

目前，充电发电机一般采用硅整流发电机，它由三相交流发电机和硅二极管桥式整流器组成。硅整流发电机的结构如图 2-8-2 所示。

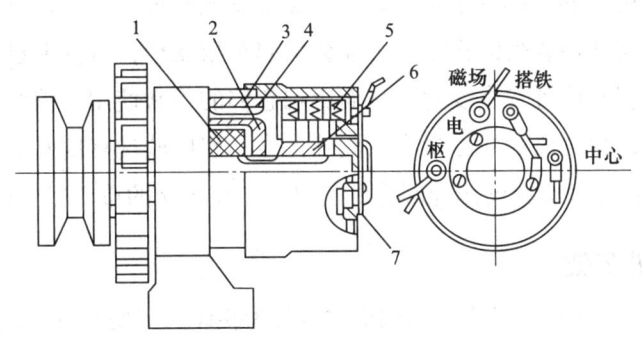

图 2-8-2 硅整流发电机的结构

1—磁场绕组 2—爪极 3—定子铁芯 4—定子绕组 5—电刷 6—滑环 7—硅二极管

定子上有一些槽，槽内间隔绕有三组线圈，线圈尾端在发电机内部连接在一起，起端和硅二极管整流器相连，这三组线圈形成了发电机的电枢绕组。

励磁绕组装在转子上，通电后在转子转动时形成旋转磁场；励磁绕组的两个线头各接在一个滑环上，滑环固定在转子上，并与转子绝缘；两个电刷分别压在这两个滑环上，一个电刷与壳体搭铁线柱相连，另一个电刷与壳体外壳绝缘的磁场接线柱相连。

桥式整流器由三个正二极管、三个负二极管、元件板和后端盖组成，元件板的三个孔内压入三个正二极管，后端盖三个孔内压入三个负二极管。元件板与发电机壳体、定子、后端盖等零件绝缘。

将元件板上的三个正二极管引出线、后端盖上相应的三个负二极管引出线和电枢绕组相应的接头连在一起构成三个连接点，从而形成了一个完整的三相桥式全波整流电路，将交流发电机产生的三相交流电变成直流电。

元件板接点与发电机正极接线柱相连，作为向外电路输出电流的火线（或正极），后端盖搭铁则为负极。

第九节 车架

车架是整个机械的基础，机械的所有零部件都直接或间接地安装在车架上。车架不仅要承受整个机械的大部分重量，还要承受各总成件传来的力，以及力矩和动载荷的作用。此外，在各种载荷的作用下可能会引起车架变形，若变形过大，则会使安装在其上各部件的相对位置发生变化，从而影响它们的正常使用。因此，车架应具有足够的强度和刚度，同时质量要尽量小。此外，为了使机械具有良好的行驶和工作稳定性，车架结构应在保证必要的离地间隙的前提下，使机械的重心尽量低。

一、装载机车架

目前，轮胎式工程机械的车架结构形式可分为整体式车架和铰接式车架两种，整体式车架又称刚性车架。刚性车架轮胎式装载机早期为前轮转向、后轮驱动，后来进一步发展为四轮驱动、后轮转向。因此，刚性车架轮胎式装载机的后轮既是驱动轮，也是转向轮。这与铰接式车架轮胎式装载机相比，作为转向驱动桥的后桥，刚性车架结构复杂，且与前桥的通用性很小，同时，转弯半径也比铰接式大得多，这就使整机的机动灵活性也很差。铰接式车架出现以后，很快就取代了刚性车架，被轮胎式装载机广泛使用。

1. 铰接式车架

铰接式车架通常由两段半架组成，两段半架之间用铰链连接，故称为铰接式车架。

前车架主要安装前桥、工作装置、多路阀等一些液压元件；后车架主要安装副车架、后桥、动力装置、传动装置、大部分液压元件与电气元件、驾驶室及操纵元件。这两个车架通过上下两个垂直铰销相连，允许前、后车架在水平面内有 40°左右的相对转角，从而减小轮胎式装载机的转弯半径。增加铰接式车架的轴距尺寸，对整机的稳定性有所提高，连接前、后车架的铰点一般布置在轴距的中点。前、后车轮转弯半径相等，转向时前、后车轮轨迹重合，可减少转向时的滚动阻力。增加上下两个铰点间的距离，可改善受力状态。

图 2-9-1 所示为 ZL50 型轮胎式装载机铰接式车架的结构。它的前车架和后车架通过垂直铰销连接，可使铰销相对偏转。前、后车架由两根纵梁和若干横梁焊接组成，纵梁和横梁之间采用铆接或焊接。前车架与前桥连接，后车架通过副车架与后驱动桥连接。后驱动桥可绕水平销轴转动，从而减轻了地形变化对车架和铰销的影响。这种机械转向系统简单、可靠，而且转弯半径小。

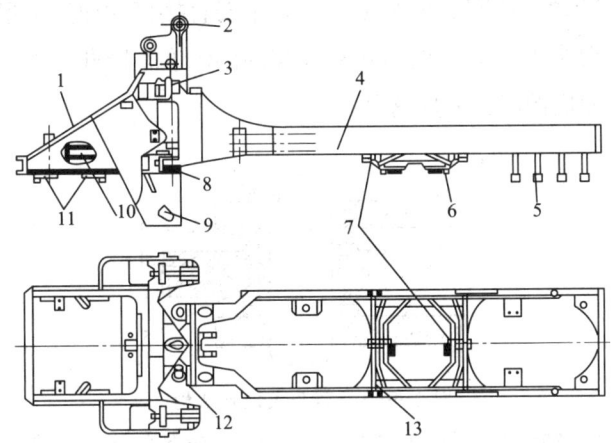

图 2-9-1 ZL50 型轮胎式装载机铰接式车架的结构

1—前车架 2—动臂铰点 3—上铰销 4—后车架 5—螺栓 6—副车架 7—水平销轴
8—下铰销 9—动臂液压缸铰销 10—转向液压缸前铰点 11—限位块
12—转向液压缸后铰点 13—横梁

2. 整体式车架

整体式车架一般用于车速较高的工程机械，根据机种不同，其结构也不同。

采用偏转车轮转向的装载机具有整体式车架。整体式车架是由两根位于两边的纵梁与若干横梁用铆接或焊接而构成的一个完整框架。此类车架转弯半径大，导致整机的灵活性差，目前在轮胎式装载机上采用较少。轮胎式装载机整体式车架的结构如图 2-9-2 所示。

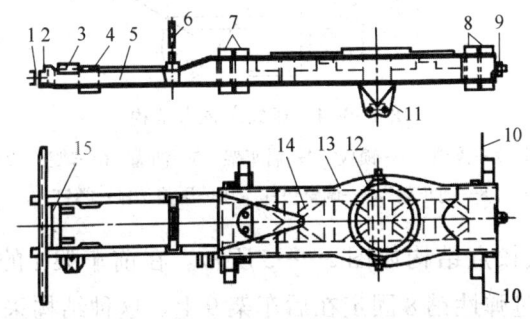

图 2-9-2 轮胎式装载机整体式车架的结构

1—前托钩 2—保险杠 3—转向机构支座 4—发动机支架板 5—纵梁 6—起重支架 7，8—支腿架
9—牵引钩 10—左右尾灯架 11—平衡轴支架 12—圆垫板 13—上盖板 14—斜梁 15—横梁

3. 前、后车架铰点的结构形式

前、后车架以铰销为铰点形成"折腰"。前、后车架铰点的结构形式主要有3种，即销套式、球铰式、滚锥轴承式。

（1）销套式铰点结构如图2-9-3所示。前、后车架通过垂直铰销1连接，销套5压入后车架4的销孔中，铰销1插入前、后车架的销孔后，通过锁板2固定在前车架6上，使其不能随意转动。垫圈3可避免前、后车架直接接触而造成磨损。这种结构简单、工作可靠，但要求上、下铰点销孔有较高的同轴度，因此，上、下铰点距离不宜太大。目前，中小型机械广泛采用这种结构。

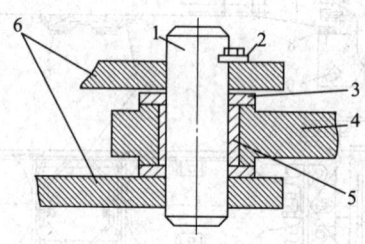

图2-9-3　销套式铰点结构
1—铰销　2—锁板　3—垫圈　4—后车架　5—销套　6—前车架

（2）球铰式铰点结构如图2-9-4所示。与销套式铰点不同的是，球铰式铰点在前车架8的销孔处装有由球头6和球碗7组成的关节轴承，增减调整垫片9可调整球头6和球碗7之间的间隙。关节、轴承的润滑油可通过油嘴5注入。这种结构采用了关节轴承，可使铰销受力情况得到好转。同时，由于球铰式铰点具有一定的调心功能，因此可增加上、下铰销间的距离，从而减小铰销的受力。

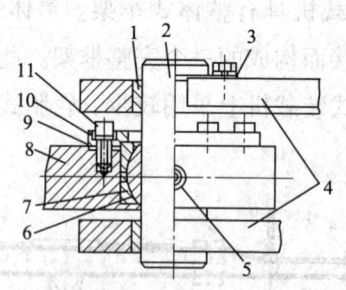

图2-9-4　球铰式铰点结构
1—销套　2—铰销　3—锁板　4—后车架　5—油嘴　6—球头　7—球碗
8—前车架　9—调整垫片　10—压盖　11—螺钉

（3）滚锥轴承式铰点结构如图2-9-5所示。在前车架1的销孔处装有圆锥滚子轴承7，铰销2通过弹性销8固定在后车架9上。这种结构采用了圆锥滚子轴承，使前、后车架偏转更为灵活、轻便。但这种结构较复杂，成本也较高，目前应用较少。

二、牵引车车架

内燃牵引车与自卸车车架基本相同,此处以牵引车车架为例。

目前,车架的结构形式一般可分为三种:边梁式、中梁式和综合式。牵引车车架为边梁式。

1. 边梁式车架

边梁式车架由两根位于两侧的纵梁和若干根横梁组成,采用铆接法或焊接法将纵梁与横梁连接成坚固的刚性构架,应用广泛。纵梁通常用低合金钢板冲压而成,截面一般为槽形。根据牵引车不同形式和结构布置的要求,纵梁可以在水平面内和纵向平面内做成弯曲的,以及等截面或非等截面的。横梁不仅用于保证车架的扭转刚度和承受纵向载荷,而且还用于支承牵引车上的主要部件。

斯太尔系列牵引车车架由纵梁与铆接在纵梁上的横梁组成框架式结构,其纵梁又由主梁与副梁铆接而成,如图 2-9-6 所示。

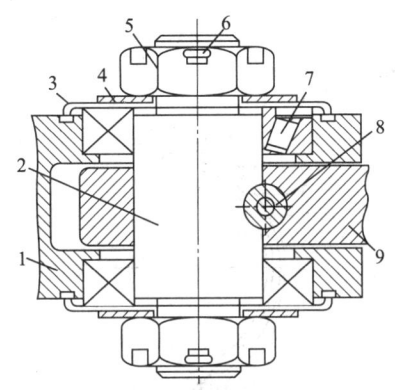

图 2-9-5 滚锥轴承式铰点结构

1—前车架 2—铰销 3—盖 4—垫圈 5—螺母
6—开口销 7—圆锥滚子轴承
8—弹性销 9—后车架

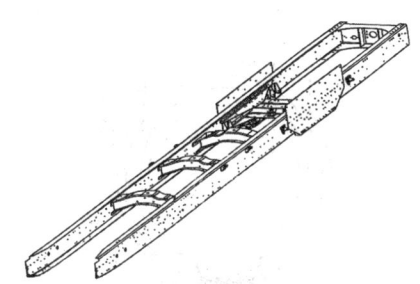

图 2-9-6 斯太尔系列牵引车车架示意

边梁式车架的特点是便于安装车身和布置其他总成,有利于改装变型车和发展多品种牵引车。边梁式车架前端装有横梁式保险杠,以防牵引车突然发生碰撞时损伤散热器和翼子板等机件。

2. 中梁式车架

中梁式车架只有一根位于中央、贯穿前后的纵梁,因此又称脊梁式车架。这种车架有较大的扭转刚度,可以使车轮有较大的运动空间。

3. 综合式车架

综合式车架是中梁式车架的一种变形。纵梁前段是边梁式的,用于安装内燃机;中后段是中梁式的,伸出来的支架可以固定车身。

第十节 轮胎

一、轮胎的组成

1. 内胎轮胎

轮胎主要由外胎、内胎和垫带组成,安装在轮辋上使用。充气橡胶轮胎的组成如图 2-10-1 所示。

(1)外胎的组成与作用

外胎是充气轮胎最主要、最复杂的部件,由胎冠、缓冲层、帘布层、胎肩、胎侧和胎圈六部分组成。

1)外胎的组成。外胎的组成如图 2-10-2 所示。

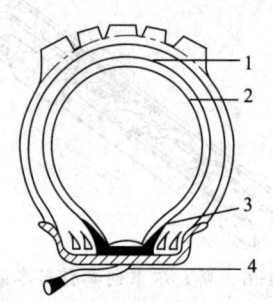

图 2-10-1 充气橡胶轮胎的组成
1—外胎 2—内胎 3—垫带 4—气门嘴

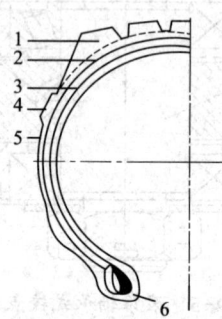

图 2-10-2 外胎的组成
1—胎冠 2—缓冲层 3—帘布层
4—胎肩 5—胎侧 6—胎圈

2)外胎的主要作用

①充入压缩空气后,限制内胎及外胎胎体不致过分膨胀。

②承担载荷和在高速行驶下的曲挠变形。

③缓解汽车所受的部分振动和冲击。

④保证轮胎可靠地与地面接触,以充分发挥车辆的牵引性能和通过性能。

⑤保护内胎不受损伤。

⑥承受车辆载荷。

⑦限定轮胎外缘尺寸。

⑧外胎的花纹是为了增加与地面的摩擦力。

（2）内胎的组成与作用

内胎是由一个环形橡胶筒配装一个气门嘴组成的，如图2-10-3所示。内胎装进外胎并充入压缩空气后，可使整个轮胎保持一定内压并具有弹性，从而获得缓冲性能和载荷能力。因此，内胎应具有良好的气密性。内胎上配装一个金属气门嘴，用于轮胎的充气和放气。

（3）垫带的组成与作用

垫带是一个具有一定形状和截面的环形胶带，上面有一个可供内胎气门嘴通过的圆孔。垫带装在内胎和轮辋之间，避免内胎与轮辋直接接触摩擦，以保护内胎不受磨损，同时可有效防止泥沙进入外胎而损伤内胎。垫带只适用于平式轮辋，而深式轮辋和半深式轮辋，因贴合紧密，故不需要使用垫带。

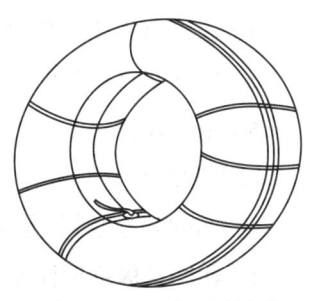

图2-10-3　内胎的构造

2. 无内胎轮胎

无内胎轮胎由轮胎的钢圈部与轮辋紧紧贴合形成密封面，保证了轮胎气压。由于没有内胎，也就不存在内胎与外胎间的摩擦，从而减少了由摩擦导致的内胎破裂，安全性相对较高。另外，其散热性能也比内胎轮胎要好，因此使用范围越来越广泛。

二、轮胎的维护

轮胎的维护是一种预防性措施，是保证轮胎技术状况良好，促进其合理使用的一种手段。轮胎通过维护，可达到消除隐患的目的，防止带"病"行驶，保护胎体，提高翻新率和翻新次数，从而延长轮胎的使用寿命。

1. 例行维护作业

轮胎使用得好坏，关键在于驾驶员日常的正常使用和维护。因此，每个驾驶员除应正常使用车辆及轮胎外，还应严格执行轮胎的例行维护作业。

（1）检查全车轮胎气压是否符合标准，缺气的轮胎应找出原因并排除故障，打好气后方能出车。

（2）检查轮辋是否完好及轮胎螺栓是否齐全、紧固。

（3）检查轮胎是否有不正常磨损，若发现不正常磨损，则视情况予以校正或报修。

（4）检查胎面有无刺伤，并清除嵌入的石子、钉子等杂物。

2. 轮胎一级维护作业及项目

轮胎的一级维护作业以检查小修为重点，并视需要进行翻面。

（1）检查作业项目

1）检查轮胎磨损是否正常，是否需要报修，找出原因并排除故障。

2）拆卸轮胎时应先确保车辆支承安全、可靠再进行拆胎，拆下的轮胎应有序放置。

3）逐一检查轮胎外观，有无起鼓变形和其他损伤。

4）逐一测量轮胎气压，按轮胎气压要求进行充、放气。

5）撬石拔钉、塞补小裂口。

（2）翻面作业项目

轮胎的偏磨达到一定程度后应进行翻面。

3. 轮胎二级维护作业及项目

轮胎的二级维护作业，以全面拆卸轮胎、检查轮辋、测量磨损为重点，对需翻面的轮胎进行翻面维护。

（1）拆胎前的检查作业

检查轮胎磨损是否正常，若不正常，则找出原因并予以排除；检查轮胎有无损坏。

（2）车上拆胎作业

确保车辆支承安全、可靠，方可拆胎；拆下的轮胎螺帽应放置在恰当的地方，并检查有无损坏、滑牙，若有，则应予以更换。

（3）解体检查维护作业

1）逐一测量轮胎气压，发现缺气的轮胎，应标明缺气，以便对其内、外胎进行重点检查。

2）拆卸气门芯放气后，拆卸锁环、压圈，取出轮辋。

3）检查轮辋、压圈、锁环，若有变形、裂纹等损坏，则应予以校正或更换，并进行清洁除锈，涂上防锈剂。

4）逐一检查外胎内外的损伤情况。

5）撬石拔钉，塞补或小烘小裂口。

6）在装合内外胎时，应先清除外胎内部的灰砂，涂上滑石粉，待清洁内胎、垫带后，再进行装合。

7）不允许折叠内胎衬带，内胎气门嘴应与垫带孔、轮辋孔的中心对正。

（4）充气作业

将安全棒插入轮辋孔内，予以保险。按轮胎气压要求充气，充气时，先充入少许后暂停充气，再用锤轻击压圈、锁环，使其平稳密合嵌入槽内后，再继续充气至标准。紧固气门芯，用肥皂水涂拭不漏气后，再配齐气门帽。

（5）车上装胎作业

1）清除刹车鼓与轮辋贴合面的泥沙、锈迹。

2）检查轮胎螺栓及螺帽是否完好，并按照车辆正反、左右顺序配齐紧固。

3）双胎并装时，双胎间隙不少于20 mm。

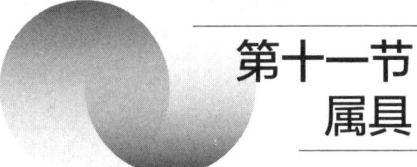

第十一节 属具

一、叉车属具

叉车属具是指叉车用于取货的各种装置。为适应各种货物装卸作业的需要，各类叉车都配有多种形式的属具，以达到一机多用、扩大叉车使用范围的目的。配备与所取货物相匹配且性能良好的属具，可大大提高叉车的作业效率。目前，叉车属具已发展到30余种，其传动机构一般采用液压传动，操作轻便、灵活。

1. 货叉

货叉是叉车的常用属具，可承受大载荷，一般用中碳钢或合金钢锻制成L形。货叉的水平段用来叉取货物，垂直段用来与滑架相连。

货叉与滑架的连接有铰接和刚接两种。图2-11-1所示为铰接式货叉，在货叉垂直段的上端制有轴孔，套装在滑架的货叉轴上。在叉取货物后，货叉垂直段的下端直接支靠在滑架的下横梁上。为适应叉取各种不同货物的需要，货叉的叉间距可以调节。货叉的叉间距可采用手动调节，并用定位销来定位。但比较先进的结构，特别是在重型叉车上，均采用液压调节，即用水平安装的油缸来推动货叉移动，将货叉调节到需要的叉间距。铰接式货叉结构简单、强度高，主要用于起重量较大的叉车。刚接式货叉如图2-11-2所示，这是中小型叉车上用得比较多的一种结构形式，在货叉垂直段上装有上挡块、下挡块，上、下挡块形成一个方形凹槽，卡在滑架的上、下横梁上。货叉可沿滑架横梁做横向移动，以调整叉间距，并用定位销插在滑架上横梁相应的凹坑中进行定位。

图2-11-1　铰接式货叉　　　　图2-11-2　刚接式货叉

货叉水平段的长度一般为载荷中心距的2倍左右。如果装卸体积大、质量小的大件货物，则可换用加长货叉，或在货叉上套装加长套，又称"穿鞋"，如图2-11-3所示。

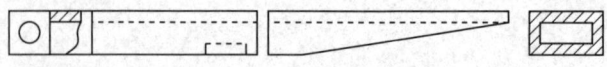

图 2-11-3 货叉上套装加长套

2. 叉车的各种属具

叉车的各种属具如图 2-11-4 所示。

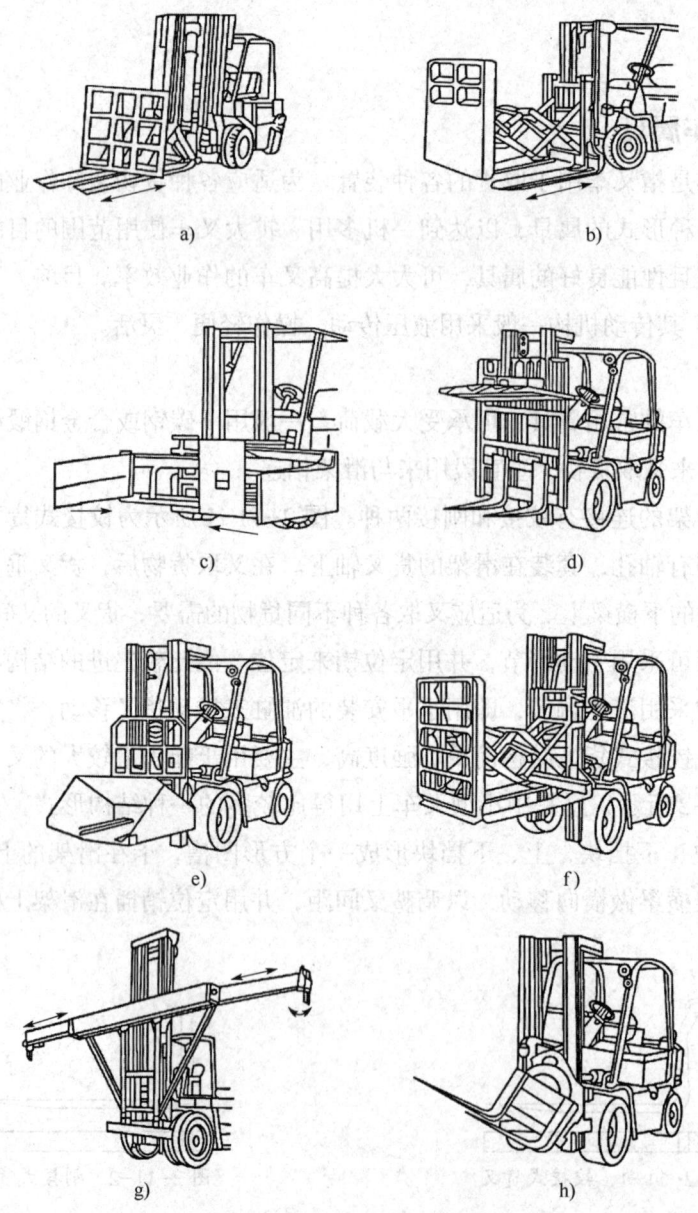

图 2-11-4 叉车的各种属具
a）前移货叉 b）推出器 c）夹持器 d）载荷稳定器 e）倾翻斗
f）推拉器 g）集装箱吊具 h）回转货叉

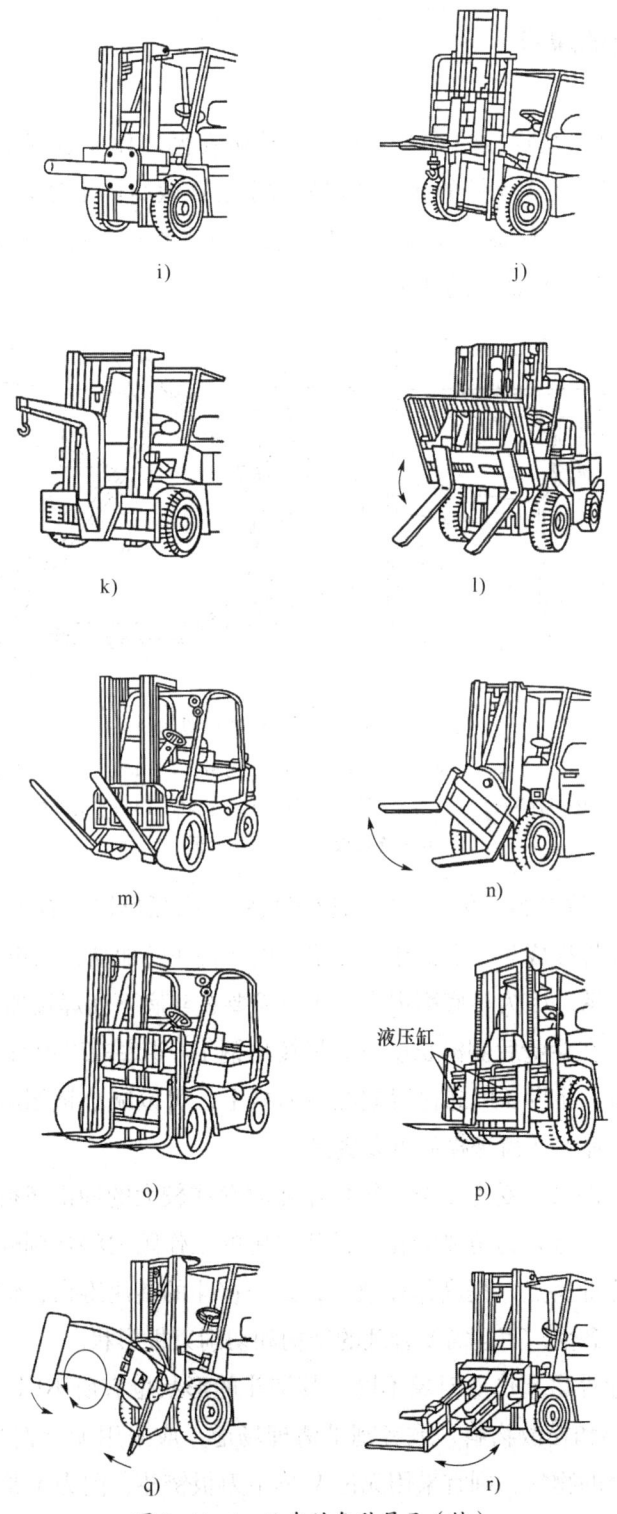

图 2-11-4 叉车的各种属具（续）

i）串杆　j）吊钩　k）起重臂　l）倾翻货叉　m）铰接倾翻货叉　n）摆动货叉
o）侧移货叉　p）间距可调货叉　q）回转夹持器　r）三向货叉

二、装载机的属具

1. 铲斗

铲斗是装载机铲装物料的重要工具。装载机在循环作业过程中，铲斗随动臂转动做牵连运动，同时还随闭锁的转斗油缸相对于动臂做回转相对运动。装载机的铲斗主要由斗底、后斗壁、侧板、斗齿、上支承板、下支承板、主刀板和侧刀板等组成。图 2-11-5 所示为装载机铲斗的结构。

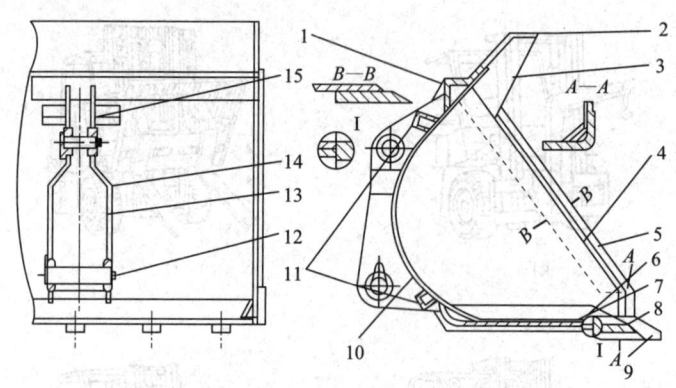

图 2-11-5 装载机铲斗的结构

1—角钢　2—挡板　3，6—加强板　4—侧板　5—侧刀板　7—斗底　8—主刀板　9—斗齿
10—后斗壁　11—上、下限位挡块　12—销轴　13—下支承板
14—连接板　15—上支承板

后斗壁 10 和斗底 7 为斗体，呈圆弧形弯板状，圆弧形铲斗有利于物料贯入流动。斗体两侧与侧板 4 焊接成斗。在铲斗上方用挡板 2 将斗壁加高，以免铲斗举到高处时，物料从斗壁后侧洒落。因为斗底磨损大，所以需要在斗底下面焊接加强板 6，为侧板 4 增加斗体的刚度，在斗壁后侧沿长度方向焊接角钢 1。斗底前缘焊有主刀板 8，侧板 4 上缘焊有侧刀板 5。斗齿 9 用螺栓紧固在主刀板上，可以减小铲掘阻力，减少主刀板磨损，延长使用寿命，斗齿磨损后可以更换。

铲斗工作条件恶劣、受力复杂，铲掘作业时存在较大的冲击载荷和剧烈磨损。此外，物料插阻力大，且阻力急剧变化，铲装末尾的工作阻力将达到峰值。为适应装载机变负荷循环的作业特点，提高作业效率，延长铲斗的使用寿命，铲斗不仅需要足够的刚度、强度和耐磨性，而且需要合理的结构和切削刀板形状。

装载机的作业性质和作业对象不同，其铲斗的形状也有所不同，如图 2-11-6 所示。铲装轻质材料和松散物料，或者刮平清理场地，应采用无齿直线形主刀板铲斗。若铲装密实度较大的物料，则宜采用无齿 V 形主刀板铲斗，因为 V 形主刀板具有先导插入和料堆分流作用，所以料堆插入性能比直线形主刀板好，也有利于改善工作装置的偏载现象。为提高铲装大粒度矿石和坚实物料的料堆插入能力，宜采用带齿铲斗。

轮胎式装载机通常采用长而窄的尖形斗齿，这种斗齿插入力较大，但耐磨性较差；履带式装载机附着牵引力较大，则可选用宽而短的钝形斗齿，用于提高斗齿的耐磨性。带齿铲斗可减小主刀板与铲装物料的接触面积，将铲斗的料堆插入力集中在斗齿上，容易插入料堆缝隙，破坏物料结构，迅速装满料斗。斗齿数视斗宽而定，斗齿距一般为150～300 mm，若斗齿过密，则铲斗的插入阻力增大，并且齿间容易嵌料。

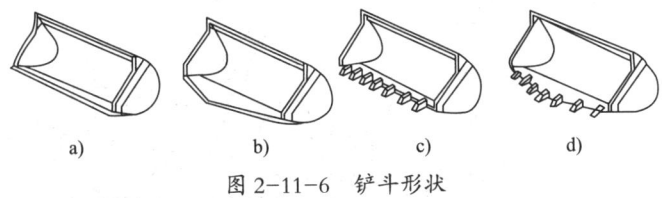

图 2-11-6　铲斗形状

a）无齿直线形　b）无齿 V 形　c）直线带斗齿　d）V 形带斗齿

斗齿结构分为整体式和分体式两种。中小型装载机多采用整体式，而大型装载机由于作业条件差、斗齿磨损严重，故常采用分体式。分体式斗齿由基本齿、齿尖等部分组成，磨损后只需更换齿尖即可，如图 2-11-7 所示。

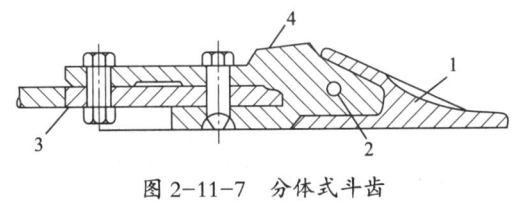

图 2-11-7　分体式斗齿

1—齿尖　2—固定销　3—切削刃　4—基本齿

铲斗侧刀板的形状对插入阻力和物料的充盈程度也有一定的影响。采用弧形或折线形侧刀板可降低铲斗的阻力，但同时也会降低铲斗的实际容量，比较适用于铲装石料。

土方工程采用装载机铲斗结构，其斗体常用低碳、耐磨、高强度钢板焊接制成，焊接在铲斗上的主刀板和侧刀板均采用高强度、耐磨材料制成。

装载机在进行铲装、卸料作业时，对铲斗的前后倾角有一定要求，因此对其位置要进行限制，常采用限位块限位方式。前倾角限位块焊接在铲斗前斗壁背面和动臂前端与之相对应的位置，也可以放置在动臂中部限制摇臂转动的位置；后倾角限位块焊接在铲斗后斗壁背面和动臂前端与之相对应的位置，这样就可以防止连杆机构超越极限位置而发生干涉。

2. 其他属具

装载机可换装不同的作业属具，可以用来吊装、叉装物体，以及装卸原木等，如图 2-11-8 所示。

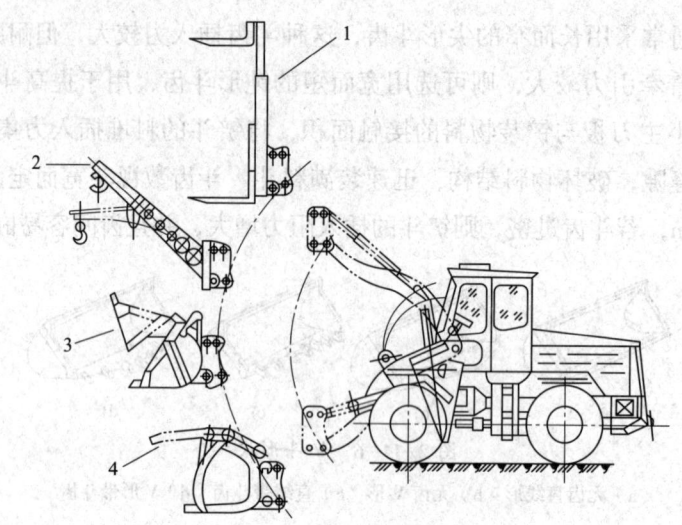

图 2-11-8 装载机的各种属具
1—货叉 2—吊钩 3—铲斗 4—木夹

第三章
内燃装卸机械主要工作机构

第一节 工作装置

一、叉车

1. 叉车工作装置的组成和工作原理

叉车工作装置是直接承受货物重量，并完成货物装卸作业的工作机构，又称起重机构。

叉车工作装置的作用是直接承受全部货物重量，完成货物的叉取或用其他方式进行取货、起升、下降、堆码、卸载等装卸作业。

叉车工作装置的典型结构如图 3-1-1 所示。它主要由货叉、滑架、内门架、外门架、起升油缸、倾斜油缸、起升链条、挡货架等组成。

为使货物起升到一定高度，应尽量降低叉车的总高度，以使叉车能通过较低净空间。叉车门架都制成可伸缩的，即内门架可在外门架内上下伸缩，内门架的伸缩靠液压油缸来实现。

外门架的下端与车架铰接，在倾斜油缸的推动下，外门架可绕其下端铰接轴做前后方向的摆动，以实现门架的前倾和后倾，便于货物的叉取和堆码，并且确保在搬运过程中货物能保持稳定。

2. 门架、滑架和起重链条

（1）起升机构

起升机构以起升油缸为动力、以起重链条为传动装置，驱动门架、滑架做直线升降运动,并带动各种属具升降,完成货物的垂直搬运。

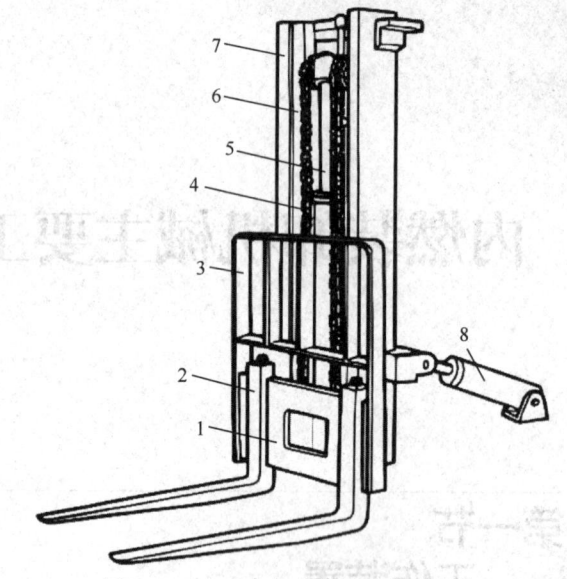

图 3-1-1 叉车工作装置的典型结构

1—滑架　2—货叉　3—挡货架　4—起升链条　5—起升油缸
6—内门架　7—外门架　8—倾斜油缸

1)两节门架无自由起升装置的结构与工作原理。图 3-1-2 所示为两节门架无自由起升装置的工作示意。其主要特点是两个起升油缸的缸体下端固定在外门架的下横梁上,活塞杆头与内门架的上横梁相连,导向滑轮(链轮)装在内门架内两侧立柱的上方(或柱塞头的两侧)。

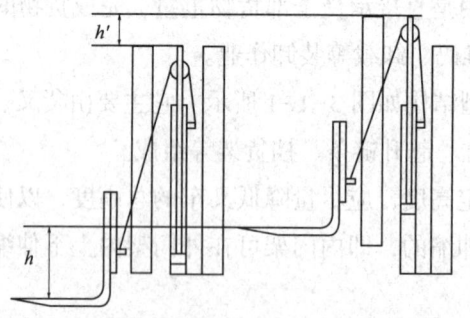

图 3-1-2 两节门架无自由起升装置的工作示意

如图 3-1-2 所示,当柱塞、内门架和导向滑轮以相同的速度一起上升 h' 距离时,一方面滑架和货叉要跟随导向滑轮向上移动 h' 距离(牵连运动);另一方面,由于起重链条的牵引,滑架和货叉还要相对于导向滑轮向上移动 h' 距离(相对运动)。因此,滑架和货叉上升的总距离 h 为 $2h'$,即滑架和货叉的上升速度是内门架上升速度的 2 倍,或者滑架和货叉的上升高度是内门架上升高度的 2 倍,当柱塞全部伸出,内门架升高

第三章　内燃装卸机械主要工作机构

091

h 后，货叉到达最大起升高度 $2h$，此时滑架也到达了内门架的顶端。从以上分析可看出，因为起升油缸的活塞杆头与内门架直接相连，所以，其机构的运动特征是，活塞杆移动，内门架、滑架和货叉随活塞杆一起移动。

2）两节门架部分自由起升装置的结构与工作原理。图 3-1-3 所示为两节门架部分自由起升装置的工作示意。其主要特点是滑轮装在柱塞头部的两侧，与柱塞一起升降；柱塞头（在柱塞全部缩进后）与内门架上横梁之间存在一定的距离，这段距离称为柱塞的自由行程（无自由式门架则无此距离）。柱塞头滑套在导向杆上，柱塞沿导向杆自由上升一段距离后，才能与内门架上横梁相顶靠，然后才能带动内门架上升。其他结构则与无自由式类同。

如图 3-1-3 所示，设柱塞头与内门架上横梁之间的距离为 S，在柱塞起升 S 距离的过程中，内门架不升高，而货叉起升高度为 $2S$，如图 3-1-3 所示的第一阶段，即自由起升阶段。在这一阶段，内门架不起升、货叉单独起升。由于这段起升高度只占门架高度的一部分，因此称为"部分自由起升"。在自由起升之后，即进入无自由起升阶段，柱塞顶起内门架以相同的速度起升，货叉则以柱塞两倍的速度起升。

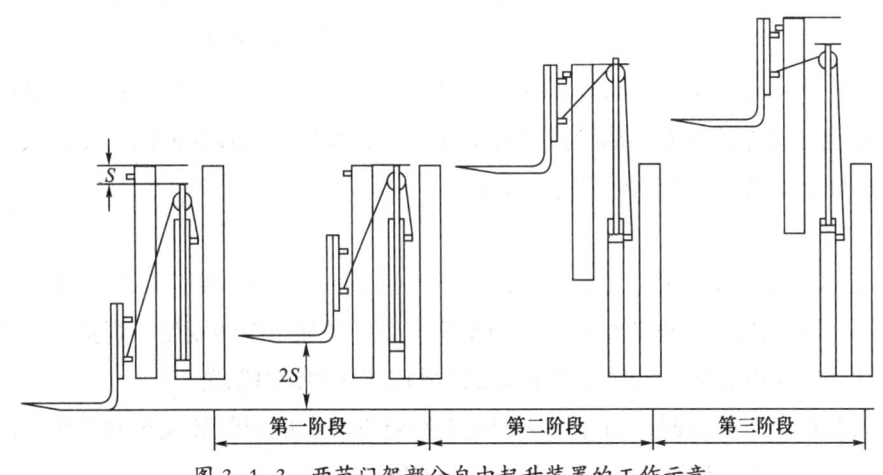

图 3-1-3　两节门架部分自由起升装置的工作示意

部分自由起升高度 $2S$ 是为适应叉车行驶的需要。在行走时，货叉虽离开地面 $2S$ 的高度，但内门架并未伸出，只要库门等净空间不低于叉车门架的高度（叉车外形尺寸的最高点一般在门架上），叉车就能通过。若无自由起升门架，则货叉要离地 $2S$，内门架必须升高 S，对低净空间的通过能力就差。

3）两节门架全自由起升装置的结构与工作原理。图 3-1-4 所示为两节门架全自由起升装置的工作示意。其主要特点是采用双级起升油缸，分为前油缸、后油缸。前油缸安装在内门架上，后油缸安装在外门架的两侧。导向滑轮安装在自由起升油缸（前油缸）活塞杆头上的滑轮架上。这种起升机构的动作可分为全自由起升和内门架起升两个阶段。在第一阶段，前油缸的活塞杆带着导向滑轮一起起升，如图3-1-4所示的第一阶段。在这一阶段前油缸的活塞上升高度为 S，滑架上升高度为 $2S$，到达与内门架同高位置，而内门架却没有起升，故这一阶段称为全自由起升阶段。继续起升，即第二阶段，两个后油缸把内门架顶起，前油缸、滑架和货叉与内门架以同样的速度一同起升，同时到达最大起升高度。

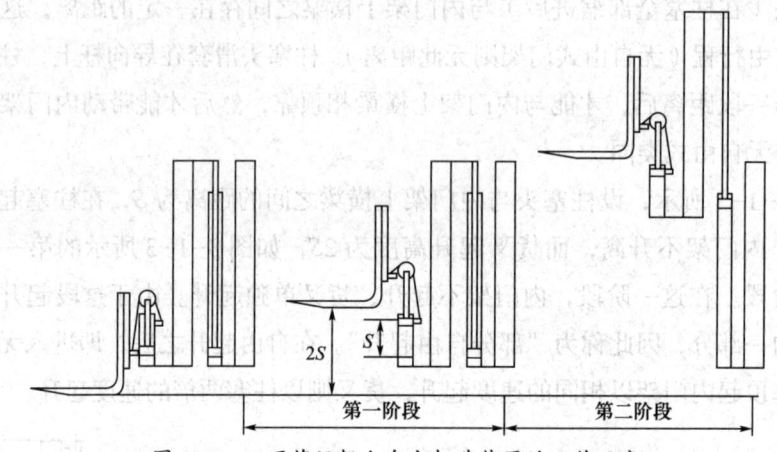

图 3-1-4　两节门架全自由起升装置的工作示意

具有全自由起升装置的叉车，可以在不低于叉车总高的低净空间进行装卸作业，只要叉车能开得进的地方，都可将货物举升到与叉车总高大致相同的高度，故适用于船舱、车厢、集装箱等低净空间场合作业。

（2）门架

两节门架的叉车，其门架由内门架和外门架组成。内、外门架各用2根立柱和2～3根横梁焊接成一个框架结构。高门架叉车为了加强门架的刚度，焊接了较多的横梁。立柱一般采用焊接、轧制或挤压成形的槽钢或异型钢材制造。

门架装在叉车的前面，因此门架的宽度影响驾驶员的视野和叉车的轮距，门架的高度影响叉车的最高外形尺寸和货物的最大起升高度。

1）门架的连接形式。外门架的下部一般与叉车驱动桥的桥壳铰接，其铰接形式如图3-1-5所示。图3-1-5a、图3-1-5b所示为外门架翼缘通过销轴与驱动桥上的支架铰接。图3-1-5c所示为外门架的腹板通过销轴与驱动桥上的支架铰接。显然，图3-1-5c所示的结构形式，因支承力作用线通过或接近异形截面的弯曲中心，从而减小或消除了约束扭转的作用，故该形式外门架立柱的受力状况最好。但在同样门架宽度的情况下，这种结构要求驱动桥有较大的轮距。

大型叉车的门架与车体前身部分铰接，门架受到的载荷直接传递给车体。因为车体自身的强度和刚度大，承受载荷的能力强，所以门架与车体直接连接，极大地减轻了驱动桥受到的水平载荷，改善了工作工况。

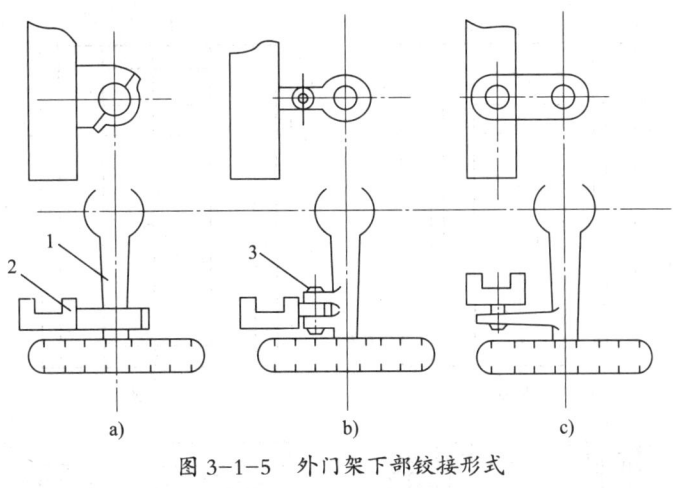

图 3-1-5 外门架下部铰接形式
1—驱动桥　2—外门架　3—轴销

2）门架的组合形式

①重叠式门架。重叠式门架又称滑动式门架，其截面结构如图 3-1-6 所示。内门架 4 重叠地套在外门架 1 的槽内，滑架用滚轮支靠在内门架的槽内。滑架升降时，其滑轮在内门架内上下滚动；而内门架升降时，则在外门架内上下滑动。在外门架立柱的内表面焊有三根滑轨（2 和 3），在使用和保养外门架时，需要在每根滑轨上涂一层润滑脂，以减少摩擦和磨损。

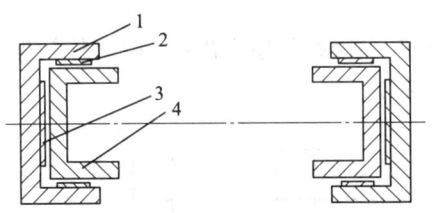

图 3-1-6 重叠式门架截面结构
1—外门架　2，3—滑轨　4—内门架

重叠式门架的主要优点是视野宽，但其易于磨损，因此制造这种门架一般需用特种型钢。若采用标准型钢，则内门架尺寸一般偏小，强度、刚度较差，故重叠式门架在叉车上很少采用。

②滚子式门架。滚子式门架的特点是内门架与外门架并列，故又称并列式门架，如图 3-1-7 所示。图 3-1-7a 所示为典型的并列式门架，图 3-1-7b 所示为综合式前后并列式门架。内、外门架之间靠滚轮支靠，内门架升降时，由滚轮来传力和导向，形成滚动摩擦。

滚子式门架的主要优点是升降阻力小，动力消耗小；门架间不需要涂润滑脂，简化了日常保养；内门架立柱的截面尺寸较大，刚度好，伸出距离较大。因此，对于同

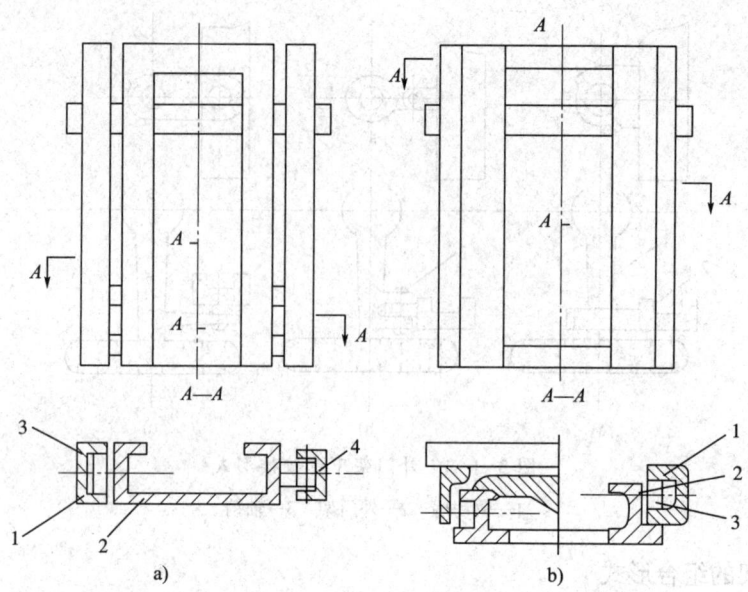

图 3-1-7 滚子式门架
a) 典型的并列式门架　b) 综合式前后并列式门架
1—外门架　2—内门架　3—纵向滚轮　4—侧向滚轮

样高度的门架，滚子式门架比重叠式门架的最大起升高度要高；或者对于同样最大起升高度的叉车，滚子式门架的高度可比重叠式门架低。目前国内外生产的叉车，大多采用滚子式门架。

③门架立柱的截面形状。在滚子式门架中，内、外门架立柱的截面形状及其组合有多种形式，如图 3-1-8 所示。

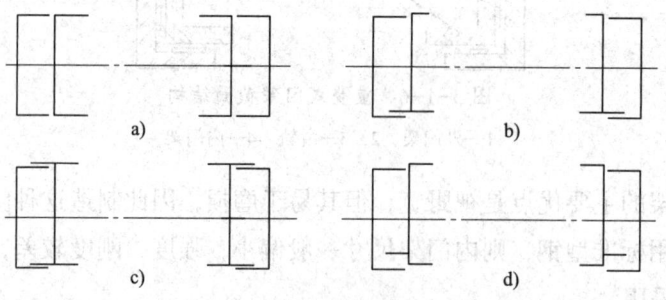

图 3-1-8　滚子式门架立柱断面形状的 4 种组合方式
a) CC 形　b) CJ 形　c) CI 形　d) CL 形

外门架立柱的截面一般采用槽形；而内门架立柱的截面除采用槽形以外，还有采用 I、J、L 等异形截面的。异形截面立柱的主要优点是内门架所承受的滚轮压力的作用线可通过或接近异形截面的弯曲中心，因而改善了内门架的受力状况，提高了内门架立柱的强度和刚度。

3) 普通门架的典型结构。图 3-1-9 所示为 CPC3 型叉车门架的结构。它是一种 CC 形截面的门架，起升油缸为中置式结构，具有部分自由提升能力。外门架 2 的立柱是 C 形截面，用三根横梁与两侧的立柱焊接成框形结构。下端支座 3 与驱动桥壳两侧的凸缘铰接，中部支座 4 与倾斜油缸柱塞头铰接。内门架 1 的立柱也是 C 形截面，用两根横梁与两侧的立柱焊接成框形结构。上横梁中部装有两根导向杆，起升油缸杆头的链轮架套在导向杆上（部分自由起升装置的形式）。每根立柱腹板的外侧下部装有两个滚轮，门架升降时，滚轮卡在外门架槽内翼缘的表面上滚动。在滑架上焊有两个滚轮支架 19，每个支架上也装有两个滚轮。滑架升降时，滚轮卡在内门架槽内翼缘的表面上滚动。这种起升油缸中置式结构，在行驶中会阻挡驾驶员的部分视线。

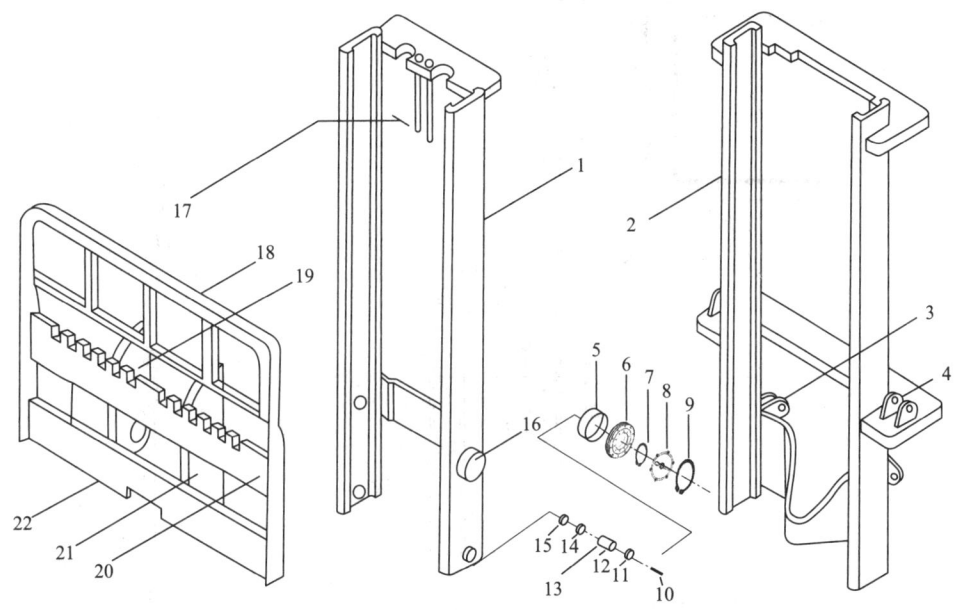

图 3-1-9　CPC3 型叉车门架的结构

1—内门架　2—外门架　3，4—支座　5—滚轮体　6—球轴承　7，9—弹性挡圈　8—端盖　10—定位销
11—导向侧滚轮　12—支座　13—轴　14—胶垫　15—调节垫片　16—滚轮　17—开口销
18—挡货架　19—滚轮支架　20—滑架上横梁　21—滑架竖板　22—滑架下横梁

4) 全视野门架。全视野门架叉车的特点是，两个起升油缸分别立于门架两根立柱的后侧，油缸活塞杆头部与内门架上横梁连接在一起。这样，门架两根立柱之间除了滑架，别无障碍，使驾驶视线开阔。如果内门架上横梁比外门架矮一定的距离，则可以实现部分自由起升。

5) 门架滚轮及其布置。滑架沿内门架的上下移动和内门架沿外门架的上下移动，都是通过滚轮来导向和传力的。滑架滚轮与门架滚轮的作用和结构是类似的，因此将滑架滚轮和门架滚轮一起介绍。

①滚轮的作用。滚轮分为传力滚轮和导向侧滚轮（又称滚柱）两种。当然，传力滚轮也起导向作用，但主要起传力作用；同样，导向侧滚轮也承受一定的压力，但主要起导向作用。

a. 传力滚轮的作用原理。图3-1-10所示为滚轮的布置方案及传力原理，图3-1-9所示的CPC3型叉车门架即采用这种方案。如图3-1-10b所示，滑架、内门架、外门架三者之间是靠8个滚轮（每侧4个）连接起来的。滑架滚轮装在滑架滚轮支架上，内门架滚轮装在内门架立柱腹板外侧的下部。

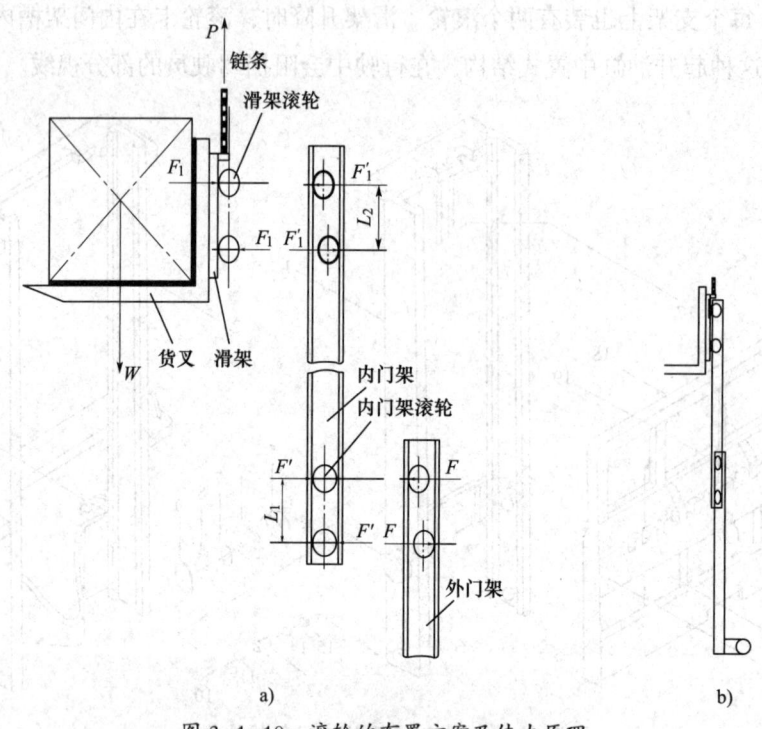

图3-1-10 滚轮的布置方案及传力原理
a) 传力示意 b) 结构关系示意

从图3-1-10可见，滚轮是滑架、内门架运动中传力的支点，在内、外门架的前、后翼缘上分别承受着滑轮向前和向后的压力。从该图中还可看出，翼缘所受的滚轮压力大小，与滚轮的轴距 L_1 和 L_2 有关。为平衡同样大小滑架的前倾力矩（由 W 和 P 形成），力臂 L_1 或 L_2 越大，则滚轮压力 F、F' 或 F_1、F_1' 就越小。

传力滚轮起到上下运动的导向作用。传力滚轮安装在内、外门架的翼缘上，防止滑架和内门架前后方向的倾斜。但是传力滚轮不能阻止滑架和内门架左右方向（叉车的横向）的倾斜。

b. 导向侧滚轮（滚柱）的作用原理。在叉车工作过程中，偏载、在侧向斜坡上作业、转弯等会导致门架横向倾斜。这样，滑架滚轮支架或内门架滚轮支架将压靠在内、外门架腹板上,造成摩擦损坏。为避免这种现象,滑架和内门架的侧面均装有导向侧滚轮。滑架的导向侧滚轮装在滑架的侧面,支靠在内门架腹板的内侧;内门架的导向侧滚轮装在内门架立柱的侧面,支靠在外门架腹板的内侧。当滑架和内门架升降时,导向侧滚轮在门架腹板上滚动,可限制滑架和内门架的横向倾斜,起到导向作用。传力滚轮与导向侧滚轮安装的主要区别在于,前者支靠在门架立柱的翼缘上,而后者支靠在门架立柱的腹板上。有些叉车的侧支承使用耐磨滑块取代导向侧滚轮,它的优点是与门架腹板是面接触,接触面积大、压强小、磨损轻。一般选用耐磨的工程塑料制作滑块,其特点是使用寿命长,易于更换。

为了减轻工作中传力滚轮与门架的冲击载荷,滚轮在槽内与翼缘的配合间隙:小型叉车在 1.5~2 mm 之间,中型叉车在 2~5 mm 之间,大型叉车在 5~8 mm 之间。

② 滚轮的布置

a. 门架滚轮的布置方式。根据门架结构的不同,门架滚轮有多种布置方式,如图 3-1-11 所示。

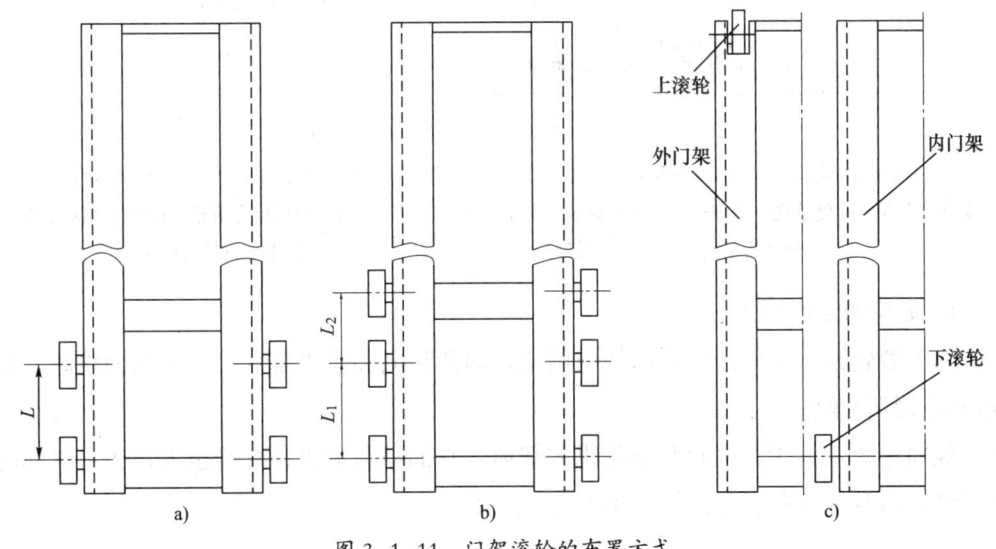

图 3-1-11 门架滚轮的布置方式

图 3-1-11a 所示为在内门架立柱外侧下方各安装两个传力滚轮。在内门架起升过程中,滚轮的轴距 L 是不变的。这种方式结构简单,适用于 CC 形截面的门架。CPC3 型、CPCD5 型等多种叉车均采用这种布置方式。

图 3-1-11b 所示为在内门架立柱外侧下方各安装三个传力滚轮。在经常使用的较小起升高度的范围内,该结构滚轮轴距较大（$L_1 + L_2$）,滚轮对翼缘的压力较小;而在接近最大起升高度的范围内,上滚轮可超出外支架,只留下方两组滚轮在外门架槽内,因而滚轮轴距减小为 L_1,滚轮对翼缘的压力增大。这种布置方式也适用于 CC 形截面的门架,但由于其结构复杂、工艺要求高,因此不常采用。

图3-1-11c所示为在内门架立柱外侧下方各安装一个传力滚轮,在外门架立柱的上端腹板内侧也各安装一个传力滚轮。随着内门架的起升,滚轮轴距在L_{min}与L_{max}之间变化,在内门架经常工作的起升范围内,滚轮轴距较大,滚轮对外门架翼缘压力较小。这种布置方式结构也比较简单,但不适用于CC形截面的门架。因为对于CC形门架,这种安装在外门架上端腹板内侧的滚轮,在内门架立柱的外侧无传力支点。这种布置方式适用于其他异形截面的门架,如CJ、CI、CL形。CJ形门架滚轮的典型布置如图3-1-12所示。

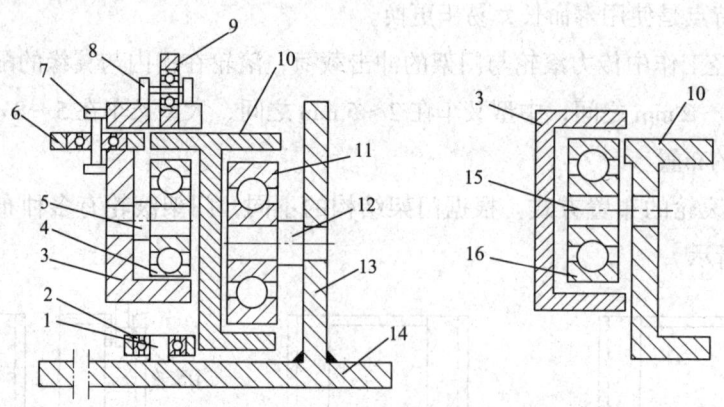

图3-1-12 CJ形门架滚轮的典型布置

1—滑架导向侧滚轮支座 2—滑架导向侧滚轮 3—外门架 4—外门架上方传力滚轮 5—滚轮轴
6,9—门架导向侧滚轮 7,8—门架导向侧滚轮支座 10—内门架 11—滑架传力滚轮 12—滑架滚轮轴
13—滑架传力滚轮支架 14—滑架横梁 15—滚轮轴 16—内门架下方传力滚轮

b. 滚轮的结构形式

(a) 滚轮是滑架与门架或门架与门架之间的导向和传力部件,分为纵向滚轮、横向滚轮和复合滚轮。

纵向滚轮主要承受来自货物的纵向载荷,它的载荷最大,外径也大,还可以同时承受纵、横两个方向的力,如图3-1-13所示。

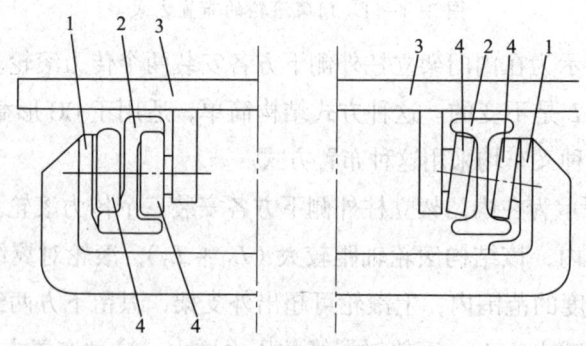

图3-1-13 承受侧向力的纵向滚轮

1—外门架 2—内门架 3—叉架 4—滚轮

利用门架腹板与翼缘板内的过渡圆角,把纵向滚轮轴承外圈靠近门架腹板的一面外圆的倒角做成圆弧倒角,那么这种纵向滚轮轴承也可承受侧向载荷,一般在中小型叉车上应用。

(b)横向滚轮的载荷较小,既可安装在门架腹板或滑架上,又可安装在内门架腹板上或滑架立板上,并在门架槽内运动。

(c)复合滚轮由纵向滚轮和在架槽内运动的横向滚轮组合而成,其结构如图3-1-14所示。

(3)滑架和起重链条

1)滑架。滑架又称叉架、小货架,可用于固定可更换的工作装置,安装货叉或其他工作属具,并带动属具沿内门架升降。滑架承受货物的全部载重,货物的重量通过它传给起重链条再传给门架,因此受力严重,一般用强度高的锰钢板焊制。

①滑架的组成及结构形式。滑架由架体、滚轮架和滚轮组成。架体的结构有两种形式,一种由上、下横梁,中间板,立板和链条连接板焊接组成,如图3-1-15a所示。另一种是上、下横梁,中间板作为一个整体,与立板、链条连接板焊接而成,如图3-1-15b所示。在立板上安装滑架滚轮,当链条带动它做升降运动时,它能可

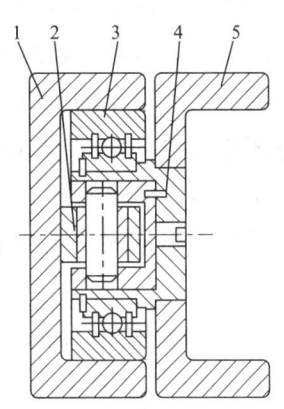

图3-1-14 复合滚轮结构
1—外门架 2—侧向滚轮 3—轮壳
4—销 5—内门架

靠地沿着门架导轨做垂直移动。对于挂接式货叉,为了使货叉能在滑架上定位,将上横梁的上缘加工成齿状,如图3-1-16所示;下横梁的下缘中间开有比货叉宽度略大的槽口,如图3-1-15所示。对于铰式货叉,采用腹板框架式铰接滑架,如图3-1-17所示。

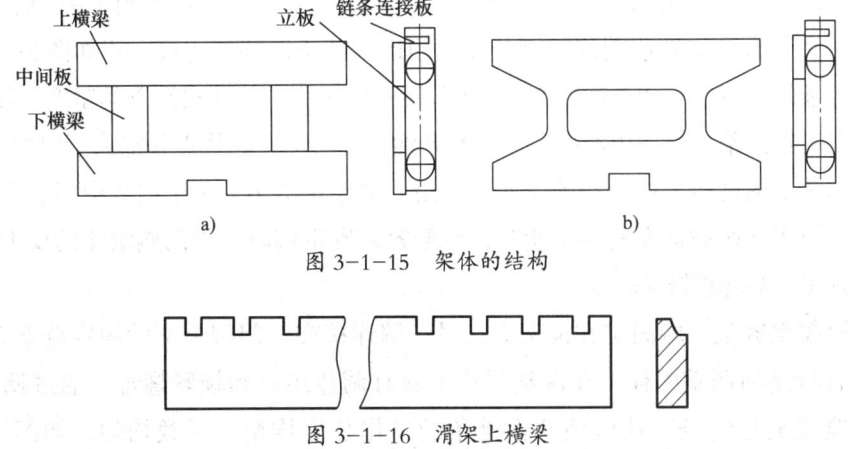

图3-1-15 架体的结构

图3-1-16 滑架上横梁

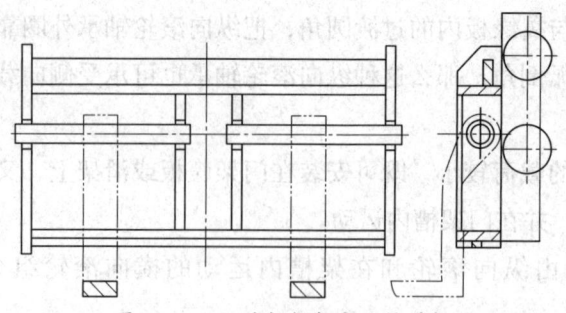

图 3-1-17 腹板框架式铰接滑架

②滑架滚轮的布置方式。通常，滑架的纵向滚轮布置在滑架立板的两侧立面上，呈上下布置，如图 3-1-17 所示。一般安装两组滚轮，有时也会为了减轻滚轮载荷、增大滑架的提升高度而安装三组滚轮。为了承受滑架所受的侧向力，导向侧滚轮与纵向滚轮要成对安装，或直接采用复合滚轮。还可以将导向侧滚轮改成滑块导向。滚轮的中心距和直径的大小，将直接影响叉车的受力状态和起升高度。如果增大纵向滚轮的中心距，则滚轮及门架所受的压力将减小，起升高度也随之降低。

2）起重链条。由于起重链条具有相对伸长率低、承载能力大、对于滑轮直径要求较小的特点，因此叉车起升机构上都采用起重链条作为挠性件。起重链条用于承受滑架和货物的重量，并带动滑架起升。叉车上一般采用两根链条，以便保持滑架和内门架平稳起升。

常用的起重链条有片式链和套筒滚子链两种。片式链结构简单、链片数目较多，其承载能力比套筒滚子链大、承受冲击载荷能力强、工作可靠，更适合叉车使用，所以被广泛使用。套筒滚子链传动阻力小、耐磨性能好，在较小吨位的叉车上使用较多。现在，起重链条已形成系列产品。

起重链条一端与滑架下横梁相连，带动滑架起升；另一端与外门架的横梁相连，或与固定在起升油缸缸体端部的链条支架相连。链条端部的连接方式如图 3-1-18 所示，在链条的一端装有调节螺栓 5，以调节链条的紧度，使两根链条的紧度一致。

叉车起重链条一般采用两根，位于起升油缸的两侧，其优点是加大了门架的空隙，开阔了驾驶员的视野。少数小吨位叉车采用一根起重链条，位于门架中间起升油缸的前或后。但当叉车载荷左右不平衡时，滑架容易发生偏斜，导向侧滚轮的反力也随之增大，故用一根起重链条较少。

两根起重链条一端固定在滑架上，另一端连接在外门架上部的固定链条座孔上，这一端有特制的调整螺栓。在调整螺栓上旋有调整螺母和锁紧螺母。通过调整螺母即可拉紧或放松链条，从而使两根链条的工作长度均衡，受载均匀，如图 3-1-19 所示。

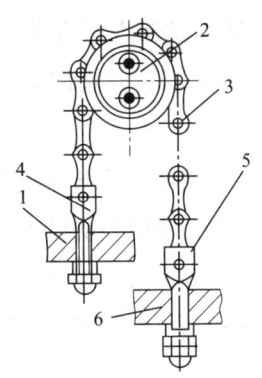 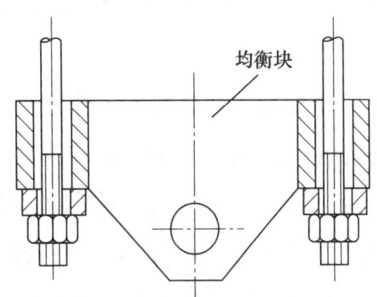

图 3-1-18 链条端部的连接　　　　图 3-1-19 链条的均衡装置
1—滑架　2—滑轮　3—链条　4—连接螺栓
5—调节螺栓　6—外门架

二、装载机

装载机工作装置的功用是对物料进行铲掘、装载等多种作业。它一般由铲斗、动臂、摇臂、连杆（拉杆）四大基本部件，以及它们之间的铰销组成。对于中小型装载机，常配有可以快速更换的多种工作装置，以适应多种作业的要求。

装载机的铲掘和装卸物料作业是通过其工作装置的运动来实现的。装载机工作装置按照有无铲斗托架可分为有铲斗托架式和无铲斗托架式两种基本形式，如图 3-1-20 所示。

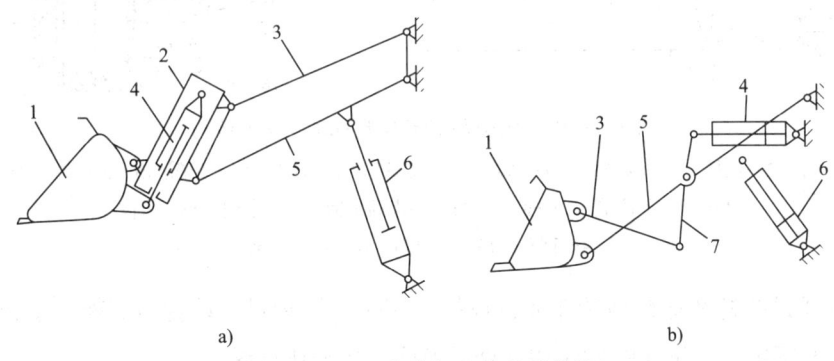

图 3-1-20 装载机工作装置结构
a) 有铲斗托架式　b) 无铲斗托架式
1—铲斗　2—铲斗托架　3—连杆　4—转斗油缸　5—动臂　6—动臂油缸　7—摇臂

有铲斗托架式装载机的工作装置如图 3-1-20a 所示。其动臂 5 和连杆 3 的前端与铲斗托架 2 铰接，动臂 5 和连杆 3 的后端与车架支座铰接，铲斗托架上部铰接转斗油缸 4，转斗油缸的活塞杆及铲斗托架 2 的下部与铲斗 1 铰接，由转斗油缸直接控制铲斗的转动。由于铲斗托架 2、动臂 5、连杆 3 及车架支座可构成一个平行四连杆机构，因此在动臂提升、转斗油缸闭锁时，铲斗始终保持平移，斗内物料不会洒落。

有铲斗托架的工作装置，结构比较简单；同时，因为转斗油缸及铲斗都是直接铰接在铲斗托架上，所以铲斗的转动角较大。但因为动臂前端装有较重的铲斗托架，所以减少了铲斗的载重量。

无铲斗托架式装载机的工作装置如图 3-1-20b 所示。其动臂 5 的前端和铲斗 1 铰接，动臂 5 的后端和车架上部支座铰接；动臂油缸 6 的两端分别和动臂 5 及车架底部支座铰接；转斗油缸 4 的一端和车架铰接，另一端和摇臂 7 铰接；摇臂 7 则铰接在动臂 5 上；连杆 3 的一端和摇臂 7 铰接，另一端和铲斗 1 铰接。铲斗直接装在动臂上，转斗油缸通过连杆机构控制铲斗的转动。

由于铲斗托架的质量较大，铲斗装载质量相对减少，因此目前国内外装载机广泛采用无铲斗托架式工作装置。ZL50 轮胎式装载机工作装置结构如图 3-1-21 所示，由铲斗 1、拉杆 2、摇臂 4、动臂 6，以及各部位铰销组成，这四大件都可以绕相应的铰销灵活转动，整个工作装置铰接在车架上。

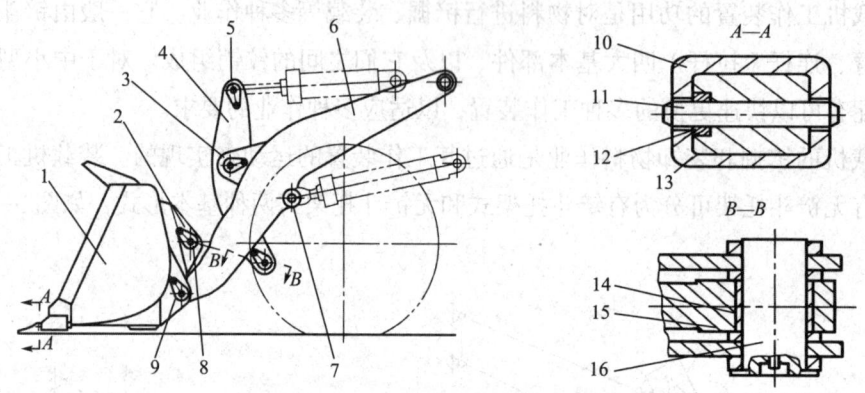

图 3-1-21 ZL50 轮胎式装载机工作装置结构

1—铲斗 2—拉杆 3—中摇臂销 4—摇臂 5—摇臂销 6—动臂 7—动臂缸销 8—铲斗上铰销 9—铲斗下铰销 10—齿套 11—斗齿固定销 12—卡圈 13—齿体 14—钢套 15—密封圈 16—摇臂销轴

铲斗通过拉杆和摇臂与转斗油缸铰接，用于装卸物料。动臂与车架、动臂油缸铰接，用于升降铲斗。铲斗的翻转和动臂的升降采用液压操纵。

三、轮胎式起重机

轮胎式起重机是港口吊装作业的主要设备，其工作装置呈现多样化和扩大使用范围的发展趋势。轮胎式起重机工作装置主要组成部分包括臂架和取物装置，取物装置又包括吊钩装置、滑轮组和钢丝绳。

1. 臂架

轮胎式起重机的臂架系统是起重机的核心部件，是吊装作业最重要的承重结构件。

臂架系统各构件的强度、刚度将直接影响轮胎式起重机的使用性能。臂架系统主要包括主起重臂、副起重臂、伸缩机构、臂端滑轮等部件，如图3-1-22所示。

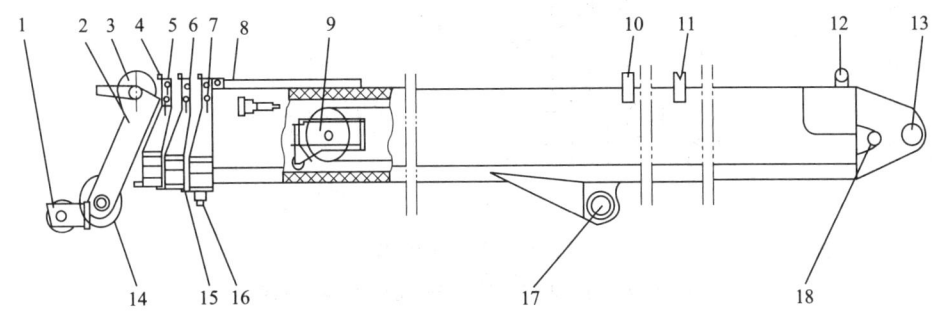

图 3-1-22 臂架系统
1—臂端滑轮 2—四节臂 3—分绳轮组 4—拖绳架 5—三节臂 6—二节臂 7—一节臂 8—压绳滚轮
9—伸缩机构 10—滑板支架 11—挡板 12—绳托 13—主臂尾轴 14—定滑轮 15—调节垫块
16—托辊 17—变幅液压缸上铰点轴套 18—伸缩液压缸安装轴套

2. 吊钩装置

图3-1-23所示的吊钩装置是起重机起升机构常用的一种取物装置。对吊钩装置的要求包括有足够的强度，工作安全、可靠，吊钩旋转灵活；不发生突然破坏或钢丝绳脱槽在罩壳中楔住等。

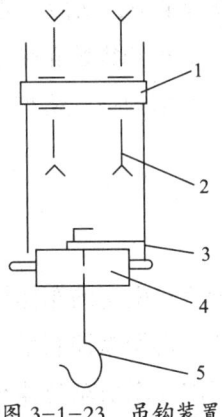

图 3-1-23 吊钩装置
1—心轴 2—滑轮 3—螺母 4—横轴 5—吊钩

3. 滑轮、滑轮组

滑轮用来支承钢丝绳和改变钢丝绳的方向，可分为动滑轮和定滑轮两种。滑轮组如图3-1-24所示。在采用吊钩作为取物装置的港口内燃轮胎式起重机的起升机构中，滑轮组是除卷筒以外的整个钢丝绳卷绕系统的总称。确切地说，滑轮组是由一条钢丝绳绕过一个或一组动滑轮和定滑轮的联合装置。

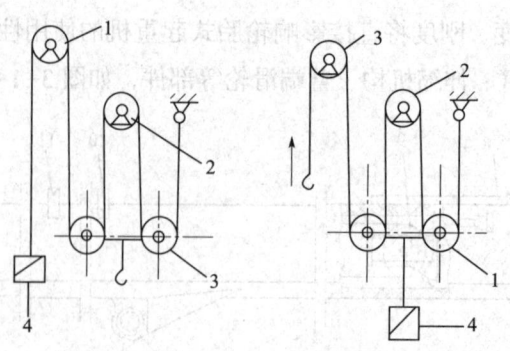

图 3-1-24 滑轮组

1—导向滑轮 2—定滑轮 3—动滑轮 4—卷筒

4. 钢丝绳

钢丝绳是起重机上的挠性元件,主要用于起升机构卷筒的卷绕或释放,以起吊或下降货物;在变幅机构中用于把杆的牵引,以达到增幅或减幅的目的。

四、内燃牵引车与挂车

牵引车(又称拖头)的特点是没有承载货物的平台,只能作为牵引工具,用来牵引挂车。牵引车必须和挂车配合使用,不能单独运输货物。牵引车只在牵引挂车时才与挂车连接在一起,当挂车被拖到指定地点进行货物装卸时,牵引车就可以脱开这一列挂车,并与其他挂车连接继续进行牵引,从而充分发挥它的作用,提高它的利用率。按用途不同,牵引车分为件杂货牵引车和集装箱牵引车;挂车分为件杂货挂车和集装箱挂车。牵引车的工作装置是指其尾部的拖挂机构,挂车本身就是这个组合中的工作装置。

1. 件杂货牵引车和挂车

(1) 件杂货牵引车

为了适应牵引的需要,在件杂货牵引车的车体尾部装有拖挂机构,驾驶员可在倒车时将拖挂机构插入挂车的连接孔,再操纵控制手柄将拖板车前端抬起,使牵引车与挂车实现连接(见图 3-1-25)。当需要牵引车与挂车分离时,同样需要驾驶员操纵控制手柄,使挂车前端降下并落地,再控制牵引车前行分离。

图 3-1-25 件杂货牵引车及挂车

（2）件杂货挂车

件杂货挂车又称拖板车。它的载货平台为一个平板，需要件杂货牵引车拖带行走，通常由几辆挂车和一辆牵引车组成一列车辆进行件杂货的搬运工作。为了正常工作，件杂货挂车在构造上应满足下述要求。

1) 结构轻便，但要有足够的强度和刚度。

2) 能随牵引车沿同一车辙行驶，便于驾驶员控制，减小行驶阻力。

3) 便于接挂和脱开。

2. 集装箱牵引车和挂车

集装箱牵引车是专门用来拖带集装箱挂车的牵引车，集装箱挂车是专门用来装运集装箱的挂车，两者配合使用进行集装箱的搬运。

（1）集装箱牵引车

集装箱牵引车和普通牵引车的结构大体相同，不同之处主要是其后部装有供连接挂车用的牵引鞍座，如图 3-1-26 所示。

（2）集装箱挂车

按拖挂方式不同，集装箱挂车分为全挂车和半挂车两种，其中半挂车使用最普遍。

图 3-1-26　集装箱牵引车

1) 全挂车。全挂车（见图 3-1-27）是指由牵引车牵引，且其全部质量由本身承受的挂车。

2) 半挂车。半挂车（见图 3-1-28）是指挂车质量和货载的一部分由牵引车直接承受的挂车。半挂车一般装有支腿，以便与牵引车脱开后能稳固地支承在地面上。

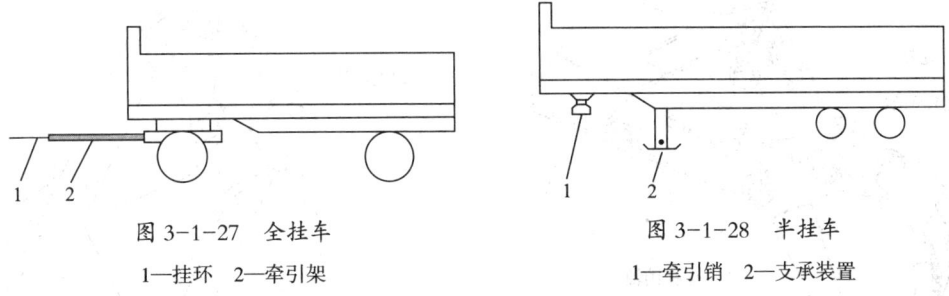

图 3-1-27　全挂车　　　　　　　　图 3-1-28　半挂车
1—挂环　2—牵引架　　　　　　　1—牵引销　2—支承装置

五、挖掘机

1. 工作装置

工作装置是挖掘机的重要组成部分之一，因用途不同而种类繁多，其中最主要的有反铲装置、正铲装置、挖掘装置、起重装置和抓斗装置等。同种装置也可以有多种结构形式，有的多达数十种，以适应各种不同的作业条件。

挖掘机是用来开挖土壤的施工机械。它用铲斗的斗齿切削土壤并装入斗内，装满土后提升铲斗并回转到卸土地点卸土，然后转台再次回转，铲斗下降到挖掘面，进行下一次挖掘。挖掘机在建筑、筑路、水利、电力、采矿、石油、天然气管道铺设和军事工程中被广泛使用。

2. 铲斗的更换与安装

（1）铲斗的更换

铲斗通过斗杆销轴和连杆销轴分别与斗杆和连杆相连，如图3-1-29所示。更换铲斗实际上就是拆下斗杆销轴和连杆销轴，卸下原来使用的铲斗，然后把其他铲斗或工作装置用斗杆销轴和连杆销轴分别与斗杆和连杆连接起来。可以说，更换铲斗的过程就是拆卸与安装斗杆销轴和连杆销轴的过程。更换铲斗的步骤如下。

1）将铲斗下放在平坦的地面上。在下放铲斗的过程中，要使铲斗刚好与地面接触，这样在拆卸销轴时的阻力最小。

2）拆卸斗杆销轴和连杆销轴。把斗杆销轴和连杆销轴上锁紧螺栓的双螺母拆下，然后卸下斗杆销轴和连杆销轴，并卸下铲斗。在此过程中，注意卸下的斗杆销轴和连杆销轴不要被泥沙弄脏，轴套两端的密封不要被损坏。

3）安装准备使用的铲斗或其他工作装置。改变斗杆的位置，使斗杆与连杆上的孔与铲斗上的孔对正，铲斗上的连接孔如图3-1-30所示。然后涂上润滑脂，并安装斗杆销轴和连杆销轴。销轴的安装过程与拆卸的顺序相反。安装斗杆销轴时，应先安装一个O形环，插入斗杆销轴后，再把O形环装入合适的槽中。安装连杆销轴时，应先把O形环装入合适的槽中，再插入连杆销轴，如图3-1-31所示。

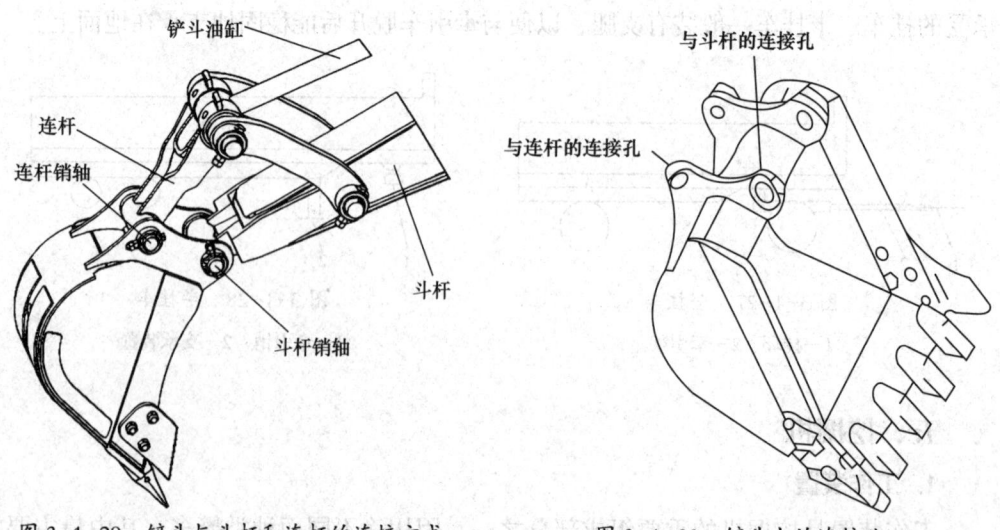

图3-1-29 铲斗与斗杆和连杆的连接方式　　图3-1-30 铲斗上的连接孔

4）安装各销轴的锁紧螺栓和螺母，然后在销轴上涂润滑脂。

（2）更换铲斗注意事项

1）用锤子敲击销轴时，金属屑可能会飞入眼中，对眼睛造成严重伤害。当进行这种操作时，要始终佩戴护目镜、安全帽、手套和其他防护用品。

图 3-1-31 连杆销轴

2）卸下铲斗时，要把铲斗平稳放好。

3）如果用力击打销轴，则销轴可能会飞出对周围的人员造成伤害。因此，在击打销轴之前，应确保周围人员的安全。

4）拆卸销轴时，要特别注意不要站在铲斗下面，也不要把脚或身体的任何部位放在铲斗下面。拆卸或安装销轴时，注意不要碰伤手。

5）对正孔时，不要把手指放入销孔。

6）更换铲斗前，要把机器停在坚实、平整的地面上。进行连接工作时，为安全起见，进行连接工作的有关人员之间，要弄清信号并仔细工作。

第二节 液压系统

本节以 TCM 系列 Z8 叉车的起升、俯仰液压系统进行讲解。

一、起升系统

如图 3-2-1 所示，TCM 系列 Z8 叉车的起升液压系统由起升液压缸 6、限速阀 4、手动起升液压缸换向阀 10 等元件组成，在起升缸内底部设有断流阀 5。

1. 起升与下降的工作过程

（1）起升

操纵手动起升液压缸换向阀 10 向左移动，切断液压泵 3 供油的直通回路，液压油经过换向阀内单向阀 11 进入限速阀 4，再经过断流阀 5 进入两个起升液压缸 6 的底部，液压油推动起升液压缸活塞向上移动，实现货物的提升。当活塞到达液压缸顶端时，液压泵继续供油，或者货物超载时，主溢流阀 12 开启进行泄压，以保证液压系统的工作油压在规定范围内。

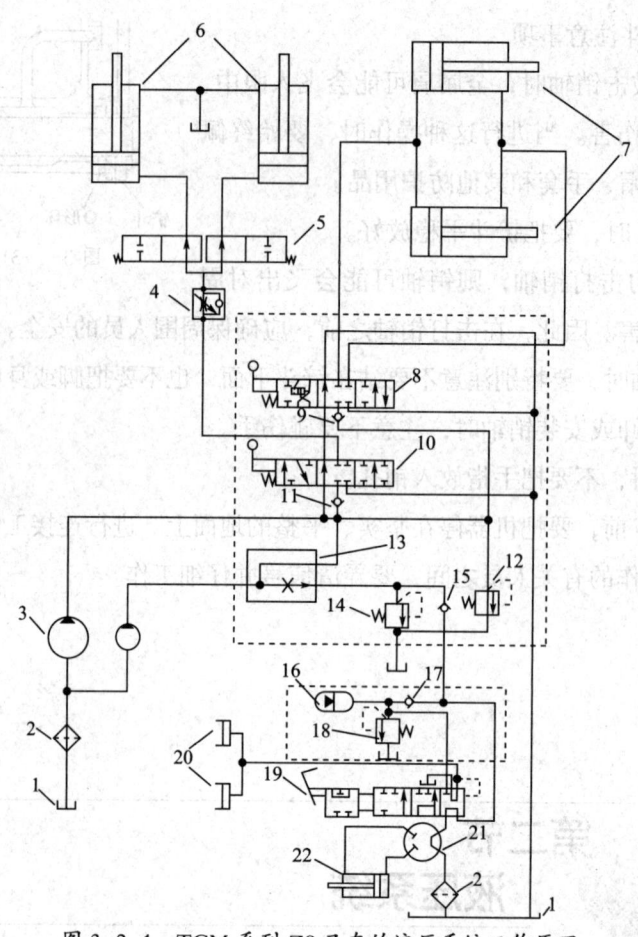

图 3-2-1 TCM 系列 Z8 叉车的液压系统工作原理

1—油箱　2—过滤器　3—液压泵　4—限速阀　5—断流阀　6—起升液压缸　7—倾斜液压缸　8—手动换向阀
9,11—换向阀内单向阀　10—手动起升液压缸换向阀　12—主溢流阀　13—分流稳流阀　14—转向泵溢流阀
15—单向阀　16—蓄能器　17—蓄能器内单向阀　18—蓄能器内溢流阀　19—制动阀
20—制动缸　21—全液压转向器　22—转向液压缸

（2）下降

操纵手动起升液压缸换向阀 10 向右移动，液压泵 3 提供的液压油经过换向阀直接回到油箱，起升液压缸 6 活塞下部的油液在货物或货叉的压力下，经过断流阀 5、限速阀 4、手动起升液压缸换向阀 10 回到油箱，实现货物的下降。

2. 限速阀

限速阀控制货叉的下降速度，并在高压胶管破裂等意外情况下起安全保护的作用，如图 3-2-2 所示。限速阀的结构如图 3-2-3 所示。

（1）起升液压缸的回油进入回油腔，依次通过 D、C、B、A 返回多路阀。

（2）大量油液流经阀芯孔 C 时，产生的压力差使阀芯 5 向右移动。这样，阀芯孔 C 与节流孔 D 之间的通道变窄，回油量随之减少，货叉下降速度变慢。

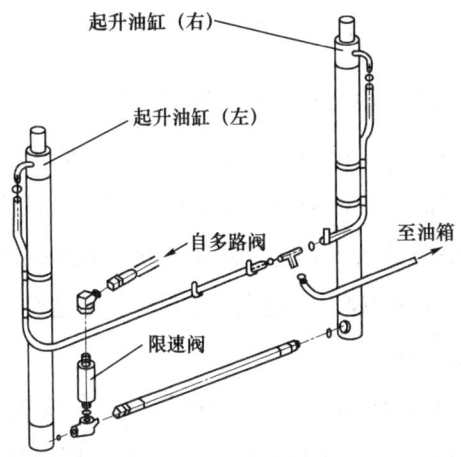

图 3-2-2　限速阀

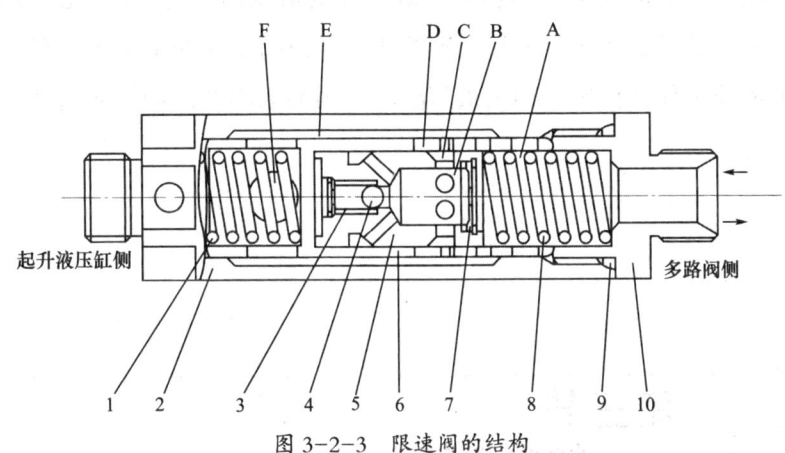

图 3-2-3　限速阀的结构

1,3,8—弹簧　2—阀体　4—钢球　5—阀芯　6—阀套　7—节流孔　9—O形密封圈　10—端盖
A—油腔　B,C—阀芯孔　D—节流孔　E—油道　F—油口

（3）如果要提升货叉，则从多路阀流来的高压油依次通过A、B、C、D、E进入起升油缸。

限速阀的常见故障及排除方法见表3-2-1。

表3-2-1　限速阀的常见故障及排除方法

故障现象	故障原因	排除方法
流量调节失灵	密封失效，弹簧失效，油液污染致使阀芯卡阻	拆检或更换密封装置；拆检或更换弹簧；拆开并清洗阀，或者更换油液
流量不稳定	锁紧装置松动，节流口堵塞，内泄漏量过大，油温过高，负载压力变化过大	锁紧调节螺钉，拆洗节流阀，拆检或更换阀芯与密封件，降低油温，尽可能使负载不变化或少变化
行程节流阀不能压下或不能复位	阀芯卡阻或泄油口堵塞导致阀芯反力过大，弹簧失效	拆检或更换阀芯，泄油口接油箱并降低泄油背压，检查并更换弹簧

二、倾斜系统

如图 3-2-1 所示，TCM 系列 Z8 叉车的倾斜液压系统由倾斜液压缸 7、手动换向阀 8 组成。操纵手动换向阀 8 向左移动，液压油经换向阀进入倾斜液压缸 7 的活塞后端，液压缸前端的油液在活塞的推动下经过换向阀回到油箱，活塞杆向前移动，实现叉车门架的前倾。操纵手动换向阀 8 向右移动，液压油经换向阀进入倾斜液压缸 7 的活塞前端，液压缸后端的油液在前端液压油的推动下经过换向阀回到油箱，活塞杆向后移动，实现叉车门架的后倾。

TCM 系列叉车在倾斜液压系统换向阀中设置了自锁阀，它的作用是防止错误动作引起叉车框架前后移动。自锁阀是利用液压锁原理设计的，可在无控制液压油时自锁（控制液压油即为进入倾斜液压缸小腔的液压油）。在叉车无动力时，液压系统无液压油，就不能推开自锁阀大腔的油，自锁阀始终处于关闭状态，因此无论换向阀的手柄处于什么位置，倾斜液压缸两腔的油都不会流动，倾斜液压缸活塞杆也就不会移动。

第三节 转向系统

转向系统的功用是在驾驶员的操纵下控制叉车的行驶方向。它由转向盘、转向轴、转向器，以及液压缸、转向节等组成。叉车的转向系统通常分为机械式转向、液压助力转向和全液压转向三种。

一、机械式转向系统

机械式转向系统如图 3-3-1 所示。

机械式转向系统是以驾驶员的体力（手力）作为转向能源的转向系统，其中所有的传力件都是机械的。转向器的作用是将驾驶员操纵转向盘的力传递给转向传动机构，并使操纵省力，主要有循环球式、曲柄球销式、蜗杆滚轮式、蜗杆蜗轮式等。小吨位叉车的转向系统为循环球式，如 CPD10 型、CPQ20 型叉车等。

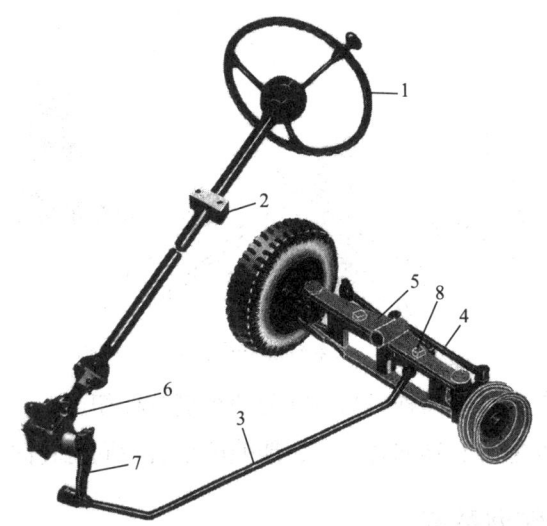

图 3-3-1 机械式转向系统
1—转向盘 2—支架垫块 3—纵拉杆 4—横拉杆 5—转向桥总成
6—转向器 7—转向垂臂 8—扇形板

1. 循环球式转向器

循环球式转向器由于在螺母、螺杆间用滚动摩擦代替滑动摩擦,因此传动效率高(一般蜗杆滚轮式转向器的传动效率为 50%~76%,循环球式转向器的传动效率最高可达 90%),操纵轻便,磨损较少,且使用寿命长。在叉车转向过程中,循环球式转向器有利于转向轮自动回正,但反冲力较大,车轮所受路面冲击能反传到转向盘上,发生"打手"现象,容易使驾驶员疲劳。经常在室内作业或在良好路面上行驶的叉车宜采用循环球式转向器。

2. 转向传动机构

转向传动机构的功用是用转向器传来的力带动后轮左右偏转,同时在两个后轮偏转时,使内后轮的偏转角度大于外后轮的偏转角度。

(1) 转向联动机构

转向联动机构由转向摇臂、球形关节、直拉杆组成。

1) 转向摇臂:上端装在滚轮轴上,下端用球形关节和直拉杆相连。

2) 球形关节:安装在直拉杆、横拉杆两端的球座内,在球座的侧方或下方装有弹簧,借助弹簧的作用能自动消除球形关节因磨损而产生的间隙。

3) 直拉杆:前后端各有一个球节,一端连接转向摇臂,另一端与扇形板连接成一体。

(2) 转向扇形机构

为了使叉车转弯时内后轮的转向角大于外后轮的转向角,叉车上采用了转向扇形机构,它由后轴、扇形板、横拉杆组成,如图 3-3-2 所示。只要横拉杆的长度与后轴两个主销中心线之间有一定的长度比例,就能保证在转弯时内后轮的转向角始终大于外后轮的转向角。

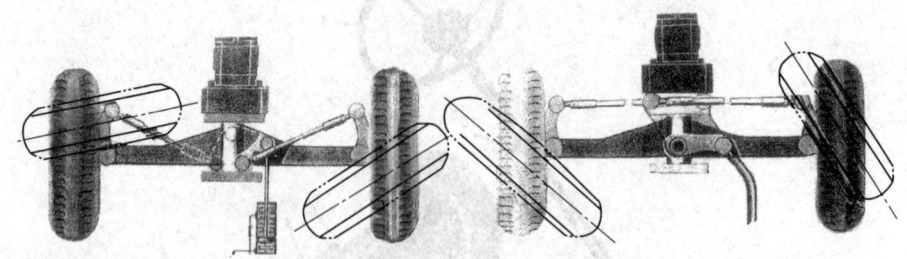

图 3-3-2　叉车转向桥及转向扇形机构

1）扇形板一端与直拉杆相连，另一端与两个横拉杆相连。
2）横拉杆连接在左、右转向臂之间，能使两个后轮同时转向。

二、液压助力转向系统

液压助力转向系统是在机械式转向系统的基础上增设了一套液压助力装置。转动转向盘的操纵力已不作为直接迫使车轮偏转的力，而是作为使控制阀工作的力，而车轮偏转的力则由转向液压缸产生，一般用于较重型叉车，如 CPC50Y 型叉车等。液压助力转向系统的工作原理如图 3-3-3 所示。

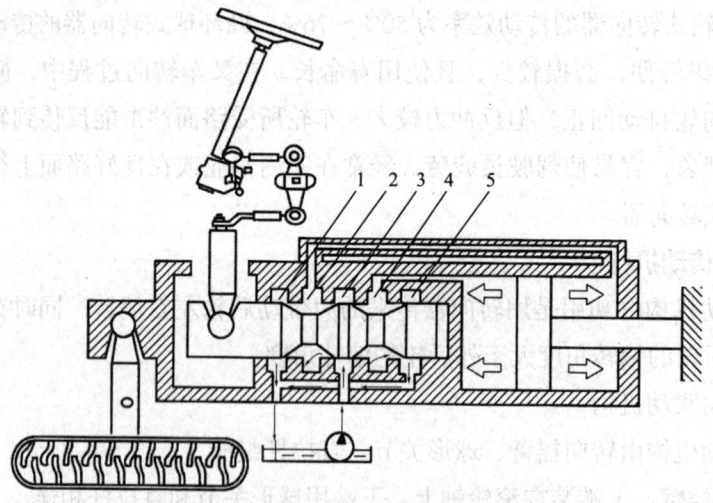

图 3-3-3　液力助力转向系统的工作原理
1、2、3、4、5—阀体油槽

三、全液压转向系统

全液压转向系统通过转向盘、转向导柱操纵全液压转向器，全液压转向器产生的液压油经油管进入转向液压缸，驱动转向三连板或转向拉杆和转向节转动，使转向轮改变方向，一般用于大中型叉车。新生产的叉车普遍采用全液压转向系统，如 CPCD50 型、CPCD30 型、CPQ20 型叉车等，其结构如图 3-3-4 所示。

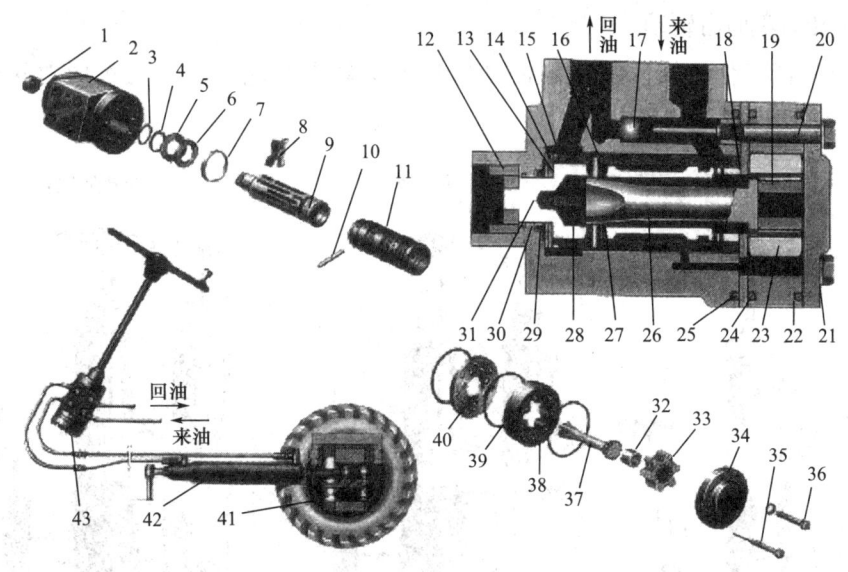

图 3-3-4 全液压转向系统的结构

1，12—连接块　2，30—阀体　3，4，25，29，39—密封圈　5，13—挡圈　6，14—滑环　7，15—挡环
8，28—定位弹簧　9，31—阀芯　10，16—传动销　11，27—阀套　17—钢球　18—螺套
19，32—支承套　20，35—限位螺栓　21，34—端盖　22，38—定子　23，33—转子
24，40—配油盘　26，37—传动杆　36—螺栓　41—转向桥
42—转向液压缸　43—全液压转向器

1. 全液压转向器的构造

全液压转向器的构造和工作原理如图 3-3-5 所示。其中阀芯、阀套和阀体（单向阀）构成随动转阀，起控制油液流动方向的作用。转子和定子构成摆线齿轮啮合副，在动力转向时起计量马达的作用，以保证流入液压缸的油量与转向盘的转角成正比；在人力转向时起手动液压泵的作用。联轴器起传递转矩的作用。

2. 全液压转向器控制阀的工作原理

控制阀中的阀套和阀芯起配油作用，使油压与转子同步变化，构成连续回转；摆线马达起计量作用。

（1）转向盘在中间位置

在回位弹簧的作用下，转向液压泵输出的油液经阀套孔和阀芯孔进入阀芯内腔，再经各孔或槽流回油箱，如图 3-3-5a 所示。

（2）转向盘向左转动

此时阀芯随之一起转动，压缩回位弹簧。当转向盘旋转到 1.5° 时，开始打开通往转向液压缸的油道；当转向盘旋转到大约 6° 时，油道全部打开；当转向盘回转到 2° 时，转向液压泵通往油箱的油路被切断，液压油流出并进入摆线泵，驱动转子旋转，使齿隙中的油液从摆线泵流出，最后流回油箱。转向液压缸的活塞杆推动转向轮左转，叉车向左转弯，如图 3-3-5b 所示。

（3）转向盘向右转动

滑阀装置工作，转向液压缸的活塞杆推动转向车轮右转，叉车向右转弯，如图 3-3-5b 所示。

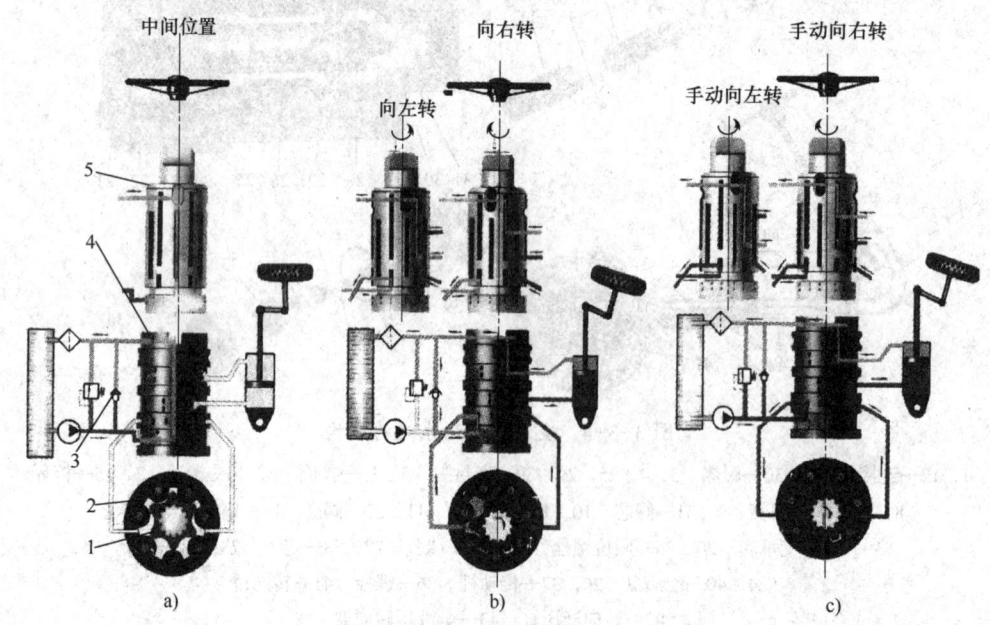

图 3-3-5　全液压转向器的构造和工作原理
1—转子　2—定子　3—单向阀　4—阀套　5—阀芯

（4）发动机熄火

转向液压泵停止供油，摆线转阀式转向器可作为手动液压系统供转向用。驾驶员操纵转向盘，通过转向轴带动阀芯一起转动。当阀芯转动大约 8° 后，销轴带动阀套，再通过传动杆使摆线泵的转子转动。当转向盘向左或向右转动时，可将转向液压缸一腔的油液压入另一腔以推动转向轮，实现人力转向，如图 3-3-5c 所示。

第四节　传动系统

本节以装载机传动系统为例进行讲解。

一、传动系统的作用

传动系统的主要作用是将发动机输出的有效扭矩传递给驱动轮，并根据装载机行驶条件的变化，相应地改变传递给驱动轮的扭矩。

当车辆在各种路面条件下行驶时，需要克服各种行驶阻力。而这种行驶阻力变化的幅度是很大的，如在平坦的路面和泥泞地、上坡和下坡、重载和轻载，这就要求传递给驱动轮的驱动扭矩足够大，并且能够在较大范围内变化。设置传动系统就是为了实现输出扭矩的变化，以适应车辆在不同工况下的行驶要求。在车辆作业时，常用改变传动比（即换挡位）的方法来改变驱动轮的力矩和转速，使其适应不同的行驶阻力。

装载机传动系统中都装有变速箱、主减速器和轮边减速器三种减速装置。其中，主减速器和轮边减速器的减速比是固定不变的，而变速箱的传动比变化则通过不同的挡位来实现。

二、传动系统的形式和基本组成

传动系统按动力传动形式分为四大类：机械式传动、液力－机械式传动、全液压传动和电力传动。

1. 机械式传动

（1）组成

机械式传动装置由离合器、变速箱、万向传动装置和驱动桥等组成，如图3-4-1所示。

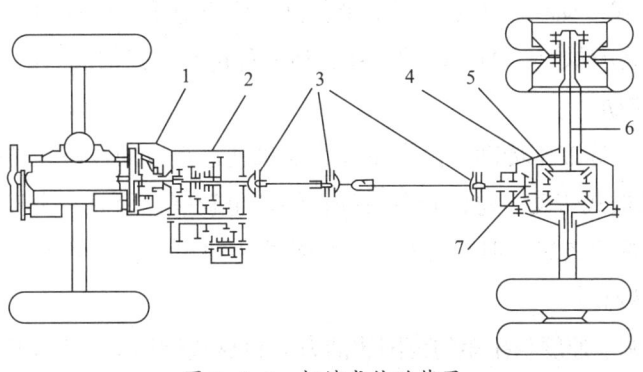

图3-4-1 机械式传动装置

1—离合器 2—变速箱 3—万向传动装置 4—驱动桥 5—差速器 6—半轴 7—主减速器

（2）动力传递路线

机械式传动动力传递路线为：发动机→离合器→变速箱→万向传动装置→驱动桥→主减速器→差速器→半轴→驱动车轮。

2. 液力-机械式传动

液力-机械式传动装置以液力变矩器和机械式变速箱来代替机械式传动装置中的离合器和变速箱。

液力-机械式传动是目前普遍采用的传动方式，也是本节主要介绍的内容。图 3-4-2 所示为液力-机械式传动装置。

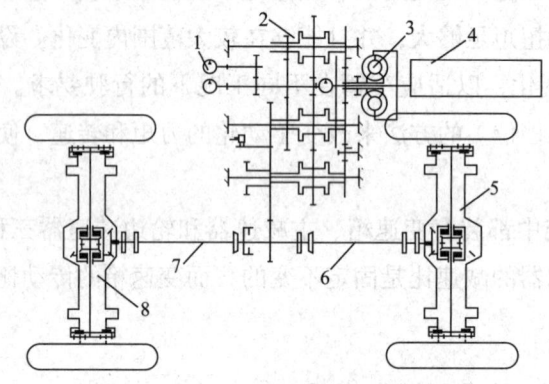

图 3-4-2　液力-机械式传动装置

1—齿轮泵　2—变速箱　3—变矩器　4—发动机　5—后驱动桥
6—后传动轴　7—前传动轴　8—前驱动桥

液力-机械式传动装置的变速箱由液力变矩器和机械式变速箱组成，又称变矩器变速箱总成，简称双变。液力变矩器具有自动适应性，即随负荷的大小自动改变速度与扭矩。同时，这种变化范围非常广，特别适合高速小扭矩行驶、低速大扭矩作业工况。同时，如果匹配得当，即使遇到很大阻力，速度降为零，发动机也不会熄火。因此，液力-机械式传动在内燃装卸机械上得到了广泛应用。但液力-机械式传动与其他三种传动相比也有缺点，即传动效率比其他三种传动方式都低。

3. 全液压传动

全液压传动又称液压传动。由变量泵、变量马达组成的全液压传动的传动效率显著优于液力-机械式传动，总体布置及操作性能也较好，因此，全液压传动的操纵舒适性及节能降耗都比较好。但它与液力-机械式传动相比有三个比较大的缺点。

（1）成本比较高。

（2）其自动调节速度与扭矩的范围比液力-机械式传动小，因此作业适应性较差。

（3）当外载荷变化时，全液压传动输出扭矩变化比液力-机械式传动延迟时间长，反应较慢。因此，目前装载机基本仍采用液力-机械式传动。

4. 电力传动

电力传动有许多特别显著的优点，主要是载荷适应性强，传动效率也很高。但是它的缺点是质量大，成本高。目前，国内各大港口基本仍采用液力-机械式传动。

第五节 制动系统

一、叉车的制动系统

TCM 系列 Z8 叉车的制动系统是利用液压系统的高压油作为制动能量的全动力型制动系统,主要由制动器、动力制动阀和蓄能器等元件组成。

1. 动力制动阀结构

如图 3-5-1 所示,动力制动阀主要由制动活塞 10、制动弹簧 8(有两组)、滑阀 7、滑阀调节弹簧 6、反作用活塞 5、支座 4、阀座 2 等组成。

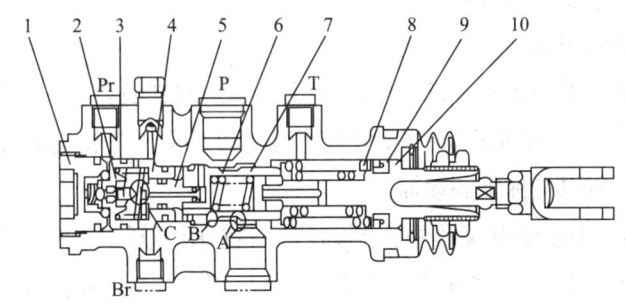

图 3-5-1 动力制动阀的结构

1—螺塞 2—阀座 3—安全阀杆 4—支座 5—反作用活塞 6—滑阀调节弹簧
7—滑阀 8—制动弹簧 9—密封圈 10—制动活塞

2. 动力制动阀工作原理

(1)正常行驶制动

踏下制动踏板时,制动活塞 10 左移,在制动弹簧 8 的作用下滑阀 7 也左移,使动力油口 P 与回油口 T 之间的通道关闭,同时接通制动器的接口 Pr。此时制动分泵开始流入液压油,分泵内的油压随着转向泵来油压力的升高而升高。当分泵的油压升高时,也将压力反作用于反作用活塞 5,并将它往右推动,直到与制动弹簧 8 的压缩力相平衡。这个反作用力也通过制动弹簧 8 反馈到驾驶员脚下,使驾驶员有相应的路感。

(2)无动力制动

当叉车因故障熄火停车时,脚踏动力制动阀的推杆移动到底,安全阀杆 3 顶开单向阀,蓄能器内储存的液压油通过接口 Br 进入制动液压缸进行制动。

（3）动力制动阀及蓄能器的参数

动力制动阀的工作压力为（13.0±0.5）MPa，蓄能器安全阀的压力为13 MPa，预充油压力为4 MPa，报警开关的压力为4～5 MPa，能量容积为70 mL（参考值）。

二、装载机的制动系统

1. 制动系统概述

（1）制动系统的功用

制动系统的功用是对行驶中的机械施加阻力，迫使其减速或停车；或者在车辆下坡时，控制车速并保持车辆停在斜坡上。

制动对提高作业生产效率，保证人机安全起着极其重要的作用。众所周知，轮胎式机械经常行驶在人、车穿插的公路，需要经常减速、停车，甚至紧急停车，因此，要求机械具有良好的制动性能，否则，可能造成重大事故。此外，根据作业与地形的要求，下长坡时的制动及坡地停车或场地长期停车等情况，也都要求机械具有性能良好的车轮制动或停车制动装置。

（2）制动系统的组成

轮胎式装载机的整个制动系统一般包含几套独立的制动装置，并且它们功能各异。

1）车轮制动器。车轮制动器一般用于行车制动，安装在装载机的全部车轮上，由驾驶员用脚操纵，所以又称脚制动器。

2）手制动器。手制动器又称中央制动器，偶尔用于紧急制动，多用于停车制动，尤其是在坡道上停车后用于防止车辆滑移。手制动器一般装在传动系统的传动轴上，也可装在车轮轴上。

3）辅助制动器。辅助制动器一般是装在传动轴上的液力制动或装在发动机排气管上的排气制动，以便于下长坡时作为辅助制动。

一般小吨位工程机械仅用前两种制动系统，大吨位工程机械才具有上述三种制动系统。

为了便于说明，现以图3-5-2为例进行分析。

制动鼓8与车轮相连，随车轮一起转动。制动分泵6、制动蹄10固定在制动底板上，而制动底板又与车桥固定，所以制动蹄与制动分泵都属于固定件，以上零件及制动蹄回位弹簧7组合而成的部件称为制动器，其他零件称为传力、助力机构（即驱动机构）。

制动时，只要踩下制动踏板1，制动总泵活塞3在推杆2的作用下即在制动总泵4中产生高压油，高压油经油管5、制动分泵6推动两个制动蹄10绕下支承销11旋转而张开；铆在制动蹄上的摩擦衬片9便对制动鼓产生强大的摩擦力矩M_u，试图"抱死"车轮。此时车轮即对地面产生一个作用力F_u；相反，地面又对车轮产生一个反作

用力 F_z，阻止机械前进，从而达到减速或停车的目的，这个力称为制动力。

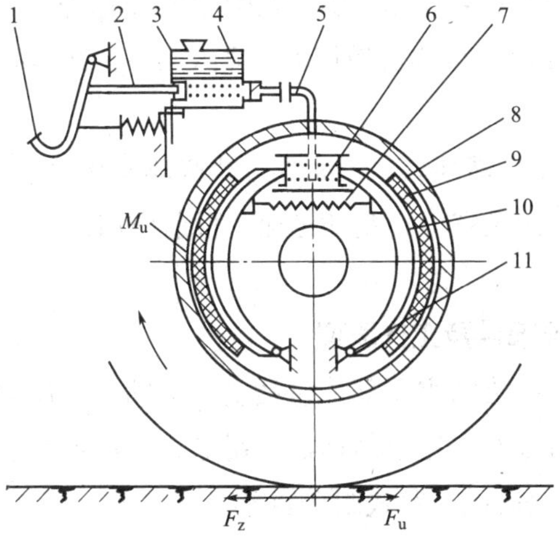

图 3-5-2 制动系统工作原理示意

1—制动踏板 2—推杆 3—制动总泵活塞 4—制动总泵 5—油管 6—制动分泵
7—制动蹄回位弹簧 8—制动鼓 9—摩擦衬片 10—制动蹄 11—支承销

若解除制动，则只要松开制动踏板 1 即可。此时制动蹄回位弹簧 7 使两个制动蹄复位，制动分泵 6 中的油液流回制动总泵 4，于是制动解除。

由上可知，从能量观点来看，制动的本质就是将机械行驶的动能转化为制动器摩擦副的热能和轮胎与地面的摩擦热能而散失掉。如果制动踏板的作用力大，则刹紧车轮的制动力矩 M_u 就大，但是产生的制动力 F_z 不能无限制地增大，因为它必须在附着力的范围内增大才有效。即

$$F_z \leq \phi G_K$$

式中 ϕ——车轮与路面间的附着系数；

G_K——车轮对路面的垂直载荷。

如果制动踏板的作用力一直增大 M_u，则制动蹄完全将制动鼓"抱死"（即制动蹄与制动鼓无相对运动），那么车轮在地面上不再发生滚动，而完全处于滑移状态。这时，机械行驶的动能只能由轮胎与地面间的摩擦来消耗，这样，除了加剧轮胎的磨损，也会加长制动距离，制动效果反而不佳。理想的制动是，车轮处于即将"抱死"却尚未完全"抱死"的临界状态，制动力接近附着力，这时制动距离最短，制动效果最佳。

（3）制动系统按工作原理分类

1）机械摩擦式制动系统。这种制动系统的制动力靠摩擦副间的相互摩擦而产生。按其结构形式的不同，可分为蹄式、盘式和带式三种。

2）液力式制动系统。这种制动系统靠连接在传动轴上的泵轮叶片搅动液体，产生

阻尼来进行制动。

（4）制动系统按驱动机构（即传力、助力机构）的操纵力源分类

1）机械式。整个驱动机构为机械传动，靠人操纵，结构简单，操纵费力，一般用于手动制动。

2）动力式。靠气压、液压、气-液复合式来驱动传力、助力机构。驾驶员用控制阀来控制制动系统，操纵省力，制动迅速，目前应用广泛，尤其气-液复合式应用更广。

2. 制动系统的主要部件及工作原理

轮胎式装载机制动系统的主要部件包括空气压缩机、压力控制与油水分离装置、单向阀、气制动阀、加力器、轮边制动器、钳盘式制动器、紧急和停车制动控制阀、制动气室、气制动快速松脱阀、蹄式制动器等。

（1）空气压缩机

空气压缩机的结构如图3-5-3所示。它是柴油机的附件，多为双缸活塞式，用空气或冷却水冷却，其吸气管与发动机进气管相通。空气压缩机的润滑油由发动机供给。由油量孔限定的机油进入空气压缩机油底壳，并保持一定高度的油面，以飞溅方式润滑各运动零件，多余部分经油管流回发动机。采用发动机冷却水冷却的空气压缩机，其冷却水道与发动机的水道相通。

发动机带动空气压缩机曲轴旋转，通过连杆使活塞在气缸内做上下往复运动。活塞向下运动时气缸内产生真空，吸气阀打开，吸入空气；活塞向上运动时，吸气阀关闭，压缩气缸内的空气，并将吸入的压缩空气自排气阀排出。

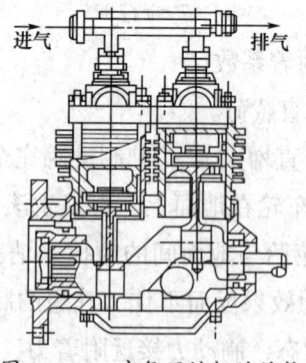

图3-5-3 空气压缩机的结构

（2）压力控制与油水分离装置

常见的压力控制与油水分离装置有两种：一种是组合阀，另一种是油水分离器+压力控制器。

1）组合阀。组合阀的结构如图3-5-4所示。组合阀的用途及工作原理如下。

①油水分离。C腔为冲击式油水分离器，可使压缩空气中的油水污物分离出来，

堆积在集油器 6 内，在组合阀排气时排入大气。滤芯 10 既有过滤作用，也可防止油污污染管路，腐蚀制动系统中不耐油的橡胶件。同时，由于压缩空气中的水分被排出，因此避免了空气罐被腐蚀，并且管路不会因冰冻而影响冬季行车安全。

②压力控制。当制动系统的气压小于制动系统最低工作压力（出厂时调定为 0.71MPa 左右）时，来自空气压缩机的压缩空气进入 C 腔，打开单向阀 4 后分为两路：一路进入空气罐；另一路经小孔 E 进入 A 腔，A 腔有小孔与 D 腔相通。这时，控制活塞总成 2 及放气活塞 5 不动。气体走向如图 3-5-4a 所示。

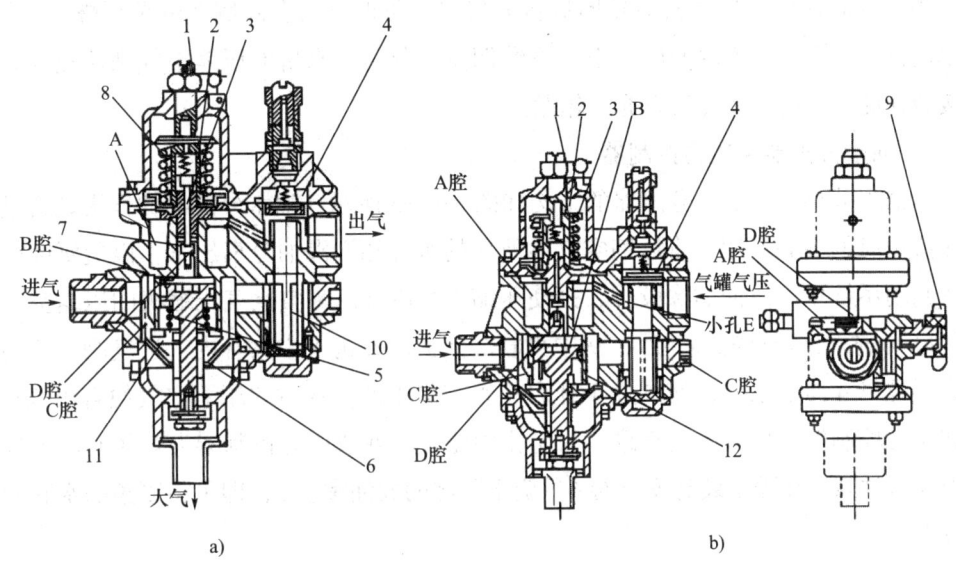

图 3-5-4 组合阀的结构

1—调整螺钉 2—控制活塞总成 3—阀杆 4—单向阀 5—放气活塞 6—集油器 7—阀门
8—膜片压板 9—翼形螺母 10—滤芯 11—排气瓦 12—排气尖塞轴扇
A，B，C，D—阀门腔 E—小孔

当制动系统的气压达到制动系统最低工作压力时，压缩空气将控制活塞总成 2 顶起，此时阀杆 3 浮动。当气压继续升高至大于制动系统最高工作压力（出厂时调定为 0.78MPa 左右）时，D 腔内的气体将阀门 7 的阀杆 3 顶起，控制活塞总成 2 继续上移，膜片压板 8 在弹簧力作用下将控制活塞总成 2 中间的细长小孔上端封住，同时压缩空气进入 B 腔，克服阻力推动放气活塞 5 下移，下部放气阀门打开，将来自空气压缩机的压缩空气直接排入大气。

当制动系统的气压回落到制动系统最低工作压力时，控制活塞总成 2 在弹簧力作用下回位，阀杆 3 推动阀门 7 下移，封住 B、D 腔相通的小孔，控制活塞总成 2 中间的细长孔上端打开，B 腔内的残留气体通过控制活塞总成 2 中间的细长小孔进入大气，放气活塞 5 在弹簧力作用下回位，下部放气阀门随之关闭，空气压缩机再次对空气罐充气。

组合阀中集成一个安全阀。当控制活塞总成 2、放气活塞 5 等出现故障，放气阀门无法打开，导致制动系统气压上升达到 0.9 MPa 时，右侧上部安全阀打开卸压，以保护系统。

③单向阀。组合阀中有一个胶质的单向阀 4，当空气压缩机停止工作时，此单向阀能及时阻止空气罐内高压空气回流，并使制动系统的气压在长时间停机后仍能保持在起步压力以上，从而减少开机准备时间。同时，当空气压缩机瞬间出现故障时，单向阀的单向逆止作用，可保证空气罐内的气压不会突然消失而造成意外事故。

当需要利用空气压缩机对轮胎进行充气时，可取下组合阀侧面的翼形螺母 9，关闭单向阀 4，使空气罐内的压缩空气不致倒流，分离油水后的压缩空气则从充气口通过接装在此口上的轮胎充气管充入轮胎。

2）油水分离器＋压力控制器

①油水分离器。油水分离器的结构如图 3-5-5 所示。油水分离器的作用是通过滤网和流动时的离心作用，将压缩空气中所含的水分和润滑油分离出来，以免腐蚀空气罐及制动系统中不耐油的橡胶件，并使压缩空气冷却。来自空气压缩机的压缩空气自进气口 A 进入，通过滤芯 5 后，从中央管 2 壁上的孔进入中央管内。进气阀 1 的阀杆被翼形螺母 4 向上顶起，使阀处于开启位置，除去油、水后的压缩空气便自出气口 C 流到压力控制器，再进入空气罐。为防止因滤芯堵塞或压力控制器失效而使油水分离器中气压过高，在盖上装有安全阀 6。旋出下部的放油螺塞 3，即可将凝集的水和润滑油放出。

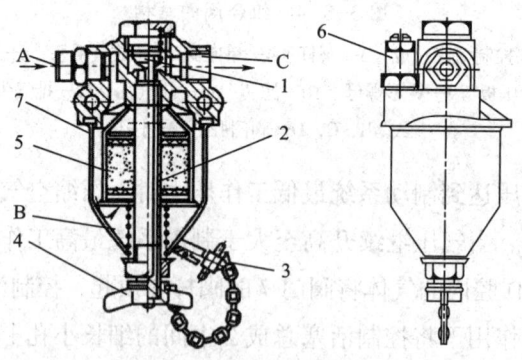

图 3-5-5　油水分离器的结构

1—进气阀　2—中央管　3—放油螺塞　4—翼形螺母　5—滤芯　6—安全阀　7—罩
A—进气口　B—储水罐　C—出气口

油水分离器盖上安全阀 6 的开启压力设定为 0.9 MPa，当需要利用空气压缩机对轮胎充气时，可将翼形螺母 4 取下，这时进气阀 1 在其上面的弹簧力作用下关闭，使空气罐内的压缩空气不致倒流，分离油水后的压缩空气则从中央管 2 的下口通过接装在此口上的轮胎充气管充入轮胎。

②压力控制器。压力控制器的结构如图 3-5-6 所示。

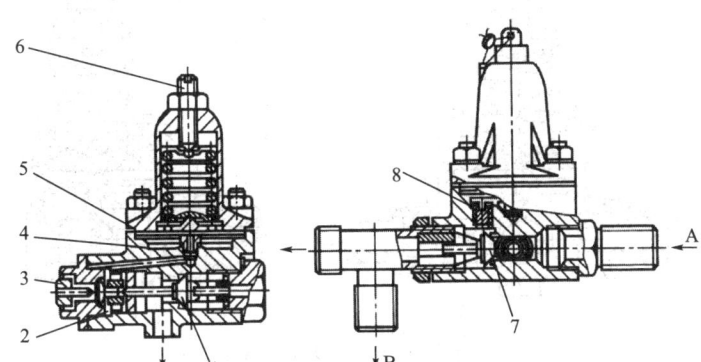

图 3-5-6 压力控制器的结构
1—止回阀 2—皮碗 3—放气管 4—阀门座 5—阀门鼓膜 6—调整螺钉 7—止回阀 8—滤芯

来自空气压缩机的压缩空气经油水分离器从 A 口进入压力控制器，然后经止回阀 7 自 B 口流出，再经单向阀进入空气罐，这时止回阀 7 在压缩空气作用下关闭，把 A 口和通向大气的 D 口隔开。与此同时，压缩空气还通过滤芯 8 进入阀门鼓膜 5 下的气室，因此，该气室中的气压和空气罐中的气压相等。当气压达到 0.68～0.7 MPa 时，阀门鼓膜 5 受压缩空气的作用克服鼓膜上弹簧的预紧力向上拱起，使压缩空气得以通过阀门座 4 上的孔，经阀体上的气道进入皮碗 2 左边的气室，一部分沿放气管 3 排气，另一部分推动皮碗 2 右移，推开止回阀 7，使 A 口和 D 口相通，来自空气压缩机的压缩空气直接在空气压力及阀上弹簧的作用下处于封闭状态。

③单向阀。单向阀的结构如图 3-5-7 所示。压缩空气从上口进入，克服阀门弹簧 6 的预紧力，推开阀门 7，由下口流入空气罐。当空气压缩机失效或压力控制器向大气排气时，由于阀门弹簧 6 的预紧力和阀门 7 左右腔的压力差，阀门 7 压在阀座上，从而切断了空气倒流的气路，使空气罐中的压缩空气不能倒流。

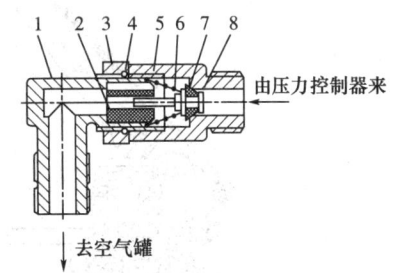

图 3-5-7 单向阀的结构
1—直角接头 2—阀门导套 3—垫圈 4—密封圈
5—阀体 6—阀门弹簧 7—阀门 8—阀门杆

④压力控制器（卸载阀）从油水分离器过来的压缩气体，进入压力控制器（见图 3-5-8），顶开止回阀，通过出气口 B 向储气筒充气。当系统压力达到 0.65～0.70 MPa 时，气体顶开阀门，克服弹簧的作用力，从排气口 C 排气。止回阀可以防止柴油机停止运转后储气筒的气体倒流。系统的压力可以通过调节螺钉进行调整。

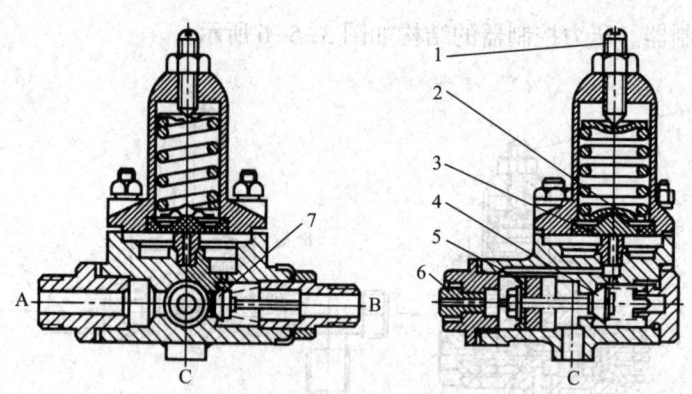

图3-5-8 压力控制器

1—调节螺钉 2—阀门鼓膜 3—阀门 4、7—止回阀 5—皮碗 6—放气管
A—进气口 B—出气口 C—排气口

（3）气制动阀

气制动阀是控制压缩空气进出前后加力器、使制动器制动或解除制动的开关类部件。常用的气制动阀有两种：一种是单管路气制动阀，另一种是双管路气制动阀。

1）单管路气制动阀

①结构。单管路气制动阀的结构如图3-5-9所示。

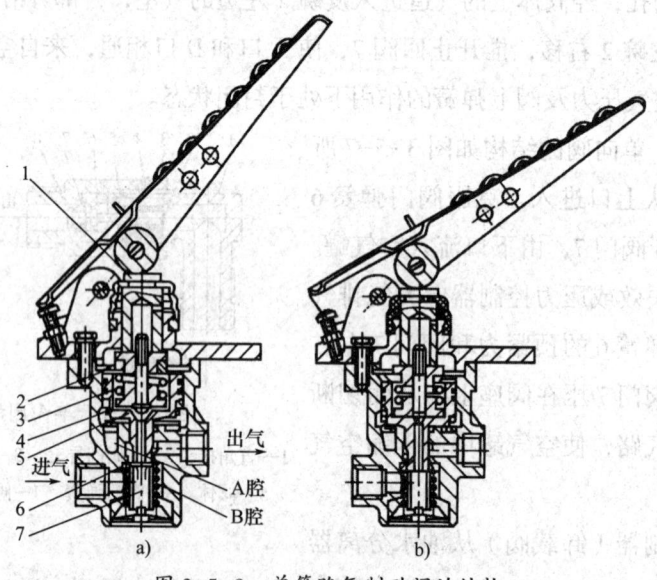

图3-5-9 单管路气制动阀的结构

1—顶杆 2—平衡弹簧 3—活塞 4—回位弹簧 5—螺杆 6—密封片 7—进气阀门

②工作原理。当松开制动踏板时，活塞3在回位弹簧4的作用下被推至最高位置，此时活塞下端面与进气阀门7之间有2 mm左右的间隙，出气口（与A腔相通）经进

气阀门中心孔与大气相通,而进气阀门 7 在进气阀弹簧的作用下关闭,处于非制动状态。

当踩下制动踏板时,通过顶杆 1 对平衡弹簧 2 施加一定的压力,推动活塞 3 向下移动,关闭出气口与大气间的通道,并顶开进气阀门 7,压缩空气经进气口进入 B 腔和 A 腔,从出气口输入加力器,实现制动。

在制动状态下,出气口输出的气压与踏板作用力成比例的平衡是通过平衡弹簧 2 来实现的。当踏板作用力一定时,通过顶杆施加于平衡弹簧的压力也为一定值。进气阀门打开后,若活塞 3 下腔气压作用于活塞的力超过了平衡弹簧的张力,则平衡弹簧被压缩,活塞上移,直至进气阀门关闭,此时气压作用于活塞上的力与踏板施加于平衡弹簧的压力处于平衡状态,出气口输出的气压是不变的。若踏板施加于平衡弹簧的压力增加,则活塞又开始下移,重新打开进气阀门,当活塞下腔的气压增至某一数值,作用于活塞上的力与踏板施加于平衡弹簧压力相平衡时,进气阀门再次关闭,而出气口输出的气压既保持恒定,又比之前的更高。也就是说,出气口输出的气压与平衡弹簧的压缩变形成比例,即与制动踏板的行程成比例。

2)双管路气制动阀

①结构。双管路气制动阀的结构如图 3-5-10 所示。其中 A、B 口接空气罐,C、D 口接加力器。

②工作原理。当松开制动踏板 1 时,阀门 12 和 17 在回位弹簧和压缩空气的作用下,将空气罐到加力器的气路关闭。同时,加力器通过阀门 12、17 和活塞杆 9、16 之间的间隙,再经过活塞杆中间的孔及安装平衡弹簧 6 的空腔,经由 F 口通向大气。

当踩下制动踏板一定距离时,顶杆 2 推动顶杆座 5、平衡弹簧 6、大活塞 7、弹簧座 8 及活塞杆 9 一起下移一段距离。在这一过程中,先是活塞杆 9 的下端与阀门 12 接触,使 C 口通向大气的气路关闭;同时,鼓膜夹板 11 通过顶杆 14 使活塞杆下移到其下端与阀门 17 接触,使 D 口通向大气的气路也关闭,然后,活塞杆 9 和

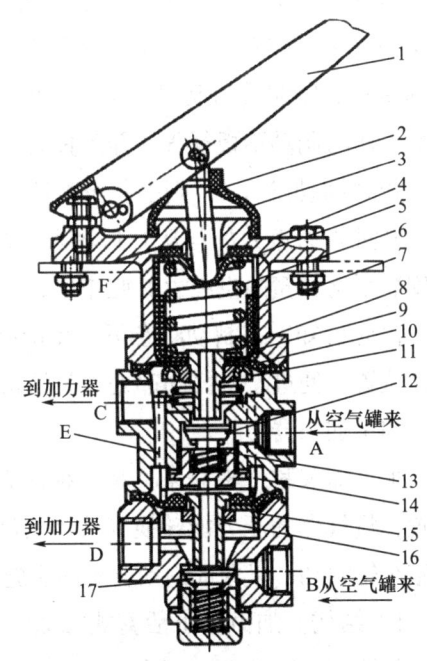

图 3-5-10 双管路气制动阀的结构
1—制动踏板 2,14—顶杆 3—防尘套 4—阀支架
5—顶杆座 6—平衡弹簧 7—大活塞 8—弹簧座
9,16—活塞杆 10—鼓膜 11—鼓膜夹板
12,17—阀门 13—阀门回位弹簧
15—小活塞

16再下移，将阀门12和17推离阀座，接通A口到C口、B口到D口的气路，于是空气罐中的压缩空气进入加力器，同时也进入上、下鼓膜下面的平衡气室。此时，加力器的气压随充气量的增加而逐步升高。

当上平衡气室中的气压升高到它对上鼓膜的作用力加上阀门弹簧及鼓膜回位弹簧作用力的总和，大于平衡弹簧6的预紧力时，平衡弹簧6便在上端被顶杆座5压住不动的情况下进一步被压缩，鼓膜10带动活塞杆9上移，而阀门12在阀门回位弹簧13的作用下紧贴活塞杆下端随之上升，直到阀门12和阀座接触，关闭A口到C口的气路，这时C口既不和空气罐相通，也不和大气相通，而是保持一定气压，即上鼓膜处于平衡位置。同理，当下平衡气室的气压升高到它对下鼓膜的作用力加上阀门回位弹簧及鼓膜回位弹簧作用力的总和，大于上平衡气室中的气压对鼓膜的作用力时，下鼓膜带动活塞杆16上移，而阀门17紧贴活塞杆下端也随之上升，直到阀门17和阀座接触，B口到D口的气路关闭，这时D口既不和空气罐相通，也不和大气相通，而是保持一定气压，即下鼓膜处于平衡位置。

若驾驶员感到制动强度不足，则可以再将制动踏板踩下去一些，阀门12和17便重新打开，使加力器和上、下平衡气室进一步充气，直到压力进一步升高到上、下鼓膜又回到平衡位置。在新的平衡状态下，加力器中保持的气压比以前更高，同时，平衡弹簧6的压缩量和反馈到制动踏板上的力也比以前更大。由以上过程可见，加力器中的气压与制动踏板行程（即踏板力）成一定的比例关系。

松开制动踏板1，则上、下鼓膜恢复至图3-5-10所示位置，从D口经活塞杆16的中孔进入通道E的与从C口进入的加力器中的压缩空气，一起经活塞杆9中间的孔和安装平衡弹簧的空腔由F腔排出，此时制动解除。

由此可知，在制动状态下，无论制动踏板踩到什么位置，脚制动阀都能自动到达平衡位置，使进、排气阀都处于关闭状态。

（4）加力器

加力器又称气液总泵，是一种加力装置。其作用是连接气压传动装置和液压传动装置；将气体的压力能转换为液体的液压能；将低气压变成高液压，并通过制动分泵实施车轮制动，以保证制动要求的实施。

1）结构。加力器由活塞式加力气室和液压总泵两部分组成，两者用螺钉连成一体，其结构如图3-5-11所示。

如图3-5-11所示，活塞式加力气室主要由泵体、活塞、推杆、回位弹簧等组成。壳体端部有气管接头，通过气管与脚制动阀相通。气室活塞装在缸体内，其顶部与缸体端部的空间为气室，其上用螺钉固定橡胶皮碗。气室活塞上装有密封圈。活塞杆球头端抵在总泵油缸活塞的底部。

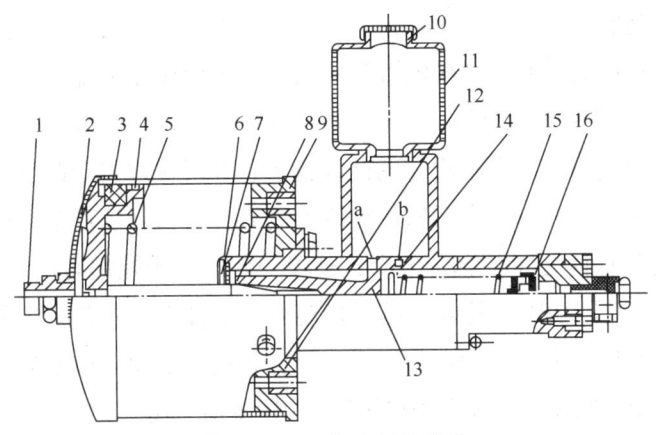

图 3-5-11 加力器的结构

1—接头 2—气室活塞 3—Y形密封圈 4—毛毡密封圈 5,15—弹簧 6—锁杆 7—止推挡圈 8—皮圈
9—端盖 10—储油杯盖 11—储油杯 12—滤网 13—油塞 14—皮碗 16—回油阀
a—回油孔 b—补偿孔

回位弹簧一端顶在气室活塞上，另一端抵在气室端盖上。液压总泵主要由总泵缸体、总泵油缸活塞、回位弹簧等组成。

储液室利用回油孔 a 和补偿孔 b（见图 3-5-11）与主缸的工作腔相通。油缸活塞向左移动到极限位置时，被止推挡圈 7 挡住。泵端的出液孔被组合阀关闭。组合阀由单向出油阀和单向回油阀组成。回油阀是一个带有金属托片的橡胶环，被回位弹簧压在泵底。出油阀在小弹簧的作用下，紧贴在回油阀上。组合阀的设置使总泵油缸活塞右移时，允许油液由总泵压向分泵（经出油阀）；总泵油缸活塞左移时，允许油液由分泵流回总泵（经回油阀）；总泵油缸活塞不动时，切断总泵与管道、分泵间的通路（出油阀及回油阀均关闭）。

2）工作情况。踩下制动踏板，压缩空气推动气室活塞克服弹簧的阻力，通过推杆使液压总泵的油缸活塞右移，此时总泵缸体内的制动液产生高压，推开出油阀，进入轮制动分泵，产生制动。当气压为 0.7 MPa 时，出口的油压约为 10 MPa。

松开制动踏板，压缩空气从气管接头返回，气室活塞和总泵油缸活塞在弹簧力的作用下复位，制动器中的制动液经油管推开回油阀流回总泵内。若制动液过多，则可以经补偿孔流入储液室。

若制动踏板松开过快、制动液滞后未能及时随活塞返回，则总泵缸体内将形成低压。在大气压力的作用下，储油室的制动液经回油孔 a、穿过活塞头部的 6 个小孔及皮碗周围的缝隙补充到总泵内。再次踩下制动踏板时，制动效果将增大。

回油阀上装有一个小阀门。当小阀门关闭时，液压管路保持 0.07～0.1 MPa 的压力，防止空气从油管接头或制动器皮碗等处进入系统。

（5）轮边制动器

1）结构。ZL50 型轮胎式装载机钳盘式制动器主要由制动盘、制动钳（夹钳）和摩擦片等组成，如图 3-5-12 所示。制动盘通过螺钉固定在轮毂上，可随车轮一起转动。两个制动钳通过螺钉固定在桥壳的凸缘盘上，并对称地置于制动盘两侧。每个制动钳上有 4 个分泵缸，缸内装有活塞，缸壁上制有梯形截面的环槽，槽内嵌有矩形橡胶密封圈，活塞与缸体之间装有防尘圈，其中一侧泵缸的端部有用螺钉固定的缸盖。4 个分泵缸经油管及制动钳上的内油道互相连通。为排除进入泵缸中的空气，制动钳上装有放气嘴。摩擦片装在制动盘与活塞之间，并由装在制动钳上的轴销支承。为防止轴销移动和转动，制动钳上装有止推螺钉，用于固定轴销。

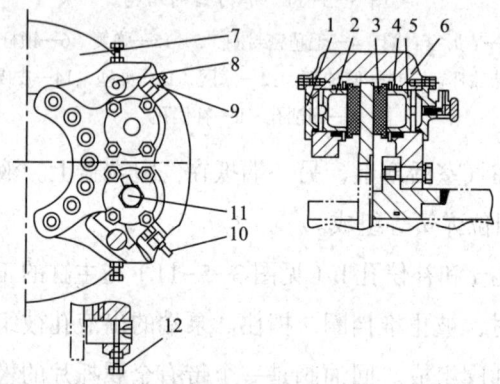

图 3-5-12　ZL50 型轮胎式装载机钳盘式制动器
1—缸盖　2—活塞　3—摩擦片　4—防尘圈　5—矩形橡胶密封圈　6—夹钳　7—制动盘
8—销轴　9—放气嘴　10—油管　11—管接头　12—止推螺钉

当油路有空气时，将制动分泵上的放气螺钉拧松，然后踩下制动踏板。若放气螺钉处出油，则说明气已放完。每次踩下制动踏板最多放两个分泵的气。松开制动踏板 10~15 s，再进行第二次放气，直到所有分泵的空气都放完。

2）工作情况。不制动时，摩擦片、活塞与制动盘之间的间隙约为 0.2 mm。因此，制动盘可以随车轮一起自由转动。

制动时，制动油液经油管和内油道进入每个制动钳上的 4 个分泵中。分泵活塞在油压作用下向外移动，将摩擦片压紧到制动盘上而产生制动力矩，使车轮制动。此时，矩形橡胶密封圈的刃边在活塞摩擦力的作用下，可产生微小的弹性变形，如图 3-5-13a 所示。

解除制动时，分泵中的油液压力消失，活塞靠矩形橡胶密封圈的弹力自动回位，恢复其原有间隙，使摩擦片与制动盘脱离接触，如图 3-5-13b 所示。

如果摩擦片与制动盘之间的间隙因磨损而变大，则制动时矩形橡胶密封圈变形达到极限后，活塞仍可在油压作用下，克服密封圈的摩擦力继续移动，直到摩擦片压紧

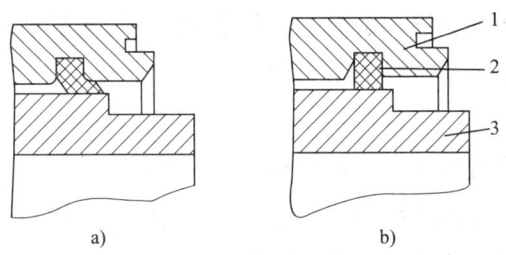

图 3-5-13 矩形橡胶密封圈的工作原理
a）矩形橡胶密封圈产生弹性变形　b）矩形橡胶密封圈靠弹力自动回位
1—制动钳　2—矩形橡胶密封圈　3—活塞

制动盘。但解除制动时，矩形橡胶密封圈能将活塞拉回的距离与摩擦片磨损之前是相等的，即制动器间隙仍保持标准值。因此，矩形密封圈除起密封作用外，还起使活塞回位和自动调整间隙的作用。

（6）紧急和停车制动系统

1）功用。紧急和停车制动系统用于装载机在工作中出现紧急情况时制动，以及当制动系统气压过低时起安全保护作用；还可用于停车，即当装载机停止工作时，不致因路面倾斜或外力作用而移动。

2）组成。紧急和停车制动系统如图 3-5-14 所示，主要由控制按钮 2、顶杆 3、紧急和停车制动控制阀 4、制动气室 5、制动器 6 及变速操纵切断阀 9 等组成。

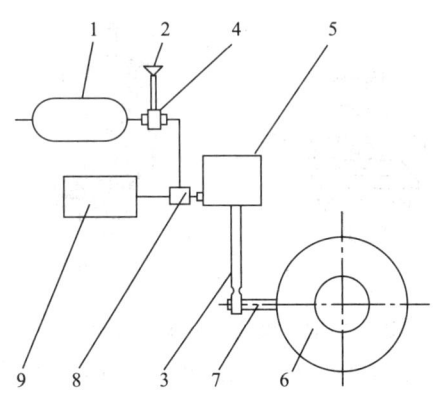

图 3-5-14　紧急和停车制动系统
1—储气罐　2—控制按钮　3—顶杆　4—紧急和停车制动控制阀　5—制动气室
6—制动器　7—拉杆　8—气制动快速松脱阀　9—变速操纵切断阀

3）分类。紧急和停车制动系统分为人工控制和自动控制两种制动方式。

①人工控制。当压缩空气压力在正常使用范围内时，从储气罐中来的压缩空气进入紧急和停车制动控制阀 4，按下控制按钮 2，紧急和停车制动控制阀打开，空气经气制动快速松脱阀 8 进入制动气室 5，在弹簧力的作用下，顶杆 3 上移，拉杆 7 转动，制动蹄松开，解除制动。当需要紧急制动或停车时，拉起控制按钮 2，紧急和停车制

动控制阀关闭，切断压缩空气，系统中原有的压缩空气从紧急和停车制动控制阀及气制动快速松脱阀排出，在弹簧力的作用下，顶杆3下移，拉杆7回位，制动蹄张开，实现制动。

启动柴油机后，在储气罐中的压缩空气达到最低工作压力0.4 MPa之前，控制按钮2按不下，紧急和停车制动控制阀4打不开，制动器6处于制动状态，变速操纵切断阀9不通气，此时将变速箱挂上挡，装载机也不能起步。这种情况下，应待气压达到正常使用范围后再使用。

②自动控制。装载机在使用过程中，当出现系统漏气严重、气压低于0.28 MPa、紧急和停车制动控制阀4的控制按钮2自动跳起等情况时，应切断气路，实现紧急刹车，保证装载机安全使用。

注意：行车，特别是高速行车过程中，除非情况紧急，一般情况下应避免使用该系统，否则容易导致传动系统损坏。当发动机不工作，需要拖车时，必须将顶杆3与拉杆7脱开，解除制动后方可进行拖车。

4) 紧急和停车制动控制阀。紧急和停车制动控制阀的结构如图3-5-15所示。它安装在驾驶室操纵台架内，既可人工控制，又可自动控制。人工控制是指由驾驶员操纵该控制阀上部的控制手柄，使制动器接合或松开；自动控制是指当系统压力过低时，控制手柄自动跳起，切断气路，自动刹车。

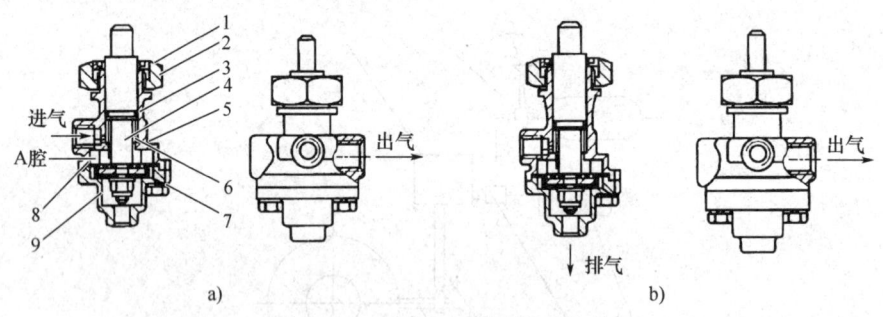

图3-5-15 紧急和停车制动控制阀
1—防尘圈 2—固定螺母 3—O形密封圈 4—阀杆 5—阀体 6—弹簧
7—阀门总成 8—密封圈 9—底盖

控制手柄与阀杆4用销子连接，控制阀的进气口与从空气罐中来的压缩空气相通，出气口与气制动快速松脱阀、制动气室及变速操纵切断阀相通，下部排气口通向大气。

当制动系统的气压达到最低工作压力时，按下控制手柄，由于控制手柄与阀杆4相连，阀杆下部的阀门总成7下移顶在底盖上，将通向大气的排气口封闭，接通进、出气口；从空气罐中来的压缩空气进入气制动快速松脱阀，再到制动气室及变速操纵切断阀，松开制动蹄，解除制动，此时装载机方可起步。气体走向如图3-5-15a所示。

当装载机需要紧急或停车制动时，拉起控制手柄及阀杆4，阀门总成7上移，将进气口封闭，从空气罐中来的压缩空气被切断，出气口通向大气，控制阀内管路及制动气室内的压缩空气被排出，制动器接合，实现制动。气体走向如图3-5-15b所示。

当制动系统的气压低于0.28 MPa时，由于气压过低，克服不了弹簧作用力，阀杆4及阀门总成7自动上移，切断进气，实现制动。

（7）制动气室

制动气室又称分泵，其作用是将压缩空气的压力转换为使制动凸轴转动的机械力，实现制动。制动气室的结构如图3-5-16所示。当紧急或停车制动时，制动器的松脱和接合是通过制动气室实现的。制动气室固定在车架上，其杆端与蹄式制动器的凸轮拉杆连接。

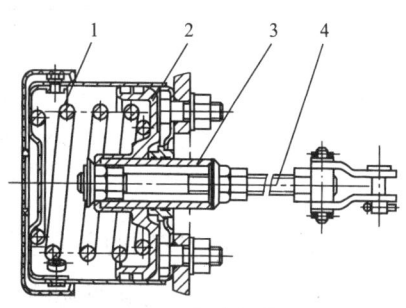

图3-5-16 制动气室的结构
1—弹簧 2—活塞 3—活塞体 4—双头螺栓

处于紧急和停车制动状态时，制动气室的右腔无压缩空气，弹簧1的作用力将活塞体3推到右端，使蹄式制动器接合。

当制动系统的气压高于0.4 MPa并且按下紧急和停车制动控制阀的阀杆时，压缩空气通过紧急和停车制动控制阀、气制动快速松脱阀，进入制动气室的右腔，弹簧1推动活塞2左移，双头螺栓4带动蹄式制动器的凸轮拉杆运动，使制动器松脱，解除停车制动。

停车后拉起紧急和停车制动控制阀阀杆，或者在装载机正常行驶过程中，由于制动系统出现故障，使制动系统的气压低于0.3 MPa时，紧急和停车制动控制阀阀杆自动上移，排气口打开，并切断制动气室的进气。此时制动气室右腔的压缩空气通过紧急和停车制动控制阀、气制动快速松脱阀排入大气，弹簧1复位，将活塞2推向制动气室的右端，双头螺栓4也同时右移，推动蹄式制动器的凸轮拉杆，使制动器接合，实现制动。

如果装载机发生故障无法行驶需要拖车，而此时停车制动器又不能正常松脱，则应把制动气室连接叉上的销轴拆下，使停车制动器强制松脱后再进行拖车。

当系统的气压达到工作压力而且控制手柄按下时，压缩空气通过气制动快速松脱阀出气口，进入制动气室的右腔，推动活塞2左移，双头螺栓4带动蹄式制动器的凸轮手柄运动，使制动松脱。当气压降到约0.28 MPa时，紧急和停车制动控制阀自动关闭阀门，阻止压缩空气进入制动气室的右端，双头螺栓4也同时右移，推动蹄式制动器的凸轮拉杆，使制动器接合。

（8）气制动快速松脱阀

气制动快速松脱阀又称快放阀，其结构如图 3-5-17 所示。

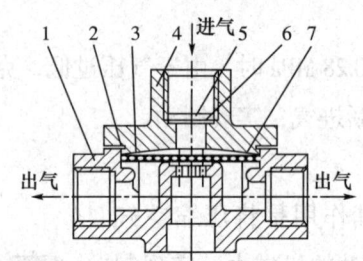

图 3-5-17　气制动快速松脱阀的结构
1—阀体　2—密封垫　3—橡胶膜片　4—阀盖
5—挡圈　6—滤网　7—挡板

气制动快速松脱阀的上部进气口接紧急和停车制动控制阀出气口，左、右两边出气口接制动气室及变速操纵切断阀，下部排气口通向大气。其作用是当从紧急和停车制动控制阀来的压缩空气被切断时，使制动气室、变速操纵切断阀内的压缩空气迅速排出，缩短变速箱挂空挡、制动蹄张紧时间，实现快速制动。

从紧急和停车制动控制阀来的压缩空气经滤网 6 过滤后进入阀体。在气压的作用下，橡胶膜片 3 变形（中部凹进）封闭下部排气口。气体从膜片周围进入左右两边出气口，进入制动气室解除制动，并进入变速操纵切断阀接通换挡油路，此时装载机方可起步。气体走向如图 3-5-18a 所示。

当从紧急和停车制动控制阀来的压缩空气被切断时，橡胶膜片 3 上面的压力解除，下面的气压将膜片推向上部进气口，进气口关闭，排气口打开。制动气室、变速操纵切断阀内的压缩空气从排气口排出，变速箱换挡油路切断，制动蹄张开，实现制动。气体走向如图 3-5-18b 所示。

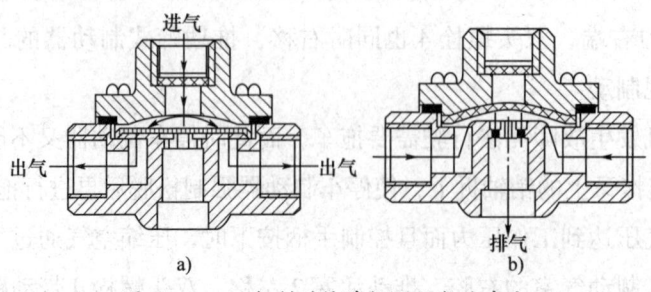

图 3-5-18　气制动快速松脱阀气体走向
a）解除制动状态　b）制动状态

3. 全液压湿式制动系统

全液压湿式制动系统的行车制动器是全封闭的，具有制动性能不受作业环境影响的特点。因此，国外的轮胎式装载机均采用全液压湿式制动，目前，国内的部分轮胎式装载机也开始采用该制动系统。

（1）全液压湿式制动系统的组成

全液压湿式制动系统主要由制动泵、充液阀、行车制动阀、停车制动阀、蓄能器、多片湿式行车制动器、钳盘式停车制动器等组成。如果停车制动器也采用蹄式的，则要相应配备制动油缸来操纵停车制动器。全液压湿式制动系统有两种结构：一种是组合式，即将充液阀、行车制动阀、停车制动阀集成在一起；另一种是分体式，即充液阀、行车制动阀、停车制动阀是独立的。制动泵有独立的，也有与其他液压系统共用的，但优先制动。

（2）全液压湿式制动系统的工作原理

全液压湿式制动系统的工作原理如图 3-5-19、图 3-5-20 所示。

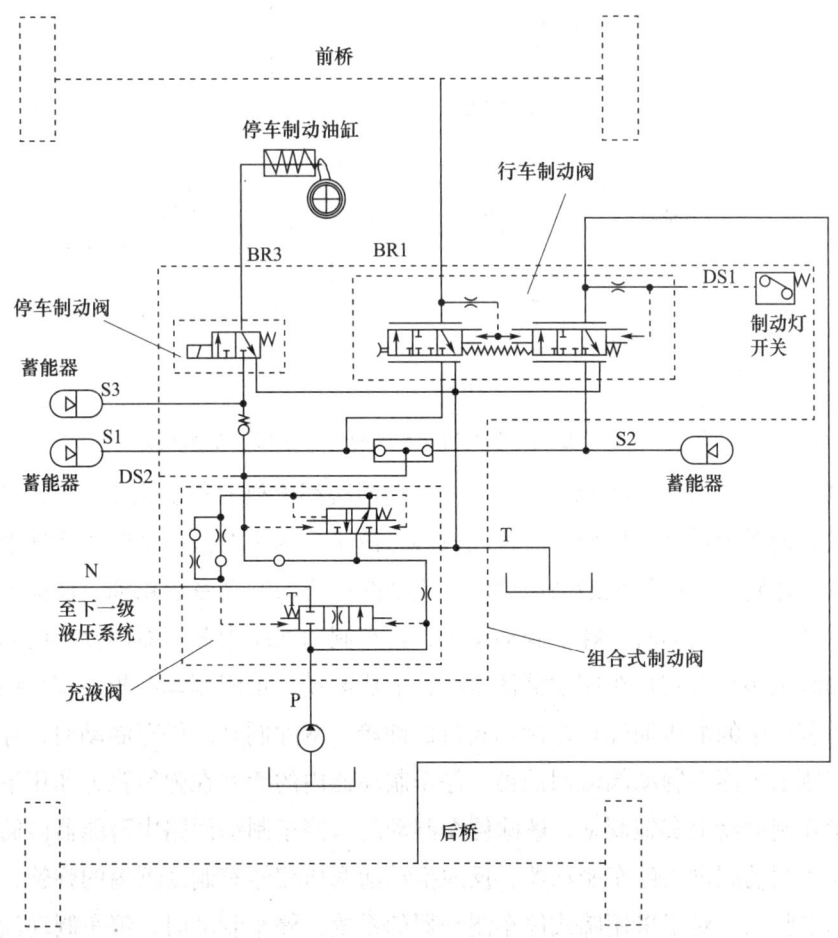

图 3-5-19 全液压湿式制动系统的工作原理（组合式）

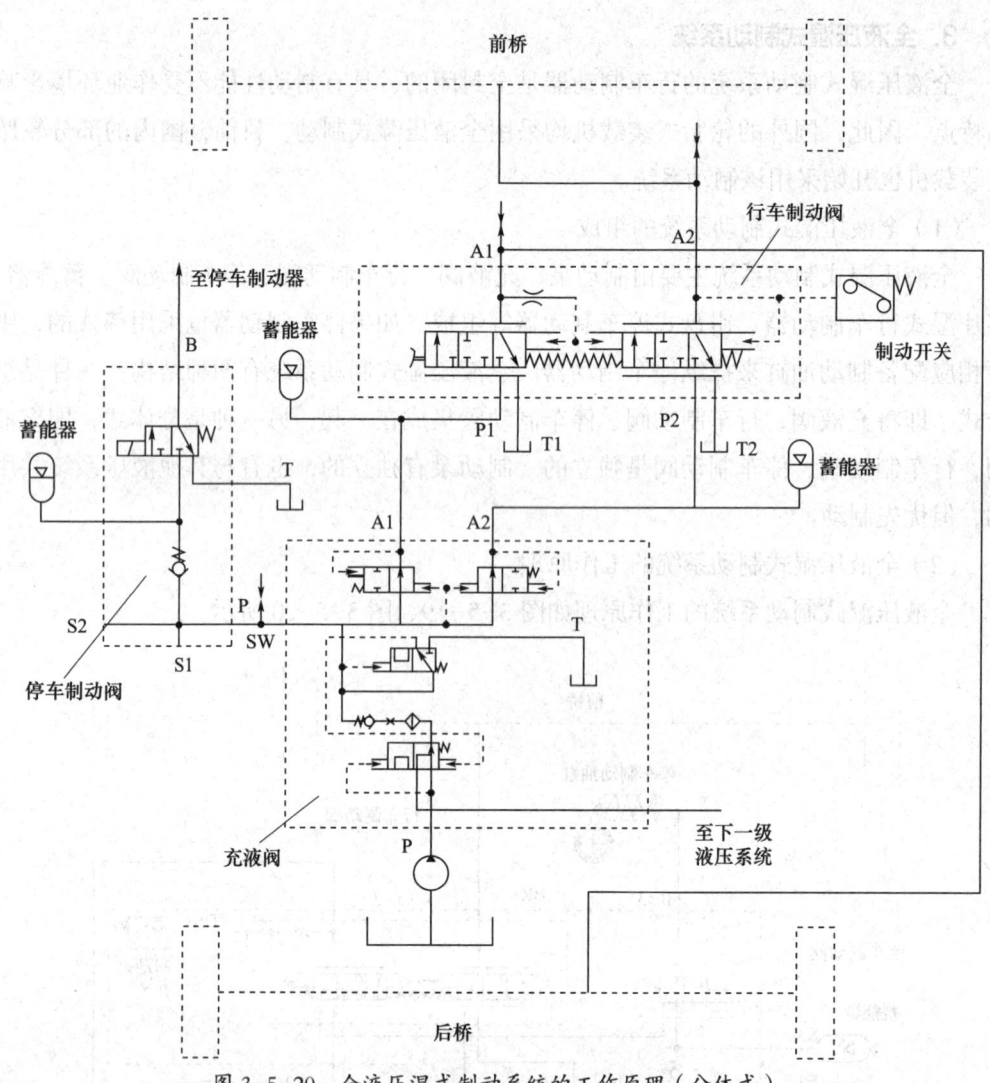

图 3-5-20 全液压湿式制动系统的工作原理（分体式）

制动系统的压力由蓄能器保持，每个制动回路都单独配备蓄能器。当蓄能器内油压低于设定的系统最低工作压力时，充液阀将液压泵输出的液压油输入蓄能器。当蓄能器内油压达到设定的系统最高压力时，充液阀停止向制动系统供油，而向下一级液压系统供油。行车制动时，踩下制动踏板，行车制动回路中蓄能器内储存的高压油经行车制动阀至多片湿式行车制动器活塞腔，形成制动；抬起制动踏板，多片湿式行车制动器活塞腔中的液压油经行车制动阀流回油箱，解除制动。停车制动时，停车制动器内的液压油经停车制动阀流回油箱，停车制动器内的活塞在弹簧张力作用下，将摩擦片压紧在制动盘上实施制动；解除停车制动时，停车制动回路中蓄能器内储存的高压油经停车制动阀进入停车制动器，反向推动活塞压缩停车制动器内的弹簧，使摩擦片与制动盘脱离。对于采用蹄式停车制动器的系统，停车制动时，停车制动油缸内的液压油经停车制动阀流回油箱，停车制动油缸的活塞在弹簧张力作用下复位，同时带动蹄式停车制动器的拉杆，使制动蹄片张开压紧在制动盘上实施制动；解除停车制动时，停车制动回路中蓄能器内储存的高压油经停车制动阀进入停车制动油缸，反向推动活塞压缩停车制动油缸内的弹簧，松开蹄式停车制动器的拉杆，使制动蹄片与制动盘脱离。

第六节 电控系统

一、柴油机电控喷油系统概述

在传统概念中，柴油机依靠自身的压缩、着火、燃烧而做功。一台性能优良的柴油机的基本标志就是燃油消耗低，具有良好的可靠性和耐久性，而与电控系统没有关系。但是，随着时代的发展，对柴油机降低噪声、减少排放和提高性能的要求越来越高，将电子技术应用于柴油机，以满足上述要求已成为必由之路。

1. 柴油机电控喷油系统的组成

柴油机电控喷油系统由被控对象（柴油机）、传感器、控制器（计算机）、执行器四部分组成，如图3-6-1所示。

传感器用于检测发动机的运行参数或状态，将非电量的有关参数或状态转化成电信号提供给控制器。目前，柴油机中采用的传感器有很多，如发动机转速传感器、齿杆位移传感器、喷油提前角传感器及加速踏板位置传感器等。

控制器是柴油机电控喷油系统的"大脑"，柴油机动力装置能否可靠、经济地运行，在很大程度上取决于控制器。控制器负责处理所有信息，执行程序，并将结果作为控制指令输出到执行器。此外，它还具有通信功能，即和其他控制系统（如传动装置控制器等）进行数据传输和交换，并结合其他系统的实时情况，适当修正燃油系统的执行指令，即适当修正喷油量、喷油提前角等；与此同时，还可以向其他控制系统输送必要的信息。

执行器是柴油机电控喷油系统对柴油机进行调控的最终手段，它按照控制器的"意图"动作。

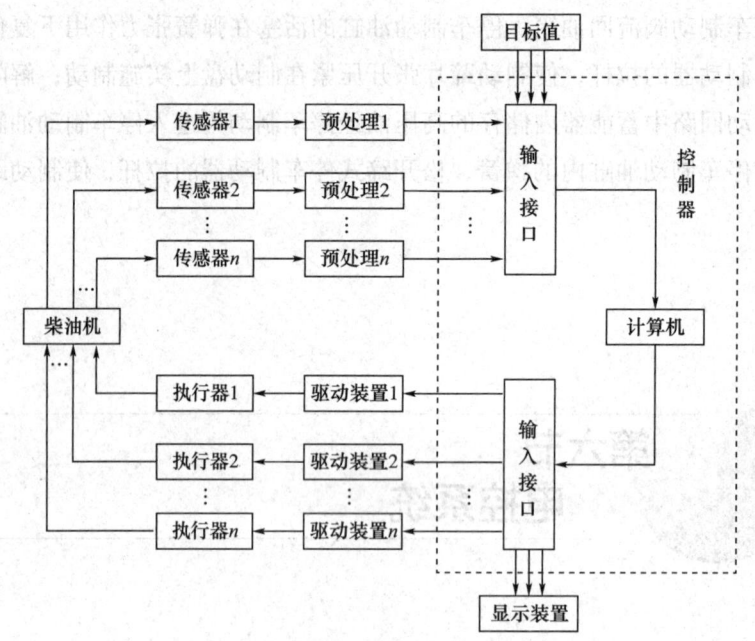

图 3-6-1　柴油机电控喷油系统的组成

2. 柴油机电控喷油系统的工作原理

柴油机电控喷油系统的工作流程如下。传感器将检测到的各种信号先送入模／数（A/D）转换器（假设输入信号是模拟量），然后通过接口输入控制器。在控制器的存储器中，存有所需的发动机调控参数或状态的目标数据，这些目标数据是柴油机各种参数和最优运行结果的综合，一般是通过统计或实测得到的。由传感器检测到的发动机某一实际参数进入控制器后，先与存储器中的相应参数和最优运行结果进行比较，如果两者相同，则整个柴油机电子控制系统保持原状态，发动机继续按先前状态运行；反之，如果实际参数偏离目标参数，则控制器会根据该偏离值的大小和极性（正或负）按一定的控制策略进行有关信息的处理，然后根据处理结果调节相应的执行器执行相关动作。

3. 柴油机电控喷油系统的优点

柴油机电控喷油系统的优点是改善了柴油机的性能和排放，提高了发动机的工作可靠性，响应快、控制精度高、控制策略灵活。

4. 柴油机电控喷油系统的类型

（1）位置控制式

位置控制式系统不仅保留了传统的喷油泵—高压油管—喷油器系统，还保留了喷油泵中齿条齿圈、滑套、柱塞上控油螺旋槽等控制油量的机械传动机构，只将齿条或滑套的运动位置由原来的机械调速器控制改为以控制器为核心的电控单元控制，使控制精度和响应速度得到了提高。

这种控制方式的优点是柴油机的结构几乎不需要改动，便于对现有柴油机进行升级；缺点是控制自由度小，控制精度相对较低，不能控制喷油率和喷射压力，而且不能改变传统喷射系统固有的喷射特性，也很难大幅度提高喷射压力。

位置控制式喷油主要在直列泵和分配泵上进行改进。在直列泵上通过控制喷油泵齿杆位移来控制喷油量，通过控制提前器来实现喷油正时的控制；在分配泵（VE 泵）上通过控制滑套位移来控制喷油量，通过控制 VE 泵上的提前器或改变凸轮相位来实现喷油正时的控制。

（2）时间控制式

时间控制式就是用高速电磁阀直接控制高压燃油的适时喷射。这种系统可以保留传统的喷油泵—高压油管—喷油器系统，也可以采用新型的产生高压燃油的系统，用高速电磁阀直接控制高压燃油的喷射。一般情况下，电磁阀关闭，执行喷油；电磁阀打开，结束喷油。喷油始点取决于电磁阀的关闭时刻，喷油量则取决于电磁阀关闭时间的长短。因此该系统既可控制喷油量，又可控制喷油正时，其控制自由度更大。

在时间控制式电控喷油系统中，喷油泵采取传统的直列泵、分配泵、单体泵柱塞供油原理，即通过由柴油机曲轴驱动的喷油泵凸轮轴使柱塞压缩燃油，从而产生高压脉冲，这一脉冲以压力波的形式传至喷油器，并顶开针阀。但传统的喷油泵中，柱塞同时起到建立供油压力与调节供油量的作用；而时间控制式电控喷油系统采用高速电磁阀泄油调节原理，柱塞只起到供油加压的作用，供油量、供油时刻的控制则由高速电磁阀单独完成，因此，供油加压与供油量调节在结构上就互相独立了。

这种控制方式的优点是比传统喷油泵的结构简单，强度得到提高，而且可取消传统喷油泵中的齿圈、滑套、柱塞上的斜槽、提前器、齿杆等，喷油泵的设计自由度更高，高压喷油能力大大加强。这种喷油系统的缺点是仍然利用脉动柱塞供油，对其转速的依赖性很大，在低速、低负荷时喷油压力不高，而且难以实现多次喷射，也不利于降低柴油机的噪声和振动。

（3）时间-压力控制式

时间-压力控制式，即电控共轨式喷油系统，它摒弃了传统的"泵—管—嘴"脉动的供油形式，取而代之用一个高压油泵在柴油机的驱动下，以一定的速比连续将高压燃油输送到共轨管（即公共容器）内，高压燃油再由共轨管送入各缸喷油器。在这里，高压油泵并不直接控制喷油，而仅仅向共轨管供油以维持所需的共轨压力，并通过连续调节共轨压力来控制喷射压力，采用压力-时间式燃油计量原理，用高速电磁阀控制喷射过程，喷油压力、喷油量和喷油正时都由电子控制单元（electronic control unit，ECU）灵活控制。这种系统具有以下优点。

1）可实现高压喷射，喷射压力比一般直列泵系统高出一倍，最高可达 250 MPa。

2）喷射压力独立于发动机转速，可以改善发动机低速、低负荷性能。

3）可以实现多次喷射，调节喷油速率形状，实现理想喷油规律。

4）可自由选定喷油正时和喷油量。

5）具有良好的喷射特性，可优化燃烧过程，使发动机耗油、烟度、噪声和排放等性能指标得到明显改善。

6）结构简单，可靠性高，适应性强。

二、位置控制式电控喷油系统

在位置控制式电控喷油系统中，由调速器执行机构控制调节齿杆的位置，从而控制供油量；由提前器执行机构控制发动机驱动轴和喷油泵凸轮轴之间的相位差，从而控制喷油时间。调速器执行机构和提前器执行机构是位置控制式电控喷油系统中的两个特殊机构。

1. 位置控制式电控喷油系统的组成

典型电控滑套式直列泵喷油系统的组成如图 3-6-2 所示。

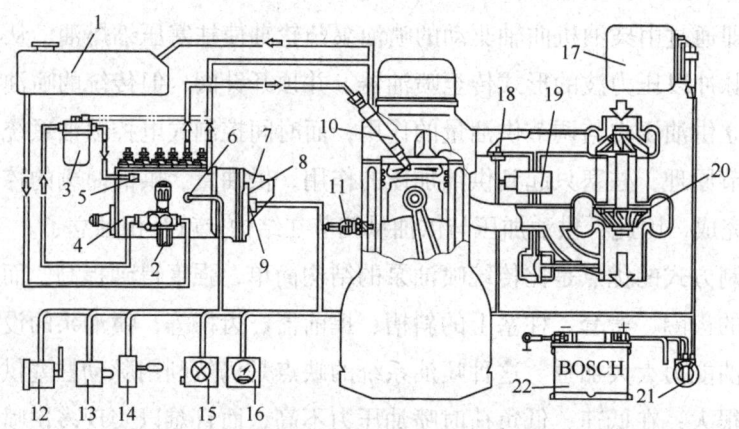

图 3-6-2 典型电控滑套式直列泵喷油系统的组成

1—油箱　2—输油泵　3—燃油滤清器　4—直列式喷油泵　5—电子停油装置　6—燃油温度传感器
7—油量调节齿杆位置传感器　8—线性电磁执行机构　9—转速传感器　10—喷油器　11—冷却液温度传感器
12—加速踏板位置传感器　13—离合器、制动和排气制动开关　14—操纵杆　15—警告灯和故障诊断座
16—车速表　17—ECU　18—进气温度传感器　19—增压压力传感器
20—涡轮增压器　21—开关　22—蓄电池

这种系统对传统机械式喷油泵进行了改进，在喷油泵中增设了控制油量拉杆的电控调速机构（见图 3-6-3），以及控制柱塞滑套的电控供油正时调节机构。各种传感器将柴油机中相应的运行参数和驾驶员的操作"意图"传给 ECU，ECU 根据上述信息进行计算后，控制喷油泵中相关执行机构工作，使发动机获得最佳的供油正时和供油量。

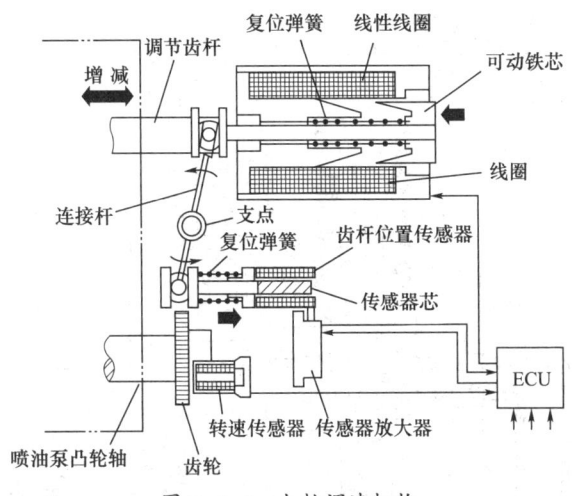

图 3-6-3 电控调速机构

2. 喷油控制原理

（1）供（喷）油量控制

用电子调速器代替传统机械离心式调速器；用发动机转速传感器和加速踏板位置传感器，代替原有的转速和负荷传感机构（如离心飞块和真空室等）；用 ECU 控制的电子执行元件代替机械离心式调速执行机构和加速踏板传动机构。

（2）供（喷）油正时控制

在原有的机械式供油提前角自动调节器的基础上，通过增加电控元件来实现对喷油泵供油正时的控制。

德国利波海尔曲臂吊、VOLVO150 装载机采用的就是位置控制式电控喷油系统。

三、时间控制式电控喷油系统

1. 电控泵喷嘴燃油供给系的组成

电控泵喷嘴是将泵油柱塞和喷油嘴（或针阀）合成一体，安装在气缸盖上的。由于其无高压油管，因此电控泵喷嘴可消除高压油管中压力波和燃油压缩的影响，大大减少高压容积，增大喷射压力（目前压力可达 220 MPa）。电控泵喷嘴燃油供给系由低压部分、高压部分和电控系统等组成，如图 3-6-4 所示。

（1）低压部分

低压部分是指燃油供给部分，其任务是储存所需要的燃油，并在所有工况下以规定的压力向燃油喷射系统提供燃油。燃油供给部分主要包括燃油箱、滤清器、输油泵、手动泵、回油阀等。

（2）高压部分

高压部分是指泵喷嘴，其任务是在所有工况下，按 ECU 计算出的时刻，以精确的数量和要求的压力将燃油喷射到发动机气缸内。

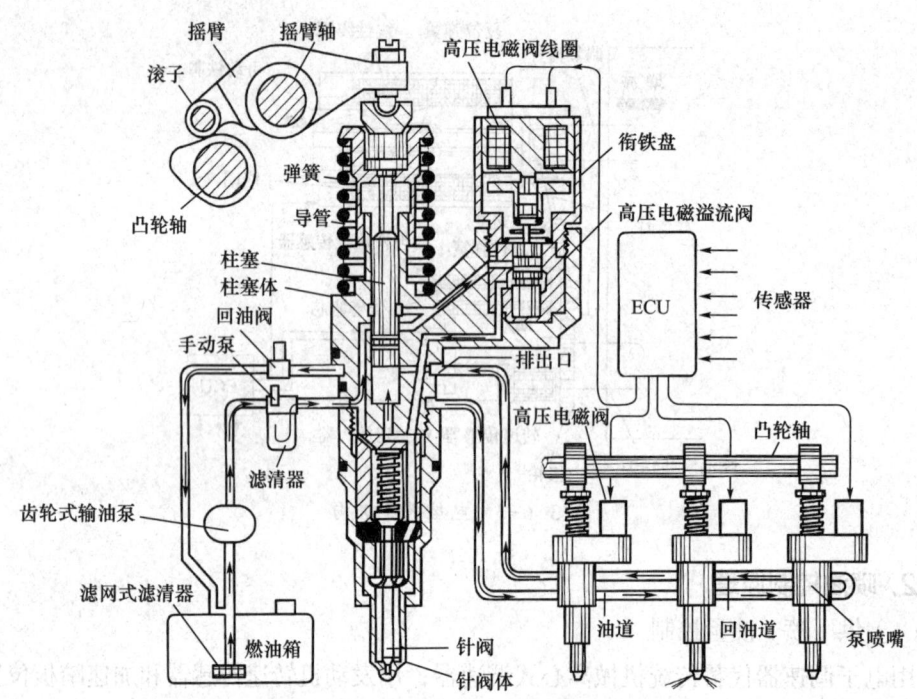

图 3-6-4 电控泵喷嘴燃油供给系的组成

（3）电控系统

电控系统分为三个模块，即传感器、ECU 和执行元件。

2. 泵喷嘴的结构

泵喷嘴由以下三部分组成，其结构如图 3-6-5 所示。

（1）产生高压的部件

产生高压的主要部件是泵体组件、泵柱塞和回位弹簧。

（2）高压电磁阀

高压电磁阀（电磁溢流阀）由线圈、电磁阀针阀、衔铁、磁芯和电磁阀弹簧等主要部件组成，其任务是控制喷油起始时刻和喷油持续时间。

（3）喷油器

喷油器将燃油雾化，精确定量并使其喷射到燃烧室中。喷油器是利用压紧螺母安装到泵喷嘴上的。

3. 泵喷嘴的工作过程

泵喷嘴的工作过程可分成 4 个状态，如图 3-6-6 所示。

（1）吸油行程

如图 3-6-6a 所示，泵柱塞在回位弹簧的作用下往上运动。始终处于过压状态下的燃油从供油系统的低压部分通过集成于发动机机体中的进油孔和进油管流入高压电磁阀阀腔。此时高压电磁阀处于开启状态，燃油通过一个连接孔流入高压腔（又称泵腔）。

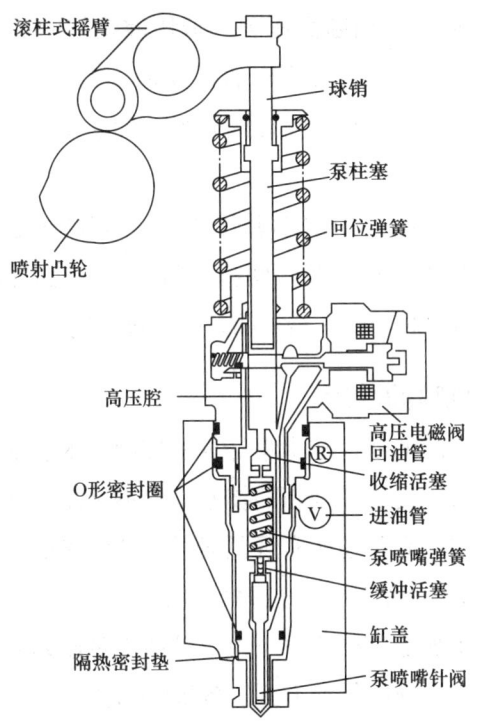

图 3-6-5 泵喷嘴的结构

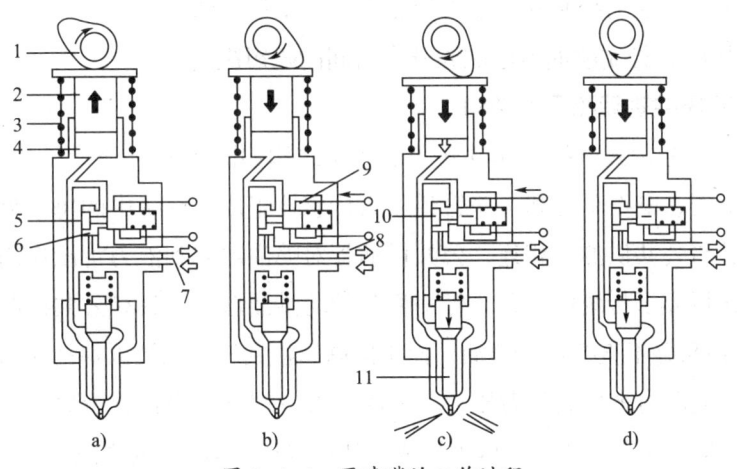

图 3-6-6 泵喷嘴的工作过程

1—驱动凸轮 2—泵柱塞 3—回位弹簧 4—高压腔 5—高压电磁阀针阀 6—高压电磁阀阀腔
7—进油管 8—回油管 9—线圈 10—高压电磁阀阀座 11—泵喷嘴针阀

（2）预备行程

如图 3-6-6b 所示，驱动凸轮驱动泵柱塞往下运动。此时，高压电磁阀处于开启状态，燃油由泵柱塞通过回油管压回供油系统的低压部分。

（3）输油行程和喷油过程

如图 3-6-6c 所示，ECH 在一个确定的时刻输出指令使高压电磁阀线圈通电，将高压电磁阀针阀吸往阀座，切断高压腔和低压腔之间的通道，这个时刻称为喷油起始点。高压腔内的燃油压力因泵柱塞的运动而上升。当高压腔内压力达到大约 300 MPa 的喷油嘴开启压力时，泵喷嘴针阀升起，燃油喷入燃烧室。

（4）残余行程

如图 3-6-6d 所示，如果高压电磁阀线圈断电，则高压电磁阀将在经过一段短暂的滞后时间后开启，高压腔和低压腔之间将重新连通。此后高压腔内压力迅速下降，当压力低于喷油器关闭压力时，喷油器关闭，喷油过程结束。

四、电控高压共轨喷油系统

柴油机电控高压共轨燃油喷射技术集计算机控制技术、现代传感检测技术，以及先进的喷油器结构于一身，是一种全新的技术。它不仅能达到较高的喷射压力，实现喷射压力和喷油量的控制，而且还能实现预喷射和分段喷射，从而优化喷油特性，降低柴油机噪声，大大减少废气有害成分的排放量。

电控高压共轨喷油系统是一种喷射压力与发动机转速无关的供油方式，即喷射压力的产生和喷射过程相互分开的供油方式。各缸喷油器共用一个高压油轨，这个高压油共轨管是用无缝钢管制成的，用于储存高压燃油，所以又称高压蓄压器。对喷油量的控制采用时间－压力控制式或压力控制式，用得最多的是时间－压力控制式，即喷油量的大小由 ECU 控制喷油器电磁阀开启时间的长短决定。

1. 电控高压共轨喷油系统结构

时间－压力控制式电控高压共轨喷油系统结构如图 3-6-7 所示。它由高压油泵、共轨管、喷油器、电控单元和一些管道压力传感器组成。系统中的每个喷油器通过各自的高压油管与公共供油管相连，公共供油管对喷油器起到液力蓄压作用。电控高压共轨喷油系统摒弃了传统的"泵—管—嘴"脉动供油形式，具有公共控制油道（共轨管），但高压油泵并不直接控制喷油，而是向高压油共轨管供油以保持所需的压力；通过连续调节共轨压力来控制喷射压力，采用压力－时间式燃油计量原理，用高速电磁阀控制喷射过程。在该系统中，压力形成和油量输送基本上与喷油过程无关。

电控高压共轨喷油系统利用较大容积的高压油共轨管将油泵输出的高压燃油储存起来，并消除燃油中的压力波动，然后再输送给每个喷油器，通过控制喷油器上的高速电磁阀实现喷射的开始和终止。其主要特点概括为如下 4 点。

（1）采用先进的电子控制装置，并配有高速电磁阀，使喷油过程的控制十分方便；可控参数多，有利于柴油机燃烧过程的全程优化。通过高压油泵上的压力调节电磁阀，可以根据发动机负荷状况及经济性和排放性的要求，对高压油共轨管内的油压进行灵活调节，尤其优化了发动机的低速性能。

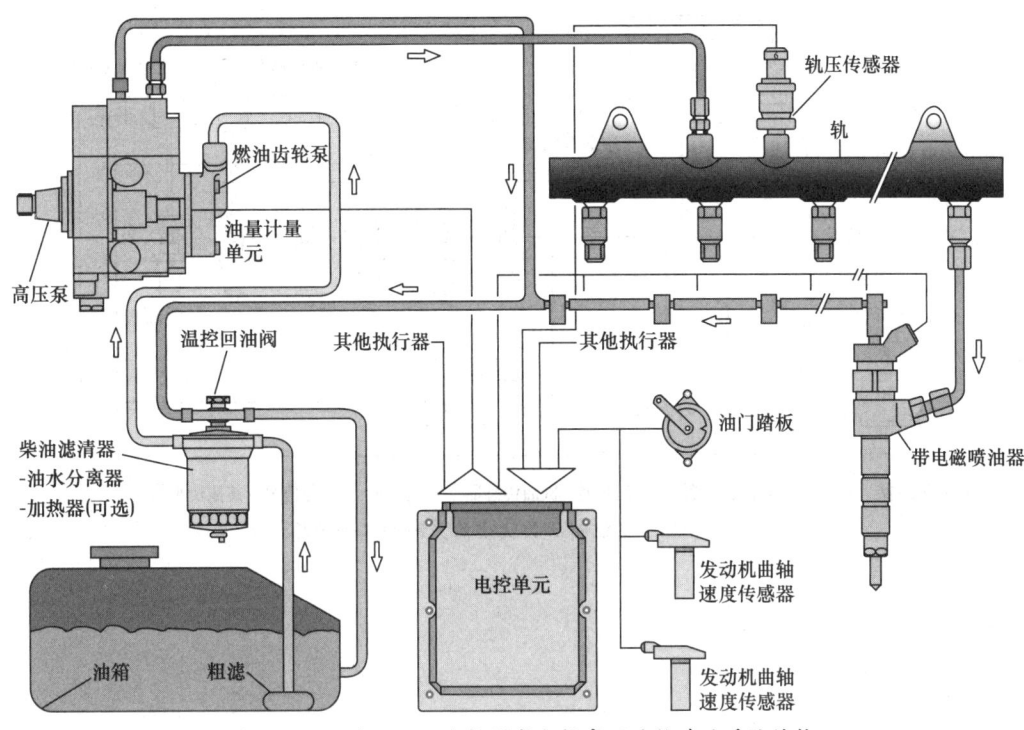

图 3-6-7 时间-压力控制式电控高压共轨喷油系统结构

（2）采用共轨方式供油，喷油系统压力波动小，各喷油器间相互影响小，喷射压力控制精度较高，喷油量控制较准确。高压油共轨管内是持续高压，高压油泵所需的驱动力矩比传统油泵小得多。

（3）高速电磁阀频率高、控制灵活，使喷油系统的喷射压力可调范围大，并且能方便地实现预喷射等功能，为优化柴油机喷油规律、改善其性能和降低废气排放量提供了有效手段。

（4）系统结构移植方便，适用范围广，尤其是与目前的中小型及重型柴油机均能很好地匹配，因而市场前景广阔。

2. 电控高压共轨喷油系统的工作原理

电控高压共轨喷油系统的工作原理如图 3-6-8 所示。电动输油泵从油箱中吸出柴油并输入低压油管中，高压油泵将低压燃油加压后输入高压油共轨管，喷油器内的电磁阀根据 ECU 指令切断回油通路，高压燃油克服喷油器内的弹簧预紧力而开启喷油，最高喷射压力可达 135 MPa 以上。在高压油泵的出口处装有一个压力调节阀，用来调节高压油共轨管中的供油压力。ECU 根据柴油机的转速、负荷信号控制压力调节阀的开度，从而增加或减少高压油泵的供油量，实现对高压油共轨管中油压的控制。在高压油共轨管上还装有流量限制阀，进一步控制高压油共轨管中的燃油压力，使其保持稳定。

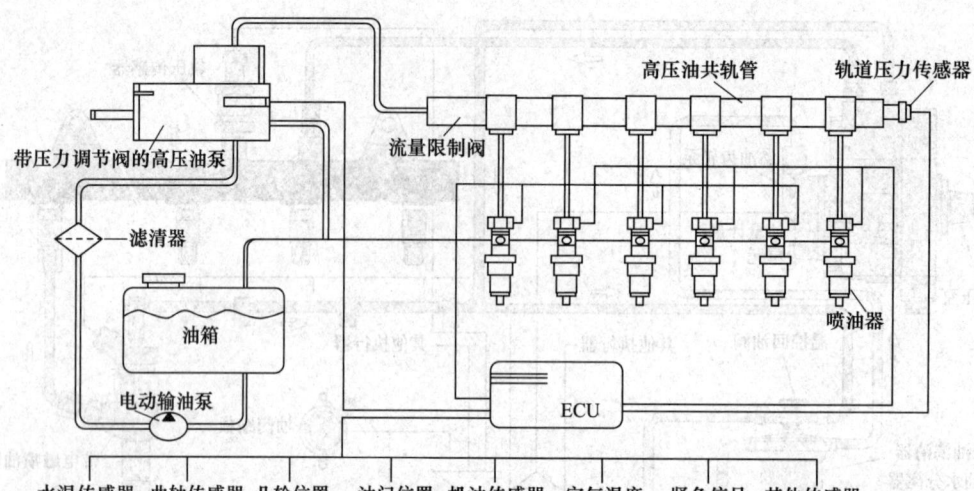

图 3-6-8 电控高压共轨喷油系统的工作原理

第四章 内燃装卸机械操作

第一节 内燃装卸机械司机安全常识

一、安全生产的定义及内容

1. 安全生产的定义

安全生产是指为了防止在生产过程中发生人员伤亡、财产损失等事故,而采取的消除或控制危险和有害因素,保障人身安全和健康、设备和设施免遭破坏的一系列措施与活动,其中既包括对劳动者的保护,又包括对生产、财物、环境的保护,目的是保障生产活动正常进行。

2. 安全与生产的辩证关系

安全生产是安全与生产的统一,其宗旨是安全促进生产,生产必须安全。搞好安全工作,改善劳动条件,可以调动职工的生产积极性;减少职工伤亡,可以减少劳动力的损失;减少财产损失,可以增加企业效益,无疑会促进生产的发展。而生产必须安全,则是因为安全是生产的前提条件,没有安全就无法生产。

二、安全生产的意义及方针

1. 安全生产的意义

安全生产是企业现代化管理的一项基本原则;安全生产不仅关系到人民群众的生命和财产安全,还关系到社会稳定,也直接关系到经济的健康发展。

2. 安全生产的方针

安全生产的方针是安全第一、预防为主、综合治理。它是我国对安全生产工作的基本指导思想和总体要求。

三、个人安全防护用品的使用

1. 个人安全防护用品的概念

个人安全防护用品（又称劳动保护用品）是指为使劳动者在劳动生产作业过程中免遭或减轻事故和职业危害因素的伤害而提供的个人保护用品，直接对人体起到保护作用。

2. 个人安全防护用品的作用

个人安全防护用品的作用是使用一定的屏蔽体或系带、浮体，采取隔离、封闭、吸收、分散、悬浮等手段，保护人员肌体局部或全身免受外界危害因素的侵害。在劳动安全卫生技术措施尚不能消除劳动生产过程中的危害及有害因素时，使用个人安全防护用品就成为保障劳动者安全与健康的唯一手段。

3. 对个人安全防护用品的基本要求

（1）具备相应的生产许可证（编号）、产品合格证和安全鉴定证。

（2）符合国家标准、行业标准或地方标准。

4. 常用的个人安全防护用品

（1）安全帽

安全帽的防护作用是防止物体打击伤害，防止高处坠落物体伤害头部，防止机械性损伤。安全帽可在以下4种情况下保护人的头部不受伤害或降低对头部伤害的程度。

1）飞来或坠落下来的物体击向头部时。

2）作业人员从2 m及以上的高处坠落下来时。

3）头部有可能触电时。

4）在低矮的部位行走或作业，头部有可能碰撞到尖锐、坚硬的物体时。

（2）安全带

安全带的防护作用是在高处作业、重叠交叉作业时，防止作业人员在某个高度和位置上出现坠落。作业人员在登高和高处作业时，必须系挂好安全带。

（3）防护手套

对手的安全防护主要靠手套。使用防护手套时，必须对工件、设备及作业情况进行分析之后，选择适当材料制作的、操作方便的手套，才可起到保护作用。

常用的防护手套有劳动保护手套、带电作业用绝缘手套、耐酸和耐碱手套、橡胶耐油手套、焊工手套等。

（4）防护鞋

防护鞋的功能主要针对工作环境和条件而设定，作业人员应根据作业场所和内容的不同选择使用。

防护鞋的种类主要有皮安全鞋、防静电胶底鞋、胶面防砸安全鞋、绝缘皮鞋、低压绝缘胶鞋、耐酸碱皮鞋、耐酸碱胶靴、高温防护鞋、防刺穿鞋、焊接防护鞋等。

（5）防护服（工作服）

防护服的主要作用是保护作业人员免受环境有害因素的伤害。穿戴防护服要做到"三紧"，即领口紧、袖口紧、下摆紧。

5. 通常作业环境下个人安全防护用品的选用

（1）一般装配作业：工作服、安全帽、安全鞋。

（2）搬运作业：工作服、安全帽、安全鞋、防护手套。

（3）高空作业：工作服、安全帽、防滑鞋、安全带或安全绳。

（4）进入粉尘浓度较大的工作现场，要佩戴防尘口罩或防尘面罩。

（5）当机器设备噪声达到 80 dB 时，必须佩戴耳塞或耳罩。

第二节 内燃装卸机械安全操作规程

一、内燃装卸机械司机安全操作规程

1. 机械司机一般要求

机械司机必须经过身体健康状况检查合格，经过安全技术培训及专业理论和实际操作考试合格，取得主管部门颁发的"操作许可证"后，方可独立进行操作。

机械司机上岗作业前应做到：保证足够的睡眠，穿戴好个人防护用品，班前严禁饮酒。

2. 接班前应检查的事项

（1）检查燃油、机油、液压油、冷却液、电解液是否按规定加足。

（2）检查轮胎是否破损，气压是否充足，并列轮胎之间是否夹有杂物，轮胎螺栓是否松动、短缺。

（3）检查钢丝绳、滑轮及起升链条是否符合规定。

（4）检查转向器、制动器、灯光、喇叭、指示器、限位器、后视镜等安全装置是

否齐全、灵敏、可靠。

（5）检查液压系统是否有渗漏，控制阀、安全阀是否有效。

（6）检查各部位紧固件、电气线路连接是否紧固。

（7）检查发动机、发电机、电动机、限位器运转是否正常。

（8）检查车体、门窗、玻璃有无损坏；牌照是否齐备，以及是否符合悬挂要求。

3. 启动发动机时应做到的事项

（1）发动机每次连续启动时间不得超过5 s，连续启动间隔时间应不少于30 s；液压传动的机械，发动机启动后须低速运转5 min后方可运行。

（2）无预热装置的发动机，冬季启动宜先采用热水或热气预热发动机机体，然后再启动。

（3）发动机启动后应低速运转，密切观察各仪表显示情况，并查看发动机有无异常情况，有无漏油、漏水、漏气现象，严禁空负荷高速运转。

（4）当水温显示50°以上、各仪表工作正常时，方可起步。

4. 起步行驶时应做到的事项

（1）必须查看机械周围（含空中、车底下）有无障碍物及人员，并鸣号提醒，确认无误后方可挂低速挡平稳起步，冬季冷车起步时应低速缓行。

（2）承载载荷起步时，必须查看货物情况，确认摆放、加固符合要求后，方可起步。

（3）起步后根据情况依次换挡，禁止低速挡大油门急速行驶。

（4）严格按照交通法规行车，禁止一切不合理的驾驶操作。除特殊情况外，不应紧急停车或在车未停稳的情况下反向行车。

（5）出入库门、通过铁路道口及交叉路口时，要"一慢、二看、三通过"，必要时应下车观察确保安全通行。

（6）严格按规定速度行车，路面人员、车辆较多时，应该低速礼让行车。

5. 作业前应明确的事项

（1）货物质量、体积、重心及每一次起运的总质量。

（2）捆扎、堆码的基本要求。

（3）所操作机械及工具、属具的安全载荷量。

（4）指挥人员、指挥位置及指挥信号。

6. 作业中应做到的事项

（1）按指挥人员的标准指挥信号进行操作，无论何人发出急停信号，都应停止作业。

（2）细心观察各仪表和发动机的工作情况，若发现异常现象，则应立即停车检查。

（3）遇到以下3种情况时应立即报告值班队长或有关主管部门，取得明确指示后，方可作业。

1）力学性能不能适应作业条件。

2）气象条件恶劣，对行车及作业安全影响较大。

3）货物的性质、形状对行车或作业有特殊要求。

（4）起重机吊钩不得触及货物或地面，钢丝绳留在卷筒上的圈数不得少于3圈。

（5）当机械夜间行驶或作业时，应合理使用灯光，出入库、过路口、转弯时都要显示指示灯光。

（6）当流动机械在门机、桥吊等大型设备作业范围内行驶、作业时，要加强瞭望，密切关注其动向，严防碰撞。

7. 机械作业"十不准"

（1）不准超载荷作业，不准斜拉歪吊。

（2）驾驶室内不准超员，室外严禁载人，车未停稳严禁上、下车。

（3）操作时精神集中，不准接听电话。

（4）不准擅自将机械交给他人驾驶，以及驾驶与执照不符的机械。

（5）货物悬停在空中时不准离开操作位置。岸边作业时，不准面对货物背对海。

（6）不准利用极限位置限制器来停止机械动作，不准私自拆除各部位的限位开关。

（7）不准在有载荷的情况下检查、调整、维修机械。

（8）发动机运转时不准添加燃油、润滑油。

（9）不准用水冲洗发动机及电气设备。

（10）当机械安全设施（灯光、喇叭、转向器、制动器等）不符合规定时，不准参加作业。

8. 机械停放时应注意的事项

（1）作业中停车时，应停在适当的安全位置，既要保障作业中人员、货物的安全，还必须保障机械设备的安全。

（2）当需要停车较长时间时，操纵杆应置于空挡位置，并拉好驻车制动器，切断电动机械电源。司机离车时应关好门窗，取下点火开关钥匙，锁好车门。

（3）机械禁止停放地点

1）消防设备附近。

2）交叉路口、铁路道口、仓库进出口。

3）铁路道线 2 m 以内。

4）码头边缘 1 m 以内。

5）坡道、栈桥上。

6）距离汽车出入口 15 m 以内。

7）妨碍交通及影响作业的地方。

二、牵引车安全操作规程

1. 拖运长大五金类货物时的注意事项。

（1）根据货物的长度调整货架位置，插好销子。

（2）用牵引车将拖板车拉到船边或货垛边，如果影响作业或不安全，则牵引车应与拖板车摘钩并停放在安全处。

2. 挂车装载要平稳、牢固。

3. 需要有人协助牵引车挂拖板车时，要注意挂钩人员的位置及指挥信号。

4. 行驶要做到四慢：起步慢；转弯慢；牵引其他车辆时，速度要慢；重载行车要慢。

5. 作业中的禁止事项。

（1）禁止用软索拖带拖板车。

（2）拖板车上禁止载人行驶。

（3）禁止在吊、铲起的货物下强行通过。

（4）禁止司机挂倒挡后自己下车挂拖板车。

（5）禁止拖运超过拖板车长度 1/3 的货物，高度从地面起不超过 3 m，宽度不超出拖板边缘 0.2 m，前端不准超出拖板，尾端不得拖地。

6. 与起重机配合作业时应做到的事项。

（1）牵引车应逆起重机作业旋转方向停车。

（2）拖板车应对正吊钩。

（3）牵引车应停放在距离起重机边缘 1 m 以外。

7. 在拖运危险品作业时，牵引车上必须悬挂警示旗。

三、轮胎式起重机安全操作规程

1. 行驶前应升起吊钩，收起支腿，插牢销子，锁固转台。去外单位作业行驶途中，吊臂必须落下，不得高于驾驶室。

2. 作业前应做到的事项。

（1）了解作业环境，选择好作业停车位置。必须将行车手柄放在零位，拉紧驻车制动器，拉出支腿并支牢。

（2）岸边作业时，必须听从装卸队、组的专人指挥。对于无支腿的起重机，必须拉紧驻车制动器，在车轮下塞好木楔，起重机边缘与岸边保持安全距离（不得少于 1 m）。对于有支腿的起重机，必须支牢全部支腿，支腿与岸边的距离不得小于 0.5 m。

（3）避免在斜坡上作业。如果必须在斜坡上作业，则要用支腿架平，或者将木板放在轮胎下，将起重机垫平。

（4）装有警报器的起重机，在作业前应将警报器打开，以利于安全作业。

3. 空钩要做吊、落、转试验一周，检查起重机性能是否良好。

4. 作业中应做到的事项。

（1）重载试验：将第一码货物吊起（高度不超过 0.5 m），检查各制动装置是否安全、可靠。

（2）货物吊起不宜过高，能越过障碍物即可。

（3）司机应精神集中，认真操作，看清手势，眼随钩走，余光瞭望。起吊要稳，落码要准，稳中求快。

（4）起吊长、大、笨重货物时要慢，必要时货物两端用拉绳拉牢。

5. 作业中的禁止事项。

（1）禁止拖钩、抖钩。

（2）禁止吊钩从人头上方通过或停留。

（3）禁止在吊起的货物或货盘上载人。

（4）禁止对吊起的货物进行拆卸、加固作业。

（5）禁止用转台手柄猛逆转起重机。

（6）禁止起吊载荷不明或埋入地下的货物。

（7）禁止将吊起的货物在空中停留、等候。

（8）七级以上大风时禁止作业。

（9）雨、雾、雪天气时严禁在高压线下作业。

6. 使用两台起重机合吊一件货物的规定。

（1）必须经企业分管领导批准。

（2）必须有专人统一指挥。

（3）两台起重机的升降速度要保持一致，每台起重机分担的载荷不准超过最大允许起重量的 80%。

四、装载机安全操作规程

1. 行车前应做到的事项。

（1）取下车体前后连接杆，并妥善保管。

（2）检查各操作手柄是否放在空挡位置。

（3）检查斗臂升、降，货斗前倾、后倾时液压缸的动作性能是否良好。

（4）发动机中速运转，各仪表工作显示正常，制动气压达到本机规定的正常气压值时，松开驻车制动器，试验制动有效后方可正常行驶。

2. 行驶中应做到的事项。

（1）货斗离地不小于 0.4 m。

（2）根据道路、场地和作业情况，操纵变速杆手柄，选择需要的挡位。

（3）避免急加速和急转弯，转弯时不准熄火。

（4）上坡向前正车行驶，下坡向后倒车行驶。

（5）下坡行驶时，不准空挡滑行，中途不准换挡；当车速较快时，应使用行车制动器降低车速。

3. 作业中应做到的事项。

（1）取货前，车体对正并靠近货堆，将货斗平行接触地面，然后取货。

（2）货斗插入货堆后，逐渐提升悬臂，同时把货斗逐渐向后收，车体继续前进，待货斗装满后，向后靠严再倒车。

（3）避免货斗举升到最高位置运输，如果有障碍必须举高通过，应小心驾驶，通过后立即将货斗降至正常运输状态。

（4）装载机作业面不准有人行走、逗留。

4. 作业中的禁止事项。

（1）禁止利用车辆惯性高速冲向料堆取货。

（2）禁止货斗载货偏重。

（3）禁止在15°以上的斜坡上横向行驶。

（4）禁止在升起的货斗下面站人。

（5）发动机运转时，装载机前后车轮之间、动臂及货斗上都禁止站人。

5. 装载机下舱作业应做到的事项。

（1）吊运装载机进、出舱时，必须装好车体前后连接杆，吊运过程中，保持车体处于水平位置。

（2）船舶横倾3°以上时，不准在舱内作业。

（3）舱口范围内正在进行吊运作业时，吊运作业范围内不准装载机作业。

（4）不准在舱内给装载机加注燃油。

（5）装载机在舱内暂不作业时，应停放在安全位置，并拉紧驻车制动器。

（6）作业完毕后，应及时将装载机吊出船舱。

6. 当装载机发生故障需要拖拽时，若发动机可以使用，则应使发动机处于运转状态，保证能进行转向和制动；若发动机不能使用，则必须拆下传动轴，用支杠拖拽，慢速行驶。

7. 应在平坦的地方停放装载机，将货斗平放在地面；各操作手柄应放在空挡位置，拉紧驻车制动器，安装好前后车体连接杆，切断总电源。

8. 装载机需停放较长时间时，应缓慢活动升降机构，并翻动货斗2~3次，以降低液压缸和油管内的残余压力。

五、叉车安全操作规程

1. 按载荷曲线图的规定作业。装载要平稳、牢固,分布均匀,铲运贵重、高大、易损货物时要捆牢。

2. 行驶中应做到的事项。

（1）货叉离地不少于 0.4 m，框架向后倾。

（2）铲运货物时要避免急刹车和急转弯。

（3）铲运影响视线的货物或易滑、易滚的货物时，应倒车低速行驶。

3. 作业中应做到的事项。

（1）根据货物的尺寸大小配备铲套，调整货叉宽度。

（2）使用分配器时，必须先踩油门踏板，后动操作手柄。

（3）铲运货盘不得高于框架，当货物升高超过驾驶室时，必须装载牢固。

（4）铲运货物行驶时，两边的宽度各不得超过车宽的 1/2。

4. 作业中的禁止事项。

（1）禁止将货物升高后做长距离行驶。

（2）禁止使用刹车的惯性溜放货物。

（3）禁止用货叉直接铲易燃品、纺织品及类似货品。

（4）禁止在大于 15° 的坡道上作业。

（5）禁止在货盘、货叉上载人。

（6）禁止空挡滑行。

（7）禁止同时使用两个分配器手柄作业。

（8）禁止单叉作业。

（9）禁止用货叉挑翻货盘。

5. 叉车在船舱内作业的规定。

（1）不准在木质舱盖板上行驶。如果要经过木质舱盖板，则必须铺上厚度 10 mm 以上的钢板，经检查安全、可靠后，方可作业。

（2）在舱内作业的叉车必须装有安全架。

（3）舱口范围内有吊运货物时，吊运作业范围内不准叉车作业。

（4）船舶横倾 3° 以上时，不准在舱内作业。

（5）吊运叉车进、出舱时，要保持车身处于水平位置。

（6）叉车在船舱内作业完毕后，必须及时将叉车吊出船舱，放置于地面。

六、集装箱正面吊安全操作规程

1. 空车行驶应做到的事项

（1）起重机伸缩节必须收回，调整起重臂倾斜角度，以吊具不影响安全行车为准。

(2）要从规定的路线进、出现场，行驶中要注意上方障碍物，以及吊具超出车身宽度部分会车及进出检查桥时的安全。

2. 作业中应做到的事项

（1）首先要查看现场的作业环境，然后选择好集装箱正面吊的运行作业位置。要严格按载荷曲线图规定的载荷量操作。

（2）吊运集装箱时，首先应检查吊具和吊臂性能是否良好，吊具靠近集装箱时应低速小心操作，防止吊具碰撞集装箱；然后将吊具旋锁对准集装箱锁孔缓慢插入，吊具指示灯亮后，按下旋锁控制按钮，待闭锁指示灯亮后，方可吊起集装箱。

（3）向后倒车时，应回头查看倒车区域是否有人、车和其他障碍物，确认安全后低速向后倒车。

（4）吊箱装拖板车时，应待拖板车停稳后再向拖板上落放集装箱，同时应注意所吊集装箱的高度和集装箱、拖板车驾驶室之间的安全距离。必须把集装箱的4个底角同时放入拖板车导角内或旋锁销上。

（5）吊箱堆垛时，应将上下集装箱的4个角对齐，然后缓慢将吊具解锁起升，防止带起集装箱。

（6）吊箱行驶距离不准超过100 m，并在保证安全的前提下尽可能把集装箱放低并缩短伸距，以不影响司机视线为宜。吊重箱行驶速度不准超过3 km/h，吊空箱行驶速度不准超过5 km/h，并要避免急刹车和急转弯。

（7）吊箱等车时，司机不准离开驾驶室，在等待卸拖板车时，应把吊具起升到足够高度，防止拖板车移动时所载集装箱碰撞吊具。从拖板车上吊卸集装箱时，开始要用点动操作，确认集装箱与拖板完全分开后，方可逐渐加速起吊。

（8）改变前后行进方向时，必须待车停稳后再挂变向挡。

（9）如果集装箱偏重，则要用侧移进行调整，使集装箱重心与吊具载荷中心基本一致。

3. 作业中的禁止事项

（1）重箱禁止跨箱位作业。

（2）禁止用吊具推移集装箱作业。

（3）在临近动作终点时，禁止大油门快速动作。

（4）禁止用40 ft吊具同时吊起两个20 ft集装箱。

4. 作业后应做到的事项

将车停在规定的地点，伸缩节收到最小位置，把吊具落到最低位置并收回到20 ft最后位置。

第五章
内燃装卸机械装卸工艺

第一节 港口装卸工艺

内燃装卸机械在港口生产作业中，依据其工作装置的结构特点分别用于不同货物的装卸和搬运。件杂货，一般用内燃叉车、轮胎起重机、件杂货牵引车及挂车进行货物的堆垛、装卸、运输作业；集装箱，一般用正面吊、堆高机、集装箱牵引车及挂车进行堆垛、装卸、运输作业；散货，一般用装载机、自卸车进行堆垛、装卸、运输作业。

一、件杂货装卸作业技术要求

1. 货盘成组装卸作业技术要求

（1）出舱作业

1）货物出舱时，应根据货物的性质、规格、质量及作业要求合理地选择作业位置和顺序。

2）货物出舱作业时，舱内作业面最高处与最低处的高度差不得超过 1.5 m。

3）货物出舱时应使用货盘成组作业。在回空成组货盘进舱时，舱内作业人员应躲开钩行路线。

4）在堆码货盘时，要将货盘放平，把吊环放倒。货物要码放在货盘边框以内，码货要紧凑，要确保钩型牢固，定型、定量。

5）作业人员在堆码货盘时，严禁抛掷、摔放，防止脚下踏空和砸脚。两人共同操作时，要配合一致。

6）对于小袋货、小件箱装货码货盘成组时，应隔层变批码放。小件箱装货货钩出舱时，货物的最上层必须系好小绳。

7）小桶货物出舱使用货盘成组时，应根据货物的规格、单件质量确定每钩数量。码放高度不得超过两件桶高。

8）使用货盘拼码小桶货物时，要轻搬轻放。在操作中严禁撞击、摔落、拖拉、翻滚。要码放平整、紧凑。码放两层高时，上层货物四周都要小于底层货面半批。货钩在出舱时，上层小桶要系好小绳。

9）在货钩出舱挂钩时，作业人员必须钩挂货盘的4个吊环，并使钩口朝外。先用手在货物上方将吊钩系好拽挺后，再示意将货钩吊挺。检查并确认货钩钩型整齐、牢固，挂钩无误及作业人员已躲避到安全区域后，再示意起吊。

10）货物出舱要一票一清，分清工残和原残。

11）货钩出舱时应采取双钩作业。

（2）装舱作业

1）装舱作业时，应按船方的要求进行装舱和隔舱等作业。

2）货物装舱时，要先装舱内四周，后装当舱。要装严码紧，货面平整，分票清楚。

3）装舱作业时，当货钩进舱落至距落钩处400 mm以下时，作业人员要示意停止下落，待稳钩推正并确定好落货位置后再示意落钩。作业人员在摘钩后要将钩头放置在货面上，回钩时要呼应一致。

4）作业人员在舱内码舱作业、搬搭、堆码货物时，要轻搬轻放，码放平整，装严码靠，要注意避免脚下踏空和砸脚。两人共同操作时，要配合一致。

5）作业人员在舱内搬码货物及搬搭成组货盘时，要码放整齐，注意配合。

6）舱内作业人员对回空成组货盘要每10个码成一摞，并及时吊出舱。作业人员在挂钩时，必须钩挂最底层成组货盘的4个吊环。吊挂回空成组货盘出舱时，作业人员要躲开钩行路线。

（3）甲板作业

1）指挥人员在指挥货钩起吊、落钩及行钩时，必须事先与舱内、船边的作业人员呼应一致，待作业人员躲避至安全区域后方可进行。

2）若挂钩不正确，钩型不整齐、不牢固，桶、箱货钩不拴小绳，一律不准指挥起吊。

3）货钩出舱必须当舱起吊。

4）货钩进、出舱时严禁碰撞或挂舱口，不得急停、急甩、急落和空中悬停。要做到起吊慢、行钩稳、落钩轻。

5）货钩在甲板上等候进舱或出舱后等候水平运输机械时，落钩要平。货钩本身必须保持吊挺状态。再次起吊时，指挥人员必须对货钩进行检查，确认无误后再指挥将货钩吊进舱或放置到船边及挂车上。

（4）船边作业

1）货钩出舱后，当落至距落钩处 400 mm 以下时，作业人员要示意停止下落，待稳钩推正后再示意缓慢落钩，落放货钩要放平、摆正。

2）作业人员在摘钩时，要注意货钩是否松动，摘钩后要将钩头拉离货钩再示意回钩。必须整理好不整齐、不牢固的货钩。

3）对使用成组货盘的桶、箱货钩装舱时，要在货物的最上层系好小绳，钩型要整齐、牢固。

4）在货钩进舱挂钩时，作业人员必须钩挂货盘的 4 个吊环，并要钩口朝外。先用手在货物上方将吊钩系好拽挺后，再示意将货钩吊挺。检查确认货钩钩型整齐、牢固，挂钩正确无误及作业人员躲避到安全区域后，再示意起吊。

5）作业人员在摘、挂钩作业和示意起落钩作业时，要呼应、配合一致，躲开货钩的位移路线。

6）作业人员要随时清理船边的掉包、掉件，并及时清整归钩；要正确指挥作业机械取送货钩的位置。

7）货钩进舱时应采取双钩作业。

（5）水平运输作业

1）叉车在铲运货钩时，要铲正、端平，低速行驶。要将掉件及时拾起归入货钩。若发现货钩松动，则要停止行驶，待将货钩整理牢固后方可行驶。

2）在铲运、拖运货钩行驶时，要慢且平稳。对于易滑落的货物，要在货钩上系好小绳。

3）货钩在铲运、拖运过程中只限一钩货高。

货钩铲运、拖运如图 5-1-1 所示。

图 5-1-1　货钩铲运、拖运

（6）库场作业

1）货钩堆垛要标记向外，箭头向上，大不压小，重不压轻，要符合要求。

2）库场堆垛应根据货物性质，可双批两高一钩压缝或双批两高直摆堆码，垛型要整齐、牢固。

3）吊车堆垛作业时，要将货钩放正、放平、放稳，落钩要轻。

4）吊车拆垛作业时，要分层、分批进行，铲钩要准，起钩要稳，钩型要保持稳固。

5）用叉车给挂车装货时，要摆正、放平。

（7）装火车作业

1）装火车作业时，应先将车底清扫干净，再将装车跳板与车厢门对正、靠紧。

2）货物装车时要轻搬轻放，数字准确，码平放正，码紧靠严，不亏车容，严禁抛掷、摔放。作业人员在搬搭货物装车作业时，要防止砸脚。两人共同操作时，要配合一致。

3）对装车过程中的掉件要及时拾起装车。

4）装车完毕后，要关好车窗、车门，移开装车跳板。

5）对于装车后回空的成组货盘，作业机械要及时将其铲回指定存放地点。

（8）装卸汽车作业

1）装卸汽车作业时，应按车方的要求装载。

2）货物装车时要轻搬轻放，数字准确，码平放正，码紧靠严，严禁抛掷、摔放。作业人员在搬搭货物码车作业时，要防止砸脚。两人共同操作时，要配合一致。

3）对于装车后回空的成组货盘，作业机械要及时将其铲回指定存放地点。

4）货物集港备货，在使用成组货盘堆码成组钩时，要根据货物的性质、规格、质量、包装等情况进行堆码。

5）卸车人员在堆码货盘作业时，要将货盘放平、吊环放倒。货物要码放在货盘边框以内，码货要紧凑，要确保钩型牢固、定型、定量，不得超过成组货盘载荷。

6）作业人员在堆码货盘作业过程中，要轻搬轻放，严禁抛掷、摔放。两人共同操作时，要配合一致。

7）对于小袋货、小件箱装货码货盘成组时，应隔层变批码放。

8）小桶货物使用货盘成组时，应根据货物的规格、单件质量确定每钩数量。码放高度不得超过两件桶高。

2. 盘条装卸作业技术要求

（1）舱内作业

1）进口卸船作业时，舱内作业人员要按票均衡卸货，并做到以整个舱为标准，甩货高度应不超过两件货高。

2）卸船作业中，配备下舱叉车作业的舱，在下舱叉车起升高度允许的情况下，舱内作业人员可把当舱货物卸净，并在底层货下打好掩木。然后使用下舱叉车把舱内四周货物铲至当舱，再由作业人员进行出舱作业。

3）卸船作业中，作业人员要使用单丝扣穿过货物中间孔兜挂货物，当货物吊挺时，作业人员确认挂牢后再示意起吊。

4）出口装船作业时，舱内作业人员要按票和船方的要求装载，应先配备下舱叉车装舱内四周。舱内作业人员在装舱作业中，要做到以整个舱为标准，货物之间要靠紧、铺平，不留空当。

5）遇有全舱配载盘条的装舱作业时，若舱内作业条件允许，则应在叉车作业安全起升高度内直接装码货物。受舱内条件限制，需叉车进行反高作业时，要铺好下舱钢板，并在钢板与货物之间的空隙处铺好衬垫物。作业中叉车司机要听从作业人员的指挥。

6）装船作业中，对有特殊要求的货物应使用化纤吊索穿孔兜吊作业。

7）摘钩作业时，舱内作业人员应将单丝扣或化纤吊索的一端摘下，并从货物中间孔中抽出后，再示意起吊。

8）装卸船作业中，当货物进、出舱时，舱内作业人员及下舱叉车要躲避至安全区域。

（2）甲板作业

1）在装卸船作业中，指挥人员的指挥手势要正确、清楚，门机或船吊司机的操作要平稳。货物经过舱口围或船舷时，货物的最低处与舱口围或船舷的最高处应相距300 mm以上。作业中货物严禁碰撞舱口、船具或在空中悬停。

2）在装卸船作业中，船舶横倾不准超过3°。

（3）船边作业

1）卸船作业时，船边作业人员要指挥牵引车行驶到船边落货的正确位置。当货物落至距挂车板面400 mm以下时，作业人员要上前把钩扶正，然后再示意落下。挂车上叠放货物时，要将货物均衡地放在挂车上并打好掩木。摘钩时，作业人员要把单丝扣或化纤吊索的一端摘下，并从货物中间孔中抽出后，再示意起吊。

2）装船作业时，船边作业人员要使用单丝扣或化纤吊索穿过货物中间孔把货物兜挂牢。吊挺时，确认兜挂牢固后再示意起吊。作业时可视条件采用支杠挂多钩作业。

（4）水平运输作业

1）牵引车水平运输作业时，挂车上码货高度应不超过两件货高。

2)牵引车司机要做到挂车上码货不均衡、不平稳,楔木打放不牢时,不启运。

3)叉车铲运货物时,要铲正、铲牢,匀速行驶,如图 5-1-2 所示。

4)水平运输时要中速行驶,遇有道口或在弯道处要减速行驶。

(5)堆场作业

1)盘条垛型应按标准的要求进行堆码,如图 5-1-3 所示。

图 5-1-2 叉车铲运货物

图 5-1-3 盘条垛型

2)作业人员在堆垛时要逐层堆码,并在底层货物下打牢掩木。对于有特殊质量要求的货物,按要求做好苫盖。拆垛时,作业人员要逐层、逐批走货。作业完工后及时清理铺垫物,并集中送回存放地点。

3)配备吊车或叉车进行堆、拆垛作业时,作业人员中要有专人指挥吊车或叉车作业。

4)配备吊车作业时,作业人员在摘、挂钩时,要按标准的要求进行操作。使用盘条专用吊具作业时,司机要做到起落钩慢,行钩稳,严禁急甩、急停、急落钩。

(6)装卸火车作业

1)装卸作业人员要按铁路及货物主管部门的要求装车。

2)配备吊车装车,货物未吊运到车内时,作业人员不得上车指挥。货物落下后,作业人员要把单丝扣或化纤吊索的一端摘下,躲开货物位移路线后,再示意起吊。

3)配备牵引车倒装火车作业时,要按标准的要求进行操作。

4)卸火车作业中,作业人员应按要求使用单丝扣或化纤吊索穿过货物中间孔兜挂货物。当货物吊挺时,作业人员确认挂牢后再示意起吊。

(7)装卸汽车作业

1)配备吊车装卸汽车作业时,应配备盘条专用吊具,作业中要有专人指挥。吊车司机的操作要平稳,不得急停、急落和碰撞车帮,严禁钩行路线经过汽车驾驶室上方。

2)配备吊车装卸汽车作业时,作业人员要配合司机拉动吊具上的吊绳,将货物吊挂牢固后，逐层逐批进行装卸作业。

3）装卸汽车作业中，要随时对吊具进行检查，发现工具损坏要及时更换，禁止使用已损坏的工具强行作业。

4）使用其他工具进行装卸作业时，要按标准的要求进行操作。

二、集装箱装卸作业技术要求

1. 船边作业

（1）卸船作业时，待集装箱放在拖板车上，吊具起升至距离集装箱箱顶 400 mm 时，拖板车方可行驶。

（2）在同一条船上卸船作业，开头量超过 3 条作业线时，为拆卸连接器，应在装卸桥作业区外、不影响装卸桥作业的地方，设立专门拆卸连接器区。

（3）带连接器的集装箱车停放在拆卸连接器区时，装卸人员应立即拆除连接器并放至指定地点，拆卸完连接器后，由一名装卸人员指挥，拖板车司机看到指挥示意后才能启动。

（4）当同一条船卸船开头量不大于 3 条作业线时，在装卸桥底下拆卸连接器，拆卸完毕后，看到指挥人员指挥方可启动拖板车。

（5）码头前沿设有行车通道、站人通道。拖板车应走行车通道并按照码头行车路线行驶，装卸人员应站在站人通道上作业，严禁相互占用。

（6）装船作业时，待拖板车停稳后方可进行起吊作业。集装箱离开拖板车车板 400 mm 时，拖板车方可行驶。

（7）在装船作业中，集装箱连接器的安装应在装卸桥下进行。拖板车停稳后，装卸人员应立即将双箱的连接器安装好并指挥装卸桥司机起吊。

2. 水平运输作业

水平运输作业如图 5-1-4 所示。

图 5-1-4　水平运输作业

（1）拖板车严禁超载荷作业。

（2）各种车辆应按规定路线行驶。

（3）拖板车行驶时，车速最高不超过 40 km/h。

（4）拖板车转弯时，应减速行驶，转弯半径要大。

三、散货装卸作业技术要求

1. 煤炭装卸作业技术要求

（1）堆场作业

1）集港汽车卸煤时应按划定的地点，货垛边缘应距码头门机陆侧轨道 2 m。

2）煤炭集港应配备装载机堆垛，堆垛高度必须在 2.5 m 以上，如图 5-1-5 所示。

图 5-1-5 煤炭集港装载机堆垛

3）堆垛应符合技术要求。

4）煤炭作业时应采用喷水抑尘法，使作业现场达到无扬尘的作业要求，使用的水应符合标准要求。

（2）船边作业

1）装船作业前，船边作业人员应拴挂好防护绳。作业中，要根据船位变化调节防护绳的松紧度，并随时清理散落的煤炭。

2）装船结束，船边作业人员必须将散落的煤炭清理干净，将所用的工属具送回指定地点。

（3）平舱作业

1）煤炭装船过程中，要根据船方要求和装船作业的要求进行平舱。

2）机械平舱作业时，舱内必须有专人指挥。

3）机械平舱作业时，严禁门机抓斗装船作业。

4）机械平舱作业时，应注意舱口的高度和货物的高度。

2. 散矿装卸作业技术要求

（1）清舱作业

1）清舱作业时，应采用装载机清舱方法；抓斗进舱抓取货物时，清舱机械应躲避到安全区域。

2）装载机清舱作业时，机械司机应注意观察作业环境，应有专人指挥装载机捣运货物。

3）清舱时，作业人员应将各角落的货物清扫干净，并注意避开清舱机械的行走路线。

（2）船边作业

1）在冬季使用专用漏斗装自卸车时，作业人员要随时观察漏斗内的货物，发现有冻结块现象及堵塞漏斗下料口的情况时，不得让自卸车强行穿过下料口下方，应指挥自卸车司机将车辆倒行至漏斗下料口位置，并及时清除冻结块。

2）自卸车司机在进行水平运输货物时，操作要平稳，中速行驶，转弯或通过道口时应减速。

（3）堆场作业

1）作业前，作业人员应将堆场清扫干净，不得有杂物。

2）堆垛应符合技术要求，不得超过堆场的单位面积堆存定额。

3）在配备装载机、自卸车向后方货场捣运货物时，应避开门机抓斗的钩行路线。

4）自卸车在后方堆场卸货堆垛时，要有秩序地从里向外进行卸货。

5）装载机司机要及时将自卸车卸下的货物堆高到规定高度，不得超过堆场的荷载。货物堆垛完毕后，货垛周围要干净、整洁。

6）作业人员应及时清扫自卸车行驶道路上洒落的货物。

（4）装火车（汽车）作业

1）散矿装火车前，作业人员应清扫火车车厢内的杂物，并把杂物堆放到指定地点。

2）装火车作业人员应检查火车车门，确认销好，待铁路部门确认后，方可进行装车作业。

3）装火车时，指挥作业人员应站在安全处，指挥司机按车厢荷载量要求均衡装载。

4）装载机司机在装火车时，操作要平稳，不得碰撞火车车帮，应做到装货不集重、不偏重、不超载、不亏吨。

5）使用装载机装火车时，装载机货斗进入车厢后方可卸货。

6）装载机装火车完毕后，应安排专人将火车车厢内的货物码放平整。

7）作业人员应及时清扫机械运行线上洒落的货物。

8）装汽车作业时，装载机司机应按货主的要求进行装载，并做到装货不偏重、不集重、不亏吨、不超重、不外溢。

装载机装火车如图5-1-6所示，装载机装汽车如图5-1-7所示。

图5-1-6 装载机装火车

图5-1-7 装载机装汽车

第二节 危险货物装卸工艺技术要求

一、危险货物的概念

危险货物是指具有爆炸、易燃、毒害、腐蚀、放射性等性质，在运输、装卸和储存保管过程中，容易造成人员伤亡和财产损毁而需要特别防护的货物。

二、危险货物装卸的操作方法与技术要求

1. 作业前，作业人员必须了解危险货物的品名、性质、包装、消防方法、防护方法和作业注意事项。

2. 进行危险货物作业的人员必须按规定穿戴好防护用品。

3. 舱内作业前，应先开舱通风，待挥发气体散掉，经有关部门测试，确认符合作业标准后，作业人员方能下舱作业。对四级包装的放射性货物、气态放射性货物，必须自然通风 15 min 以上，方能作业。

4. 进行危险货物运输的作业机械，作业前应配备有效的熄灭火星装置，以及相适应的消防器材，并悬挂运载危险货物的标志。

5. 危险货物的运输和装载应符合技术要求。

（1）挂车上只能装载一层货高，装载要稳固。

（2）叉车铲运货物时应倒车行驶，一次铲运货物不得超过两盘货高。

（3）叉车铲运小桶货物时，小桶货物应拴好小绳，并盖好网罩。

6. 牵引车拖运桶装易燃易爆危险货物时，挂车上应采取衬垫防护措施；拖运腐蚀货物时，挂车上不得有有机物。

7. 拖运或铲运货盘堆码的危险货物时，应拴挂网罩或系紧小绳，否则不得拖运或铲运。

8. 水平运输机械的司机应检查被拖运、铲运的危险货物在承载工具的堆码是否牢固，确认无误后方能起运。

9. 水平运输机械在运送危险货物时，严禁超速行驶。

10. 危险货物的堆垛，必须按其性质划定堆码位置，性质相抵触的货物不得堆码在同一库场内。

11. 危险货物的堆垛，要整齐、稳固、桶口（箭头）朝上，垛顶距灯不得小于 2 000 mm，墙距不得小于 500 mm，垛间距不得小于 1 000 mm，堆场消防通道的宽度不得小于 6 000 mm。

12. 机械堆垛必须按作业人员的指挥进行操作。

13. 放射性货物必须堆码在专用库场划定的警戒线内，插挂警戒标志并派专人警戒。

14. 使用躺桶卡具吊装躺桶危险货物时，应将卡具挂正，两只卡具卡在同一个桶两端。吊挺后，检查无误方可指挥起吊。

15. 袋装、箱装、小桶装危险货物装车时，必须装严码靠，轻拿轻放，摆放整齐。

16. 危险货物装汽车时，作业人员要装平装牢，不得偏载。

17. 塑料桶装危险货物卸汽车作业应注意以下两点。

（1）在危险货物货盘上堆码时，货物不得超出货盘的四周；底层码齐后，二层应向里收半批桶堆码。

（2）货物在货盘上堆码成形，作业人员应在二层桶的中部偏上处系紧小绳。

18. 袋装危险货物卸汽车作业，作业人员在危险货物货盘上堆码时，应变批码放，摆放整齐、牢固。

19. 桶装遇水易燃货物卸汽车作业应注意以下两点。

（1）作业人员卸车时，严禁摔、轧货物，发现电石桶变形时禁止振动。

（2）作业人员在危险货物货盘上堆码时，货物不得超出货盘的四周，桶盖朝上，摆放整齐，应在桶的中部偏上处系紧小绳。

20. 爆炸品卸汽车作业应注意以下两点。

（1）作业时不得摔碰、撞击、拖拉、翻滚货品。

（2）卸车时，必须做到轻拿轻放。码货盘时要堆码整齐，摆放牢固。

21. 桶装易燃液体危险货物卸汽车作业应注意以下两点。

（1）卸车时，作业人员应选择专用桶装危险货物卡具。

（2）使用卡具装卸桶装危险货物时，应避开桶沿的凹瘪处。吊挺卡具后，作业人员确认卡牢，人员躲开货钩位移路线，方可示意起吊。

三、作业危险辨识

作业危险辨识与控制措施见表5-2-1。

表5-2-1 作业危险辨识与控制措施

作业活动	潜在的危害	危害事件的后果	现行控制措施
出场作业	职工在作业现场被作业机械碰撞	人员伤亡	作业人员避让流动机械，在规定路线内行走
出场作业	职工在作业现场被外来车辆碰撞	人员伤亡	与作业无关的外部车辆禁止进入码头作业现场，作业人员注意观察、避让机械
出场作业	桥吊、轮胎吊上坠落零件、工具等物件砸伤作业人员	人员伤亡	劳动保护用品穿戴整齐，安全帽要生根，注意观察周围环境，经常对高大机械进行保养
出场作业	乘坐场地循环车发生交通事故，乘车人员受伤	机损、人员伤亡	场地循环车队堆场内限速15 km/h，外部车辆堆场内限速15 km/h，加强外部车辆的管理
出场作业	作业人员堆场内行走时被作业机械碰撞	人员受伤	堆场内人员必须在规定区域内行走，禁止穿越箱区、垛空，注意观察周围环境

续表

作业活动	潜在的危害	危害事件的后果	现行控制措施
出场作业	班车内打闹嬉戏意外受伤	人员受伤	乘坐班车时禁止嬉戏打闹,要站稳把牢,以防车辆转弯时人员摔倒
机械操作	疲劳驾驶发生交通事故	机损、货损、人员伤亡	班前充分休息,保证充足精力,若作业中出现疲劳现象,不能坚持作业,则请示领班调换
机械操作	高速行驶撞车、撞箱	机损、货损、人员受伤	堆场内限速15 km/h,箱区限速5 km/h,主干道限速30 km/h
现场作业	平板驳船生产,人员、叉车坠海	机损、人员伤亡	此类作业人员注意观察周围环境,控制车速,与装卸人员互相配合
现场作业	上下机械时,人员坠车	人员伤亡	抓稳把牢,穿戴好劳动保护用品
机械操作	大风、大雾等恶劣天气发生碰撞	机损、货损、人员伤亡	打开警示灯,注意观察周围环境,控制车速,鸣笛警示
大件装卸作业	超载荷作业、捆钩不牢、配合不当、运行不平稳导致坠箱伤人	机损、货损、人员伤亡	降低车速,运行平稳,严格按照指挥人员指令操作,口令一致;不得超载荷作业;随时检查钢丝绳情况,发现异常立即更换
现场作业	叉车、轮胎吊交叉作业发生碰撞	机损、货损、人员受伤	作业机械保持联系,司机注意观察周围环境,避免碰撞
现场作业	偏重箱作业导致叉车门架坠落	机损、货损、人员受伤	重心偏移40 cm禁止作业
现场作业	空叉车起升油缸失压,吊具意外落下	机损、货损、人员受伤	定期对机械进行保养维护,停车时将吊具降到底部
现场作业	堆场地面凹凸不平造成翻车	机损、货损、人员伤亡	定期维护、整修堆场,司机行车时注意观察地面状况,控制车速
现场作业	人员触电	人员伤亡	要熟知力学性能,具备相关知识
现场作业	挂钢丝作业时钢丝脱落	机损、货损、人员伤亡	降低车速,运行平稳,严格按照指挥人员指令操作,口令一致;不得超载荷作业;随时检查钢丝绳情况,发现异常立即更换
现场作业	叉车装车配合不当,后箱撞前箱	机损、货损	司机应仔细观察,确认安全后方可行车,并与拖板车司机密切配合
现场作业	倒车不回头发生撞车、撞人	机损、货损、人员伤亡	加强对司机的教育,杜绝习惯性违章。倒车时司机必须回头观察周围环境,确认安全后方可倒车
现场作业	与外部车抢行,发生碰撞	机损、货损、人员受伤	内部车辆注意避让外部车辆,加强外来车辆管理,维持现场秩序

续表

作业活动	潜在的危害	危害事件的后果	现行控制措施
现场作业	进出箱区时撞车	机损、货损、人员受伤	进出箱区时司机注意观察，控制车速，做到二次停车
现场作业	驾驶室内吸烟	火灾、人员伤亡、机损	出场作业时，禁止携带烟火
现场作业	带酒上班、班中饮酒	机损、货损、船损、人员伤亡	禁止带酒上班及班中饮酒
现场作业	叉车、轮桥吊过高排时发生碰撞	机损、货损	注意观察左右环境，尤其是空中情况，行车时注意观察路面变化
现场作业	穿越箱区时被机械碰撞	人员受伤	走规定的人行路线，不穿越箱区
现场作业	码箱时撞箱	货损	控制车速，注意观察
现场作业	叉车桥吊交叉作业发生碰撞	机损、货损	提前做好联系，要求现场领导监护，作业时根据现场作业情况做好相互间的配合
违反劳动纪律	车辆溜车撞人、撞车	机损、人员伤亡	在上下坡道停车时，应拉紧车辆手刹，并根据情况将车别在挡上
机械故障	吊具限位失灵、箱子从吊具上脱落	机损、货损	出现异常情况，应立即停车，通知技术人员进行维修，做好日常保养
违章作业	停放在轮胎吊黄线处与轮胎吊碰撞	机损、人员伤亡	杜绝习惯性违章，按规定停放车辆

四、危险货物集装箱装卸作业

1. 危险货物集装箱装卸作业要求

（1）危险货物集装箱装卸作业时，执行港口作业安全规程中的一般要求。

（2）雨雪天气，禁止进行装卸遇湿易自燃物品的装卸作业。

（3）风速大于 15 m/s 时（七级），禁止危险货物集装箱装卸作业。

（4）危险货物集装箱装卸机械司机，应做到小心作业，稳起稳落，严禁拖、碰、撞。

（5）危险货物集装箱拖板车行驶速度不得大于 15 km/h，十字路口、拐弯时行驶速度不得大于 5 km/h。

（6）船舶装卸易燃易爆危险货物期间，不得进行加油、加水等作业。

（7）装卸易燃易爆危险货物时，距装卸地点 50 m 范围内为禁火区。

（8）实习机械司机禁止操作危险货物集装箱装卸作业。

2. 遵守"二次停钩"和"四不吊"

（1）二次停钩：指集装箱作业时，在吊具与集装箱接触和分离、集装箱与承载体（拖板车、地面）接触和分离的起始瞬间，在距离接触面约 30 cm 的位置，停止起升（下降）动作，对接触面周围进行再观察，确认无异常后进行下一步动作，保证作业安全。

（2）四不吊：指超载荷不吊，质量不明不吊，指挥口令不明不吊，吊具开闭锁指示灯不亮不吊。

第三节 起重机指挥信号

一、引言（GB/T 5082—2019）

为确保起重吊运安全，防止发生事故，适应科学管理的需要，特制定本标准。

本标准对现场指挥人员、起重机司机所使用的基本信号和有关安全技术作了统一规定。

本标准适用于以下类型的起重机械：桥式起重机（包括冶金起重机）、门式起重机、装卸桥、缆索起重机、塔式起重机、门座起重机、汽车起重机、轮胎起重机、铁路起重机、履带起重机、浮式起重机、桅杆起重机、船用起重机等。

二、名词术语

通用指挥信号：指各种类型的起重机在起重吊运中普遍适用的指挥手势。

专用指挥信号：指具有特殊的起升、变幅、回转机构的起重机单独使用的指挥手势。

吊钩（包括吊环、电磁吸盘、抓斗等）：指空钩及负有载荷的吊钩。

起重机"前进"或"后退"："前进"指起重机向指挥人员开来；"后退"指起重机离开指挥人员。

前、后、左、右：在指挥语言中，均以司机所在位置为基准。

1. 起重吊运指挥语言

（1）开始、停止工作的语言见表 5-3-1。

表 5-3-1　开始、停止工作的语言

起重机的状态	指挥语言
开始工作	开始
停止和紧急制动	停
工作结束	结束

（2）吊钩移动的语言见表 5-3-2。

表 5-3-2　吊钩移动的语言

吊钩的移动	指挥语言
正常上升	上升
微微上升	上升一点
正常下降	下降
微微下降	下降一点
正常向前	向前
微微向前	向前一点
正常向后	向后
微微向后	向后一点
正常向右	向右
微微向右	向右一点
正常向左	向左
微微向左	向左一点

（3）转台回转的语言见表 5-3-3。

表 5-3-3　转台回转的语言

转台的回转	指挥语言
正常右转	右转
微微右转	右转一点
正常左转	左转
微微左转	左转一点

（4）臂架移动的语言见表 5-3-4。

表 5-3-4 臂架移动的语言

臂架的移动	指挥语言
正常伸长	伸长
微微伸长	伸长一点
正常缩回	缩回
微微缩回	缩回一点
正常升臂	升臂
微微升臂	升一点臂
正常降臂	降臂
微微降臂	降一点臂

2. 音响信号

（1）"预备""停止"：一长声——。

（2）"上升"：二短声●●。

（3）"下降"：三短声●●●。

（4）"微动"：断续短声●○●○●○。

（5）"紧急停止"：急促长声——。

3. 司机使用的音响信号

（1）"明白"：服从指挥，一短声●。

（2）"重复"：请求重新发出信号，二短声●●。

（3）"注意"：长声——。

4. 对指挥人员和司机的基本要求

（1）对使用信号的基本规定

1）指挥人员使用指挥信号均以本人的手心、手指或手臂表示吊钩、臂杆和机械位移的运动方向。

2）同时指挥臂杆和吊钩时，指挥人员必须用左手指挥臂杆，右手指挥吊钩。

3）当两台或两台以上起重机同时在距离较近的工作区域内工作时，指挥人员使用音响信号的音调应有明显区别，并要配合手势指挥。严禁使用相同音调的音响信号指挥两台或两台以上起重机。

4）当两台或两台以上起重机同时在距离较近的工作区域内工作时，司机发出的音响信号应有明显区别。

5）指挥人员用"起重吊运指挥语言"指挥时，应讲普通话。

（2）指挥人员的职责及其要求

1）指挥人员应根据本标准的信号要求与起重机司机进行联系。

2）指挥人员发出的指挥信号必须清晰、准确。

3）指挥人员应站在能使司机看清指挥信号的安全位置；当跟随负载运行时，应随时指挥负载避开人员和障碍物。

4）当指挥人员不能同时看清司机和负载时，必须增设中间指挥人员，以便逐级传递信号；当发现错传信号时，应立即发出停止信号。

5）负载降落前，指挥人员必须确认降落区域安全后，方可发出降落信号。

6）当多人绑挂同一负载时，起吊前，应先完成呼唤应答，确认绑挂无误后，方可由一人负责指挥。

7）用两台起重机同时吊运同一负载时，指挥人员应双手分别指挥各台起重机，以确保同步吊运。

8）开始起吊负载时，应先用"微动"信号指挥，待负载离开地面100~200 mm稳妥后，再用正常速度指挥。必要时，在负载降落前，也应使用"微动"信号指挥。

9）指挥人员应佩戴鲜明的标志，如标有"指挥"字样的臂章、特殊颜色的安全帽、工作服等。

10）指挥人员所佩戴手套的手心和手背要易于辨别。

（3）起重机司机的职责及其要求

1）司机必须听从指挥人员的指挥，当指挥信号不明时，司机应发出"重复"信号询问，明确指挥意图后，方可开车。

2）司机必须熟练掌握本标准规定的通用指挥信号和有关的各种指挥信号，并与指挥人员密切配合。

3）当指挥人员发出的信号违反本标准规定时，司机有权拒绝执行。

4）司机在开车前必须鸣铃示警；必要时，在吊运过程中也要鸣铃，通知受负载威胁的地面人员撤离。

5）在吊运过程中，司机对任何人发出的"紧急停止"信号都应服从。

第六章
内燃装卸机械保养及技术管理

第一节
内燃装卸机械保养

一、内燃装卸机械的点检

为了提高、维持内燃装卸机械的技术性能，按照预定的标准、周期和方法，通过人工或借助工具、仪器，对车辆上规定的部位（点）进行有无异常的检查，以便发现机械故障隐患，及时加以修理和调整，这种检查称为点检。点检，可使内燃装卸机械的隐患和缺陷得到早期预防、早期发现、早期处理。

点检不仅是一种检查方式，而且是设备管理的一项基本制度和方法，其目的是准确掌握设备的技术状况，维持和改善设备的工作性能，预防发生事故，减少停机时间，延长设备的使用寿命，降低维修费用，保证正常生产。

二、日常"三检"

内燃装卸机械司机要坚持日常"三检"作业，即出车前、作业中、收车后的检查。其中，出车前的检查尤为重要，带有隐患的机械不准出车作业。检查的部分内容和要求如下。

1. 出车前的检查

出车前重点检查机械各部位和整车的工作性能、车容车貌等，不允许"带病"出车。

（1）检查车辆证照。

（2）检查上一班次报修记录和维修竣工情况。

（3）检查轮胎气压和磨损情况，剔除夹杂物。

（4）检查全车各部位外露螺栓有无松动、缺少，如轮胎螺栓、半轴螺栓、传动轴螺栓等。

（5）检查灯光、喇叭是否齐全有效。

（6）检查液压系统的连接情况，应无漏油、老化现象。

（7）检查金属结构有无裂纹、变形和损伤，应连接可靠。

（8）检查燃油、液压油、润滑油、制动液等油液及冷却液是否充足。

（9）检查驾驶室门窗是否安全、可靠，后视镜是否调整得当，刮水器是否完好。

（10）清洁驾驶室、仪表台及车身。

（11）启动发动机，听查发动机运转情况；检视各部位仪表；检查转向、制动、工作装置等机构性能。

2. 作业中的检查

作业中重点检查机械安全性能和运转部位工作状态，确保作业安全。

（1）听查发动机、各机构运行状况是否正常。

（2）检视各仪表、灯光工作状态是否正常。

（3）检查各操纵机构是否正常可靠。

（4）发现异常应及时停车检查，及时上报，车辆不得"带病"作业。

3. 收车后的检查

（1）收车后要对机械做全面检查。

（2）遇有机械故障应及时报修。

（3）如实填写使用记录。

三、润滑保养

1. 润滑方式及润滑油的使用

内燃装卸机械的主要润滑方式有压力润滑、飞溅润滑、注油（润滑脂）润滑。在保养过程中，润滑油的使用主要遵循以下原则。

（1）正确选择润滑油的种类和质量等级。

（2）合理选择润滑油的黏度。

（3）防止润滑油被污染。

（4）及时更换润滑油。

（5）按规定加注润滑油。

（6）严禁使用假冒伪劣的润滑油。

2. 润滑脂加油枪的使用

润滑脂加油枪的使用程序是装油→排气→测试→工作→排除障碍→工作。

（1）装油（散装润滑脂）

1）旋开枪头，使枪头与枪筒分开。

2）将枪筒的开口部分浸入桶装润滑脂里约 30 mm 深，一只手紧握枪筒，另一只手向后拉动枪筒尾部的从动把手，将润滑脂吸入枪筒内。

3）装上枪头，按住枪筒尾部的锁片，将从动把手推入枪筒内。

（2）排气

压动杠杆拉手进行测试，若打不出润滑脂，则说明枪内留有空气，需排气。

排气方法：应先将枪筒尾部的从动把手拉到底，然后一只手按住排气孔，另一只手按下枪筒尾部的锁片，同时将从动把手推入枪筒内，从而排出枪内空气。当润滑脂加油枪上无排气阀门时，可采用另一种排气法：在枪筒内推动从动把手几次后，稍微旋松枪头排气，再拧紧枪头即可。

（3）测试

将出油管连接到润滑脂加油枪枪头上，并将枪嘴连接到出油管的另一端，轻压润滑脂加油枪的杠杆拉手，查看可否压出润滑脂。若能压出润滑脂，则说明润滑脂加油枪工作正常；若压不出润滑脂，则说明枪内有空气或堵塞，可用排气法排气后再进行测试。若排气后仍然压不出润滑脂，则可能枪内有堵塞。

堵塞的处理方法：按照枪嘴→出油管→枪头的顺序进行检查。

检查方法：先拧下枪嘴，然后操作杠杆拉手，如果有润滑脂出来，则可以判断枪嘴部分有堵塞。按此法检查直到找到堵塞位置，这时可更换配件或排出堵塞物。待所有障碍排除后，再测试，直至润滑脂加油枪可正常压出润滑脂。

（4）工作

把润滑脂填充在润滑脂加油枪中后，首先找到机械上的润滑脂嘴，然后把枪嘴对正润滑脂嘴，再将润滑脂注入其中，每次注入至润滑脂刚好外露即可。尤其是车体转向桥位置的润滑脂嘴相对比较隐蔽，但是也最重要，需要注意。

四、例行保养

例行保养是指为保持港口机械设备技术性能经常处于良好状态及保证设备正常运行，在作业前、作业中和作业后由司机按规定要求对设备进行的检查、紧固、润滑、调整、清洁和补给工作，以及随时检查设备各部位的技术状态，消除所发现的一般性异常、缺陷和故障的维护工作，工作重点是清洁和检查。此项工作必须按制度执行。

内燃装卸机械的品牌、机型较多，例行保养的作业内容、标准、要求及重点部位等要严格遵照机械产品说明书和企业的操作规范执行。各种机型常规例行保养要求见下述内容。

1. 内燃叉车例行保养项目

内燃叉车例行保养项目见表 6-1-1。

表 6-1-1　内燃叉车例行保养项目

序号	项目	内容及要求	备注
1	发动机	（1）工作平稳，无渗漏，无异响，不过热	
		（2）润滑油、冷却液、燃油等油位符合技术要求	
		（3）动力性能良好，符合技术要求	
		（4）发动机燃烧情况良好，排烟颜色正常	
2	底盘部分	（1）液力变矩器和变速箱 1）工作平稳，无渗漏，无异响，不过热 2）换挡自如，不脱挡	
		（2）制动器和转向机构 1）驻车制动、行车制动及转向效果性能良好，符合技术要求 2）各连接杆件不松旷，转向盘自由转动量不超限 3）紧急制动时两轮必须同时拖印，压重印 4）坡道停车时驻车制动有效可靠 5）制动液、转向油充足，符合技术要求	
		（3）前、后桥无渗漏，轴头螺栓紧固正常	
		（4）轮胎气压正常，紧固螺栓无松动、缺失	
3	工作装置	（1）液压缸、液压泵、液压阀、管路等工作正常，密封良好，无渗漏，无油垢，液压油油位符合技术要求	
		（2）门架、链条、货叉等起重装置紧固正常，无开焊、裂纹、变形、破损	
		（3）门架升降、倾斜性能正常	
4	电器和仪表	（1）各种灯、仪表、开关、喇叭、倒车蜂鸣器、刮水器等齐全并符合技术要求	
		（2）线束整洁、美观，绝缘符合技术要求	
		（3）各报警、指示、显示装置及接触器等灵活、可靠	
		（4）发电机、起动机工作正常；蓄电池充、放电性能良好，电解液充足，通气性好，无腐蚀现象	
5	其他	（1）附件、工具及灭火装置等按要求配备齐全	
		（2）车身整洁，无油垢、泥垢	
		（3）全车涂装良好，无开焊、裂纹、变形、破损、残缺	

2. 装载机例行保养项目

装载机例行保养项目见表 6-1-2。

表 6-1-2 装载机例行保养项目

序号	项目	内容及要求	备注
1	发动机	（1）工作平稳，无渗漏，无异响，不过热 （2）润滑油、冷却液、燃油等油位符合技术要求 （3）动力性能良好，符合技术要求 （4）发动机燃烧情况良好，排烟颜色正常	
2	底盘部分	（1）液力变矩器和变速箱 1）工作平稳，无渗漏，无异响，不过热 2）换挡自如，不脱挡 （2）制动器和转向机构 1）驻车制动、行车制动及转向效果性能良好，符合技术要求 2）各连接杆件不松旷，转向盘自由转动量不超限 3）紧急制动时两轮必须同时拖印，压重印 4）坡道停车时驻车制动有效可靠 5）制动液、转向油充足，符合技术要求 （3）前、后桥无渗漏，轴头螺栓紧固正常 （4）轮胎气压正常，紧固螺栓无松动、缺失	
3	工作装置	（1）液压缸、液压泵、液压阀、管路等工作正常，密封良好，无渗漏，无油垢，液压油油位符合技术要求 （2）臂架、铲斗等起重装置紧固正常，无开焊、裂纹、变形，各铰接点润滑良好，紧固正常 （3）举升、下降、铲斗翻转等性能可靠	
4	电器和仪表	（1）各种灯、仪表、开关、喇叭、倒车蜂鸣器、刮水器等齐全并符合技术要求 （2）线束整洁、美观，绝缘符合技术要求 （3）各报警、指示、显示装置及接触器等灵活、可靠 （4）发电机、起动机工作正常；蓄电池充、放电性能良好，电解液充足，通气性好，无腐蚀现象	
5	其他	（1）附件、工具及灭火装置等按要求配备齐全 （2）车身整洁，无油垢、泥垢 （3）全车涂装良好，无开焊、裂纹、变形、破损、残缺	

3. 轮胎式起重机例行保养项目

轮胎式起重机例行保养项目见表 6-1-3。

表 6-1-3　轮胎式起重机例行保养项目

序号	项目	内容及要求	备注
1	发动机	（1）工作平稳，无渗漏，无异响，不过热	
		（2）润滑油、冷却液、燃油等油位符合技术要求	
		（3）动力性能良好，符合技术要求	
		（4）发动机燃烧情况良好，排烟颜色正常	
2	底盘部分	（1）液力变矩器和变速箱 1）工作平稳，无渗漏，无异响，不过热 2）换挡自如，不脱挡	
		（2）制动器和转向机构 1）驻车制动、行车制动及转向效果性能良好，符合技术要求 2）各连接杆件不松旷，转向盘自由转动量不超限 3）紧急制动时两轮必须同时拖印，压重印 4）坡道停车时驻车制动有效可靠 5）制动液、转向油充足，符合技术要求	
		（3）前、后桥无渗漏，轴头螺栓紧固正常	
		（4）轮胎气压正常，紧固螺栓无松动、缺失	
3	工作装置	（1）液压缸、液压泵、液压阀、管路等工作正常，密封良好，无渗漏，无油垢，液压油油位符合技术要求	
		（2）吊杆金属结构局部变形不超限，位移、波浪变形不超限，无开焊、裂纹	
		（3）滑轮组、卷筒、钢丝绳润滑良好，紧固正常；钢丝绳符合技术要求	
		（4）离合器、制动器运行正常，效能灵敏、可靠	
		（5）减速器外表清洁，无渗漏，无异响，不过热，油位符合标准	
		（6）起升、变幅、回转机构及支腿等性能良好	
4	电器和仪表	（1）各种灯、仪表、开关、喇叭、倒车蜂鸣器、刮水器等齐全并符合技术要求	
		（2）线束整洁、美观，绝缘符合技术要求	
		（3）各报警、指示、显示装置及接触器等灵活、可靠	
		（4）发电机、起动机工作正常；蓄电池充、放电性能良好，电解液充足，通气性好，无腐蚀现象	
5	其他	（1）附件、工具及灭火装置等按要求配备齐全	
		（2）车身整洁，无油垢、泥垢	
		（3）全车涂装良好，无开焊、裂纹、变形、破损、残缺	

4. 内燃牵引车与运输车例行保养项目

内燃牵引车与运输车例行保养项目见表 6-1-4。

表 6-1-4　内燃牵引车与运输车例行保养项目

序号	项目	内容及要求	备注
1	发动机	（1）工作平稳，无渗漏，无异响，不过热	
		（2）润滑油、冷却液、燃油等油位符合技术要求	
		（3）动力性能良好，符合技术要求	
		（4）发动机燃烧情况良好，排烟颜色正常	
2	底盘部分	（1）液力变矩器和变速箱 1）工作平稳，无渗漏，无异响，不过热 2）换挡自如，不脱挡	
		（2）制动器和转向机构 1）驻车制动、行车制动及转向效果性能良好，符合技术要求 2）各连接杆件不松旷，转向盘自由转动量不超限 3）紧急制动时两轮必须同时拖印，压重印 4）坡道停车时驻车制动有效可靠 5）制动液、转向油充足，符合技术要求	
		（3）前、后桥无渗漏，轴头螺栓紧固正常	
		（4）轮胎气压正常，紧固螺栓无松动、缺失	
3	工作装置	（1）液压缸、液压泵、液压阀、管路等工作正常，密封良好，无渗漏，无油垢	
		（2）拖挂装置性能良好，无开焊、裂纹、变形	
4	电器和仪表	（1）各种灯、仪表、开关、喇叭、倒车蜂鸣器、刮水器等齐全并符合技术要求	
		（2）线束整洁、美观，绝缘符合技术要求	
		（3）各报警、指示、显示装置及接触器等灵活、可靠	
		（4）发电机、起动机工作正常；蓄电池充、放电性能良好，电解液充足，通气性好，无腐蚀现象	
5	其他	（1）附件、工具及灭火装置等按要求配备齐全	
		（2）车身整洁，无油垢、泥垢	
		（3）全车涂装良好，无开焊、裂纹、变形、破损、残缺	

5. 集装箱正面吊例行保养项目

集装箱正面吊例行保养项目见表 6-1-5。

表6-1-5 集装箱正面吊例行保养项目

序号	项目	内容及要求	备注
1	发动机	(1)工作平稳,无渗漏,无异响,不过热	
		(2)润滑油、冷却液、燃油等油位符合技术要求	
		(3)动力性能良好,符合技术要求	
		(4)发动机燃烧情况良好,排烟颜色正常	
2	底盘部分	(1)液力变矩器和变速箱 1)工作平稳,无渗漏,无异响,不过热 2)换挡自如,不脱挡	
		(2)制动器及转向机构 1)驻车制动、行车制动及转向效果性能良好,符合技术要求 2)各连接杆件不松旷,转向盘自由转动量不超限 3)紧急制动时两轮必须同时拖印,压重印 4)坡道停车时驻车制动有效可靠 5)制动液、转向油充足,符合技术要求	
		(3)前、后桥无渗漏,轴头螺栓紧固正常	
		(4)轮胎气压正常,紧固螺栓无松动、缺失	
3	工作装置	(1)液压缸、液压泵、液压阀、液压马达、管路等工作正常,密封良好,无渗漏,无油垢,液压油油位符合技术要求	
		(2)吊臂、吊具金属结构局部变形不超限,无开焊、裂纹	
		(3)吊臂伸缩、仰俯性能良好	
		(4)旋锁开、闭灵活可靠;吊具伸缩及旋转性能良好;开锁、闭锁、着床指示灯显示正常	
4	电器和仪表	(1)各种灯、仪表、开关、喇叭、倒车蜂鸣器、刮水器等齐全并符合技术要求	
		(2)线束整洁、美观,绝缘符合技术要求	
		(3)各报警、指示、显示装置及电磁阀等灵活、可靠	
		(4)发电机、起动机工作正常;蓄电池充、放电性能良好,电解液充足,通气性好,无腐蚀现象	
5	其他	(1)附件、工具及灭火装置等按要求配备齐全	
		(2)车身整洁,无油垢、泥垢	
		(3)全车涂装良好,无开焊、裂纹、变形、破损、残缺	

第二节 故障率曲线及主动维护理念

一、设备故障率曲线

机械设备故障率曲线如图 6-2-1 所示,这种故障率曲线又称浴盆曲线。按照这种故障率曲线,港口机械设备故障率随时间的变化可分为早期故障期、偶发故障期和耗损故障期。

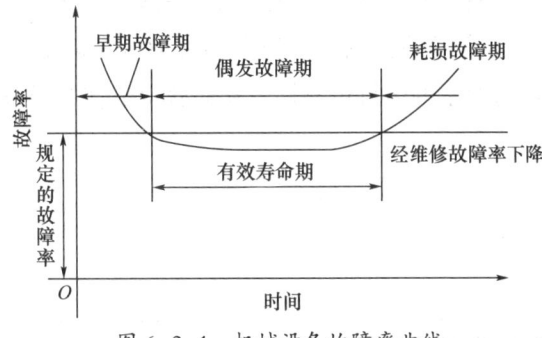

图 6-2-1 机械设备故障率曲线

早期故障期又称磨合期。在此期间的故障率很高,但随着时间的推移,故障率迅速下降。在此期间发生的故障主要是设计、制造上的缺陷,以及使用不当造成的。

偶发故障期又称有效寿命期。在此期间,故障率处于稳定状态,是港口机械设备的正常工作期或最佳状态期,故障发生是随机的。在此期间发生的故障多是因为设计隐患、使用不当、维修不力或保养不到位等原因。实际工作中应提高使用水平、管理水平、操作水平和维护水平,使故障率降到最低。

耗损故障期又称严重故障期。在港口机械设备使用后期,由于设备零部件的磨损、疲劳、老化、腐蚀等,故障率不断上升。在耗损故障期前期采取更换零件或维修等措施,可有效降低故障率,但若故障率太高,维修费用过高,则应考虑报废。

二、机械设备主动维护的重要性

主动维护是继事后维修、定期维修、状态维修后,国际上近年来提出的一种新的设备管理理念。其定义是,以积极主动的态度对导致设备损坏的根源性参数进行监测与控制,从而有效防止失效的发生,延长设备的使用寿命。

事后维修又称故障维修,是指当机器损坏、发生故障、设备不再工作时才进行的维修,易造成意外停机、设备损坏严重、维修费用高等结果。

定期维修又称预防维修,是指依据设备生产商推荐的周期或先前的管理经验进行的定期拆卸、设备检查,更换部件及油液。它能有效防止设备的突发失效,比事后维修费用低,但难免发生过剩维修。

状态维修又称预知维修,是指通过油质分析、振动监测、性能检测等技术手段,对设备的工作状态进行检测,并预测可能发展的趋势。当出现工况异常时,借助有效的手段对故障进行诊断,用诊断结果来指导维修,使维修工作得以有计划地进行,可有效避免突然停机,并使维修在尽可能小的范围内进行,节约效果明显。但状态维修仍然是"事后维修的反应",经常是针对问题的征兆采取行动,因此仍有局限性。

主动维护是指针对每种维修方式实施前要抓的关键性工作。与维修相比,主动维护是主动与被动、事前与事后的关系。实施主动维护可大幅度延长设备的修理周期,降低设备的故障率,提高设备的运行可靠性,从而获得最佳的经济效益。

第三节 港机设备状态监测与故障诊断

为保证港机设备安全、可靠地运行,在当今港机设备技术管理工作中,有一项重要的工作内容就是港机设备的状态监测与故障诊断。

一、港机设备状态监测与故障诊断的含义和作用

1. 港机设备状态监测与故障诊断的含义

对港机设备的零件、部件定期或连续地通过测定其技术状态或某种输出特性(如振动、温度、噪声、压力等),来了解港机的技术状况称为港机设备状态监测(简称状态监测)。其目的是随时监测港机设备的技术状况,防止发生突发故障,掌握劣化规律,合理安排维修计划,确保其正常运行。

通过测定某种输出特性(如振动、温度、噪声、压力等),来判断港机设备有无故障和产生故障的原因与部位,并预测港机设备未来的技术状况称为故障诊断。

状态监测与故障诊断既有联系又有区别，有时为了方便可统称故障诊断。故障诊断有下列 4 种方式。

（1）连续监测

连续监测是指对关键的、发生事故影响严重的港机设备进行连续的在线监测。

（2）定期诊断

对次关键的、发生事故影响不是很严重的和故障可预测的（有发展规律的）港机设备可采用定期诊断。当然，若条件所限，关键港机设备不能实现在线监测，也可采用定期监测。

（3）直接诊断

直接诊断可以直接确定零部件的技术状态，但受环境条件和结构的限制，多为静态测试。

（4）间接诊断

间接诊断是指通过二次信息反映港机设备中零部件技术状态的变化，在运行中获取状态信息。

2. 港机设备故障诊断技术

港机设备故障诊断技术是一种在港机设备运行中或基本不拆卸的情况下，利用其发出的各种不同信息，通过检测手段判断产生故障的部位和原因，并预测故障发展的技术。

港机设备故障诊断技术分为两个层次：直观经验诊断和仪器设备诊断。

直观经验诊断是指通过对港机设备性能参数的检测，掌握这些参数的变化趋势，找出有问题的大致部位。它能迅速而有效地概括和评价港机设备的技术状况。

仪器设备诊断是指在通过直观经验诊断判定港机设备某部位"有异常"的前提下，再对其作进一步诊断，以确定异常的形式和种类、原因和部位，并预测异常的发展，以便作出改善其技术状况的决策。

仪器设备诊断必须掌握信号的处理技术，将从现场测取的原有信号去除各种干扰信号，并从中提取典型性的、反映故障征兆的信号。同时还要研究故障的机理，建立故障的模式，用于识别和判定故障。

仪器设备诊断既需要较多专用仪器、仪表，还需要较多科学技术知识及现场经验，也需要经专门培训合格的工程技术人员。

故障诊断技术是一门新的多学科技术，还需要不断发展和完善。

3. 港机设备状态监测技术

港机设备运行过程中，一切有发展过程的故障（包括有规律的和随机的）均可采用状态监测技术。由于状态监测设备的价格比较高，因此一般用于重要的港机设备，或者连续性很强、停产损失很大的港机设备或其系统。

目前,状态监测技术应用得较广泛的主要有下列5类。

(1) 振动监测

振动监测是指以港机设备在某种激励下的振动响应作为监测信息的来源,对振动参量(如振动位移、速度、加速度等)进行处理和分析,根据快速傅里叶变换可得出各频率的功率谱,并根据各特征频率确定故障部位(如齿轮箱中的大小齿轮,高、低速轴和轴承等),根据功率谱的幅度值大小判断损坏程度。

(2) 红外线监测

红外线监测是指利用红外热成像技术在一定距离外得到被监测对象整个表面的温度场图像(热辐射等高线图),根据该图像可及时发现被监测对象温度异常区域及其真实温度。材料表面或表面以下有缺陷时,热流动特性改变而形成不规则区,从而可检查出金属缺陷。

(3) 应变电监测

应变电监测是指先将电阻应变片贴在港机设备的构件上,通电后,通过电阻应变仪、记录仪及分析计算设备等,将应变片的电阻值变化情况测量出来,并换算成应变值进行分析处理,以达到判断构件是否存在缺陷的目的。此方法多用于起重机械金属结构的监测。

(4) 超声波监测

超声波监测是指先用发射探头向港机设备被测部位的内部发射超声波,再用接收探头接收从缺陷处反射回来(反射法)或穿过(穿透法)的超声波,并将其在显示仪表中显示出来,通过观察与分析反射波或穿透波的时延与衰减情况,获得设备内部有无缺陷的结论及其技术状况。此方法多用于探查铸、锻、焊、塑料和陶瓷等零部件表面层的黏结、裂纹和缺陷情况。

(5) 油样分析技术

油样分析技术是指通过测试在用润滑油质的状况来判断摩擦副的磨损情况,不需要停机或拆卸。油样分析技术包括光谱分析(残渣粒度 10 μm)、铁谱分析(残渣粒度 10~50 μm)、磁塞分析(残渣粒度>50 μm)三种方法。

港机设备状态监测技术与故障诊断技术的区别与联系在于:状态监测技术是指对设备(零部件)的某些特征参数进行测试,并将测得的测定值与规定的正常值进行比较,以判断设备的工作状态是否正常。故障诊断技术不仅要对设备的状态是否正常作出判断,更重要的是要对设备故障的原因、部位及其严重程度作出评估,对一些重要、复杂的设备常常是发现状态监测结果有异常反应时,再进一步识别和诊断。

二、港机设备故障诊断技术的应用原则

港机设备故障诊断作为整个港机设备技术管理工作内容的一部分，其工作的开展必须满足和适应港机设备技术管理工作的需要，指导港机设备故障的分析，为预防性维修提供切实依据。在日常工作中，应按各类港机设备的技术状态和实际情况，结合选择的维修方式决定其采用程度。

港机设备故障诊断技术作为一门实际而有效的技术，应该具备两种功能：一是在不分解、不拆散设备的条件下，能定量地检测和评价设备的承受应力、故障和劣化、强度和性能等指标；二是能预测设备的可靠性并确定合理的修复方法。因此，港机设备诊断技术不仅是一种故障检测技术，而且是在设备整个寿命周期中都起作用的技术。

1. 在采用故障诊断技术时，应预先对以下 5 个问题进行研究。

（1）港机设备有哪些突发性故障？

（2）这些故障是否影响安全并造成装卸生产的严重损失或可能导致操作人员和港机设备受到损失？

（3）是否有发现故障的有效检查方法？

（4）故障诊断和改造、保养费用是否小于生产损失和事后维修费用？

（5）原有装置是否符合要求或操作人员是否执行故障诊断技术标准？

总之，首先从欲测试的港机设备重要程度、技术性和经济性方面进行分析，以决定采用故障诊断技术的等级。

2. 故障诊断技术一般适用于以下设备。

（1）港口装卸生产中的大型关键设备，如集装箱岸边装卸桥、挖掘机、正面吊、大型叉车、吊车等。

（2）由于技术、环境等方面的原因，不能接近或解体检查的重要港机设备。

（3）维修困难、维修成本高的港机设备。

（4）没有备品备件或备品备件昂贵的港机设备。

（5）考虑人身安全或环境保护等因素，必须采用故障诊断技术的港机设备。

三、港机设备状态监测与故障诊断的主要方法及选用

1. 直观经验法

直观经验法是指技术人员利用感官系统或配上简易的工具把设备运行时感受到的各种信息（如温度、负荷振动及噪声等物理量）输入大脑，经过与长期实践所积累的知识及经验作比较，进行筛选和判断，以得出正确的结论。

直观经验法包括以下方法。

（1）用手触摸，观测零部件的间隙、松动和温度情况

1）判断轴和孔配合类零件在自然磨损中其配合性质有无变化。可用手晃动（或撬动）来检查松动情况，一般可感觉出 0.2～0.3 mm 间隙，用厚薄规测量更为准确。

2）判断动配合摩擦面的温度。当动配合面进入加速磨损阶段时，能量基本消耗在摩擦面的发热上，因此，当零部件的温度超过正常温度时，预示着零件有失效的可能。人的手指对温度是敏感的，可通过手上的冷觉纤维和痛觉纤维作出反应，感觉出冷、温、热、烫的不同信号。手指对分辨 80 ℃ 以内的温度还是较为准确的，当然在有条件的情况下，用温度计测量更为准确。

3）判断机组振动。虽然人的感觉系统对振动很难作出量化的反应，但对于经常监测的设备，还是可以感觉出其相对的变化。例如，人站在港机设备的地基基础上，可以感觉出振动的强弱，可以比较出现在的感觉与以往感觉是否不同；用手指按在机座与基础接合面处，可以感觉出机座与基础相对振动的强弱。

（2）用视觉观看设备，检查零部件的润滑、清洁情况

人所收集的信息约有 80% 是靠视觉获得的，通过目测对港机设备进行监测同样也是非常重要的。通过观测港机设备可查看零部件是否齐全，装配是否正确，零件有无松动、裂纹、损伤，以及零部件表面颜色是否变化等。

检查润滑是否正常，有无干摩擦和跑、冒、滴、漏现象。查看油箱底沉积污垢中磨粒的多少、大小及成分，以判别相关零件的磨损情况。

设备上装设的常规仪表所指示的数据，也要靠眼睛来监视。

（3）用听觉感知设备的响声和噪声

当检测无法触摸和观看的部件（如齿轮箱中的齿轮啮合情况）时，便要用探听棒测听其声响。一台完好的港机设备，运行时发出的声音是平稳和谐的周期振动声。若出现重、杂、怪、乱等异常噪声，则港机设备内部有可能出现松动、碰撞、不平衡等隐患，根据噪声的振幅和频率等特点可以分析出产生故障的相关零部件。

（4）用嗅觉闻设备发出的气味

有些港机设备发生故障时，会产生一股异常气味。例如，机械制动器调整不当和电器设备绝缘层过热急剧老化，都会发出一股焦糊味。

2. 仪器设备法

现代港机设备正在向大型化、自动化、高精度化方向发展，而且港机设备在港口装卸生产中发挥着越来越重要的作用，一旦港机设备发生故障，将产生很大的影响。靠传统的感官检查很难全面发现港机设备故障的预兆和发展趋势，因此有必要把现代测试技术用于港机设备的在线监测，以预测故障和诊断分析。

(1)温度法

港机设备在运行过程中,零部件(如轴承、气缸、齿轮箱等)一旦存在润滑不良、失圆、裂纹或其他缺陷,温度将有所上升,用仪器、仪表对这些零部件的温度变化进行测量,便可确定其是否正常或损坏程度。

用于温度监测的仪器、仪表种类繁多,它们的工作原理也不同,按仪器、仪表的测温方式可分为接触式测温和非接触式测温。

1)接触式测温仪器、仪表必须与被测物体间有良好的接触,且被测温度应相对稳定。其特点是可以检测物体内部的温度,但测温范围小,且易产生测量误差。

2)非接触式测温仪器、仪表是利用物体的热辐射来进行测量的,要求知道被测物的辐射率,且应消除周围环境的信号干扰。其特点是测温范围大,既能测被测物在运动中的瞬态温度、微小物体和小热容量物体的温度,又能测被测物的绝对温度和相对温度,但它仅能测被测物的表面温度。

目前,被广泛应用的红外测温仪由光学系统、红外探测器、电子处理系统和指示器组成。其中光学系统收集被测物的热辐射能量,红外探测器把红外热辐射能量转换成电信号,电子处理系统将微弱的电信号放大并进行线性化处理,指示器将所测得的信号用数字或指针显示。

红外测温仪广泛用于港机设备的轴承、齿轮箱、电动机和电气设备的温度检测。目前,国产的红外测温仪有 SW-203 A 表面温度计、SW-2 便携式数显表面温度计和 IRT-1200 A 型快速红外测温仪等。

(2)振动法

在港机设备的状态监测和故障诊断技术中,振动监测是普遍采用的基本方法。当机械内部发生异常时,一般都会随之出现振动加大和工作性能下降的变化。根据对机械振动消耗的测量和分析,在不停机和不拆卸的情况下,就可对其劣化程度和故障性质有所了解。

在港机设备的状态监测中,遇到的振动多为周期振动、准周期振动、窄频带随机振动和宽频带随机振动,以及其中几种的组合。在港机设备的运行过程中,其振动多为周期振动或准周期振动,其中准周期振动可用包络线进行处理,使其变为周期振动后再进行分析。振动监测仪器最重要的要求就是能够在足够宽的频率范围内测量包括所有主要分量在内的信号,其中包括与失衡、不同轴、滚珠及滚道损伤、齿轮啮合、叶片共振、轴承元件径向共振等有关的频率成分。

利用振动信息进行故障诊断,一般是出于以下考虑。

1)振动是设备运行的伴随现象,只要设备运行就有振动消耗产生,而故障信息包含在振动信号中。

2)易于实现在线诊断和监控。

3)以振动加剧为征兆的故障事故率极高,尤其是高速、重载设备的振动问题十分突出。

4)许多常见故障的振动征兆都有明显的特征,易于识别。

5)测试手段、方法、理论相对比较成熟。

振动法诊断的实质是对采集的动态信号在三维图上的时域、幅域和频域进行分析和随机数据处理,从而找出故障的原因和部位。

在时域和幅域进行的分析又称波形分析,其目的和作用是确定实测波形参量的最大值和时间分布;分析和确定各个谐波分量的频率值;求出相位滞后及波形的时间滞后;确定波形的奇变状况和进行合理的反演,以求得真实波形;根据自由振动波形求出波形衰减系数和振动系统的阻尼值;确定波形域各种物理现象的联系,建立正常作用状态域波形特征的有机联系;对各种波形进行相关分析,即相似程度分析,求得它们的相关函数等。

利用振动法可检测港机设备旋转部分在启动加速过程中,在某种转速下由于异常原因出现振动急剧加速的现象。

振动测量仪器与系统通常由测振传感器、测振放大器和记录显示装置等部分组成。测振传感器按所测参数形式可分为位移传感器、速度传感器和加速传感器。测振放大器和记录显示装置是测振系统的重要组成部分。测振传感器的输出信号一般都很微弱,经放大器放大后才能显示在记录显示装置上。测振放大器对信号不仅具有放大作用,还具有积分、微分和滤波等功能。

(3)油液分析法

油液分析法以内燃机油、齿轮油、液压油等油液中大量的定性、定量信息为依据,经过对这些信息的综合与分析,最终对润滑系统、液压系统的状态作出诊断。

在润滑系统或液压系统中,一对相互接触的金属表面,其不同的磨损方式和速度产生不同特征(如形态、尺寸大小、表面形貌、数量、分布等)的磨损微粒;不同材料成分的零部件磨损时产生不同化学成分的磨损微粒。上述磨损微粒、外来切屑、尘土、水分、添加剂消耗后的残余物等杂质混入油品,使油品劣化和受到污染。因此,油液监测与诊断技术包括以下两个方面的内容。

一是油液性能的监测与诊断技术,其重点为研究油液性能的现场快速监测与诊断;二是油液中不溶性微粒的监测与诊断技术,其重点为研究油液中磨损金属微粒的监测与诊断。

1)油液分析法的一般实施程序

①制定监测方案。选择对装卸生产和经济效益影响较大的港机设备作为监测对象,

了解其结构、润滑方式、润滑油性能及使用情况、摩擦副材料及性能、运行情况及维修情况，选择并制订合适的油液监测方案及故障诊断技术。例如，齿轮箱重点选用铁谱监测技术；发动机应用光谱、铁谱联合监测；液压系统应用液压油温度监测，黏温性、抗磨性、抗腐蚀性等油液性能监测与诊断，以及光谱、铁谱、颗粒计数等监测技术。对于关键港机设备，有条件时可采用多种技术联合监测。在实际工作中，为了降低复杂性，也可应用快速分析，只监测油液的综合性能，完成定性分析。

②选取油样。应按技术规范确定取样部位、取样周期、取样方式和取样油量，以确保正确选取原始油样。

③制备监测油样。

④应用油品检测仪，定性、定量地测定有关数据。

⑤监测数据处理与分析。可采用人工类比法、趋势法进行分析，有条件最好应用数理统计、模糊数学等方法建立计算机数据处理系统。

⑥根据分析结果，判断港机设备是否存在异常，异常的部位、程度和产生的原因，以及如果继续使用可能会出现的问题和发生故障的时间及范围。

⑦提出处理措施，包括是否可继续使用；若维修，则应确定维修范围、方法、时间和费用。

2）油液性能的监测与诊断。当油液劣化或受到污染后，其理化性能和使用性能均有所变化。通过对油液性能变化的现场进行快速和连续监测来了解润滑系统的状态，可在润滑故障发生前对港机设备及时采取必要的维修措施（如更换油品、清理润滑系统、更换油滤清器等），防止润滑故障的发生。

为评定油液质量，应制定油品理化性能指标（如黏度、黏温性、酸值、水溶性酸和碱、水分、机械杂质、闪点、凝点、腐蚀性、残炭等）及使用性能指标，并提出标准的测试方法。

对油品理化性能指标的现场快速监测与诊断技术，是指对使用中的润滑油品黏度、酸值、水分、机械杂质、水溶性酸和碱等常规理化性能指标及其变化进行分析，并在现场作出快速鉴定。

（4）超声探测法

超声探测法主要用于大型锻件的探伤、金属焊接件焊缝的探伤及金属结构件的探伤。

超声探测法的工作原理：由电振荡在探头中激发的高频超声波辐射到构件后，若遇到构件缺陷，超声波就会被反射、散射或衰减，再经探头接收变成电信号，进而放大显示，根据显示波形来确定缺陷的部位、大小和性质，并由相应的标准或规范判定缺陷的危害程度。

（5）电测应力/应变法

港口起重机械通常有一定的起重高度，并具有工作范围大、起重量大等特点，其安全性尤为重要，因此对机械金属结构的强度要求极为突出。应力/应变测量是研究机械金属结构强度的重要手段。随着科学技术的不断发展，应力/应变测量的方法也在不断完善。

第七章
内燃装卸机械故障诊断与排除

第一节
内燃机故障诊断与排除

一、内燃机故障诊断与排除的原则和程序

内燃机出现各种故障时，都会伴随出现各种不同的异常现象，如排气冒白烟、黑烟，漏水、漏气，运转不稳，有敲击声，水温过高（开锅），水中有油、油中有水，有橡胶烧焦异味，耗油、耗水过多等。这些现象是内燃机产生故障的信号。检查时可通过眼看、耳听、手摸、鼻闻等方式接收各种故障信号，通过分析，识别故障，作出正确判断，及时排除故障。

一般检修原则：先想后做，由简到繁，从表及里，根除故障。

检修一般程序：把发动机看成整体，向使用者全面了解情况，进行必要的检查和正确的分析，进行正确的修理，核实所做的修理是否解决了问题。

正确诊断所需资料：发动机的使用状况，包括机械的运行记录；发动机的维修史，包括机械管理台账；对发动机的观察结果。

为能顺利地排除故障，缩短排除故障的时间，应尽量遵循下列工作程序。

第一步，在着手排除故障前要仔细了解故障细节，如故障前内燃机的工作条件，包括负载情况、海拔、环境温度、环境灰尘状况、车辆行驶道路状况等；故障性质，是逐渐恶化还是突然发生的，或者是间歇性出现的，是不是在更换燃油或机油后发生的等；故障现象，包括排气颜色、冷却液温度和消耗情况及有无泄漏，机油温度和消耗情况及有无泄漏，燃油消耗情况，内燃机噪声情况等。

第二步，进行初步检查，包括冷却液是否受污染，如有机油、铁锈、凝固的沉淀物等；机油是否受污染，如有水、燃油等；内燃机振动情况等。

第三步，对故障进行严密而系统的分析，将故障的征兆与内燃机系统和基本零部件建立有机联系，把最近的维修或修理与目前的故障相联系。

第四步，拆机维修。在拆检内燃机前要进行耐心的检查；排除故障从最容易和最明显的问题着手，确定故障原因并进行彻底的修理。

第五步，修理结束后，开动内燃机运行，证实故障已经排除。

二、判断内燃机故障的方法

1. 耳听法

用耳朵仔细辨别内燃机是否有金属敲击声，以及其他不正常的声音。在检查时，根据响声的大小，发出的部位，振动的程序，是连续的还是间断的、是尖锐的还是钝哑的，随转速和负荷的变化等，逐步掌握规律，判断机器的故障。

2. 触摸法

用手触摸，了解内燃机各部位的温度、高压油管的振动情况等。

3. 部分停止法

停止怀疑有故障的部件，观察故障变化，若无变化，则说明不是此部件，而是其他部件的故障。

4. 比较法

怀疑某一部件有问题时，可用标准部件替换，比较换件前后机器的工作情况。如果有变化，则说明替换下来的部件有问题，否则没问题。

5. 观察法

用眼睛观察内燃机各运转部件和接合部位有无松动情况，排气颜色是否正常，有无漏水、漏气、漏油等现象。

6. 试探反证法

怀疑某部件有问题但又不能确定时，可通过改变该部件的工作条件或技术状态来判断故障。

三、排气颜色分析

内燃机正常工作时，排出的废气几乎是无色、透明的；工作不正常时，排出的废气则呈黑色、白色、蓝色。认真分析冒烟原因，及时排除故障，不仅省油，也会降低磨损与消耗，而且能最大限度地提高工效。

1. 冒黑烟

冒黑烟主要是由于喷入气缸的柴油雾化不好或未燃尽，在高温、高压下变成黑色炭粒，夹杂在废气中排出。故障原因有如下6点。

（1）喷油器雾化不良。

（2）喷油压力过低或有严重漏油现象。

（3）供油提前角太小，导致供油过晚。

（4）空气滤清器堵塞，进气量少，氧气供应不足。

（5）喷油泵供油太多。

（6）发动机负荷过大。

2. 冒白烟

冒白烟主要是由于内燃机温度过低，喷入气缸的柴油不能完全燃烧，柴油呈白色雾点或蒸气状随同废气排出。另外，喷入气缸的燃油含有水分，也会使排气呈白色。故障原因有如下4点。

（1）气缸盖螺母松动，气缸垫损坏，以及气缸盖、气缸套、气缸体出现裂纹或阻水圈失效等，使冷却液窜入气缸。

（2）柴油中含水。

（3）供油提前角过大。

（4）气门间隙过小。

3. 冒蓝烟

冒蓝烟主要是由于大量的机油进入燃烧室燃烧。故障原因有如下6点。

（1）油底壳中机油过多。

（2）油环磨损严重，开口间隙过大，油环装反或有积炭胶结在槽内。

（3）活塞环开口未交错开。

（4）气缸套与活塞间隙过大。

（5）空气滤清器（湿式）底壳油面过高。

（6）气门杆和导管配合间隙过大。

四、内燃机重大事故前兆分析

内燃机在运行中若出现机械故障，轻则造成基础件损伤，重则导致重大机械事故的发生。通常情况下，内燃机发生故障前其转速、声音、排气、冷却液温度、机油压力等方面均会表现出某种异常现象，即故障预兆特征。因此，操作人员应根据预兆特征迅速作出正确判断，果断采取措施，避免事故的发生。

1."飞车"故障

（1）预兆特征：转速突然升高，而且越来越快，不受油门控制，声音异常、刺耳，排气管冒出大量蓝烟或黑烟。"飞车"属于超速空转，在带负荷工作时不会发生，一般都是在刚启动或工作中突然卸载的情况下才有可能出现。其主要原因是喷油泵或调速器系统发生故障使供油失去控制，或者油底壳机油过量。出现"飞车"预兆，若不立即采取紧急措施，则会导致捣缸、断轴等重大事故。

（2）处理措施：当内燃机出现"飞车"时，应沉着冷静，果断采取有效措施，通过断油或断气达到熄火的目的。具体措施如下。

1）当设备静止、内燃机空转时，迅速用衣服或毛巾等紧紧包住空气滤清器的空气入口，让空气不能进入气缸而使内燃机熄火，用此法制止"飞车"最有效。

2）当设备重负荷行车时，可加重内燃机负荷而使内燃机停车。

3）设备在运行中，千万不要脱挡或踩下离合器，以防转速继续升高，应紧急制动而迫使内燃机熄火。

2. 粘缸故障

（1）预兆特征：转速下降，运转无力，声音沉闷，冷却液温度超高，若配有冷却液温度表，其指示超过100 ℃。此时，向机件洒一些水，水会迅速蒸发。其主要原因是设备严重缺水，水冷却系统失效，若此时立即熄火停机，则可能产生粘缸现象。

（2）处理措施：怠速运转一段时间或熄火摇转曲轴帮助冷却，使冷却液温度降至40 ℃左右，再缓慢加入冷却液。注意不要立即加冷却液，否则会导致机件因局部温度突然下降过快而产生变形或出现裂纹。

3. 捣缸故障

（1）预兆特征：曲轴箱部位有"嗒、嗒"声，像锤子轻敲硬地板的声音，即俗称的"敲缸声"，此时机油压力下降，急加速时更明显。捣缸是破坏性较大的机械故障，主要原因是连杆螺栓拧紧不到位或螺栓受拉伸产生"缩颈"，连杆与轴瓦之间的配合间隙过大，造成螺栓松脱或折断。若有敲缸声，但机油压力正常，则不是捣缸的预兆，应从调整供油提前角方面考虑。

（2）处理措施：立即停机检修，更换新件。

4. 烧瓦故障

（1）预兆特征：声音发闷（类似负荷突然加重时），转速下降，机油压力下降，排气冒黑烟。严重烧瓦会导致轴瓦与轴颈"抱死"而熄火。其主要原因是润滑不良或温度太高，轴瓦表面润滑油膜被破坏，轴瓦与轴颈表面金属直接接触、摩擦而使温度迅速上升，表面产生胶合。

（2）处理措施：立即停机，拆盖检查连杆、轴瓦，查明原因，维修或更换。

5. 断轴故障

（1）预兆特征：曲轴箱内产生沉闷的敲击声，加速运行时，敲击声变大，怠速运行时，机件抖动严重，排气冒黑烟。断轴主要是曲轴颈轴肩处机械疲劳引起的，而且有一个从裂到断的渐变过程。出现隐性裂变时，预兆特征不明显，随着裂纹扩大，预兆特征越来越明显，最后导致断轴熄火。若出现油门等抖动与敲击频率相吻合时停机，则可能正处于断轴的临界点。此时拆盖检查，用手推动飞轮，若轴向间隙较大且推动不费力，则表明曲轴已折断。

（2）处理措施：发现预兆立即停机检查，发现裂纹应及时更换曲轴。

6. 气门掉缸故障

（1）预兆特征：气门掉入气缸，一般是由气门杆折断、气门弹簧折断、气门弹簧座开裂、气门锁夹脱落等引起的。当缸盖部位发出"当、当"的敲击声（活塞碰气门）、"嚓、嚓"的摩擦声（活塞碰气门）或伴有其他不正常响声，发动机工作不稳，往往是气门掉缸的前兆。

（2）处理措施：这时应立即停车熄火，否则将会打坏活塞、缸盖和缸套，甚至顶弯连杆，打破机体，折断曲轴。

7. 飞轮碎裂故障

（1）预兆特征：当飞轮出现隐性裂纹时，用锤子敲击，会发出沙哑的响声；发动机工作时，飞轮会产生敲击声，且在转速变化时，响声增大，发动机颤动。

（2）处理措施：必须停车检查，否则很容易导致飞轮突然破裂，发生碎片飞出伤人等恶性事故。

五、内燃机故障诊断与排除

内燃机故障诊断与排除见表 7-1-1。

表 7-1-1　内燃机故障诊断与排除

序号	故障	故障现象	故障原因	排除方法
1	启动困难（燃油供油系故障）	（1）发动机无启动迹象，排气管无烟排出 （2）发动机有启动迹象，排气管冒白烟，但不能发动	低压油路故障： （1）油箱无油、进水或油牌号不对 （2）油箱至喷油泵间管路堵塞 （3）油箱至输油泵间管路漏气 （4）滤清器或输油泵滤网堵塞 （5）喷油泵溢流阀密封不严	（1）检查油箱、油管、滤清器，清除堵塞 （2）检查油管、接头的密封，消除进气
2	启动困难（燃油供油系故障）	（1）发动机无启动迹象，排气管无烟排出 （2）发动机有启动迹象，排气管冒白烟，但不能发动	高压油路故障： （1）喷油泵出现故障，造成供油量达不到启动需求 （2）喷油器不喷油或雾化不良 （3）高压油管中有空气或接头松动，漏油	（1）检查高压泵、喷油器的喷油压力、雾化情况和供油量 （2）清除高压油管中的空气

续表

序号	故障	故障现象	故障原因	排除方法
3	启动困难（其他方面）	（1）发动机无启动迹象，排气管无烟排出 （2）发动机有启动迹象，排气管冒白烟，但不能发动	（1）空气滤清器堵塞，排气管排气不畅 （2）供油时间过早或过迟	（1）检查空气滤清器、排气管 （2）校正喷油时间
4	排气管冒白烟	（1）排气管冒白烟 （2）伴有启动困难、工作无力现象	（1）喷油正时过迟 （2）气缸温度过低或气缸压力不足 （3）喷油器喷油雾化不良 （4）柴油中有水或因缸盖、缸垫、缸套破裂造成气缸进水	（1）检查启动预热 （2）调整喷油正时 （3）检查喷油器喷油雾化情况
5	排气管冒黑烟	（1）排气管排黑烟 （2）发动机动力不足、运转不均匀 （3）加速出现敲击声（工作粗暴）	（1）空气滤清器堵塞，进气量不足 （2）喷油泵供油量过多或各缸供油不均 （3）喷油器喷雾质量不佳或喷油器滴油 （4）供油时间过早 （5）气缸压力过低 （6）柴油质量低劣	（1）检查空气滤清器 （2）检查喷油泵供油量和供油时间 （3）检查喷油器喷雾和活塞质量 （4）检查气缸压力
6	排气管冒蓝烟	（1）排气管冒蓝烟 （2）润滑油消耗量过多	（1）活塞与缸壁之间的间隙过大 （2）活塞环开口对齐扭曲、环装反或弹力减弱 （3）气门导管磨损过重或气门杆油封损坏 （4）曲轴箱通风不良 （5）增压器密封失效	（1）拆检活塞、活塞环和气缸 （2）检查气门导管、气门杆油封 （3）检查增压器密封和曲轴箱通风情况
7	发动机动力不足	（1）发动机动力不足、加速不灵敏，油门加到底转速仍不能提高到规定值 （2）排气管排气量过少	（1）油门拉杆行程达不到最大供油量 （2）喷油泵供油不足 （3）调速器调整不当或弹簧过软达不到最大供油量 （4）输油泵工作不良或低压油路堵塞造成供油不畅 （5）油箱至输油泵管路漏气，使油路中进入空气	（1）检查油门拉杆行程 （2）检查空气滤清器 （3）检查柴油滤清器、管路有无堵塞 （4）检查管路、接头有无进气 （5）校验喷油泵 （6）检查气缸压力
8	润滑油压力过低	（1）发动机发动后，油压表读数迅速下降至零左右 （2）发动机在正常温度和转速下，油压表读数低于规定值	（1）机油量不足或黏度太低 （2）机油粗滤器、集滤器滤网堵塞，且旁通阀卡滞不能打开 （3）机油泵磨损、泵油压力过低	（1）检查油压表或报警灯 （2）检查机油量 （3）检查机油粗滤器、集滤器滤网 （4）检查机油限压阀

续表

序号	故障	故障现象	故障原因	排除方法
8	润滑油压力过低	（3）发动机温度升高，机油压力明显降低	（4）曲轴主轴承、连杆轴承或凸轮轴轴承间隙过大 （5）机油限压阀调整不当、关闭不严或弹簧折断 （6）气缸体水套破裂，使冷却水漏入油底壳，将润滑油稀释 （7）油压表或其传感器连接导线断路或接触不良	（5）拆检机油泵 （6）拆检曲轴、连杆轴承或凸轮轴轴承
9	机油压力过高	（1）发动机在正常温度和转速下，油压表读数高于规定值 （2）发动机在运转中，油压表读数突然增高 （3）油压表读数低，但油的高压冲裂机油压力传感器或机油滤清器盖等	（1）润滑油黏度过大 （2）限压阀堵塞或调整不当 （3）气缸体的润滑油道堵塞 （4）机油粗滤器堵塞且旁通阀开启困难（此时主油道油压过低） （5）润滑工作不良	（1）更换润滑油 （2）检查限压阀 （3）检查润滑油道 （4）更换粗滤器 （5）更换机油压力表或传感器
10	发动机过热	（1）发动机在工作中冷却液超过90℃，直到沸腾（俗称"开锅"） （2）冷却液在90℃以上，若停车冷却液立即沸腾	（1）百叶窗关闭或开度不足 （2）风扇带太松或因油污而打滑 （3）散热器或胶管堵塞 （4）风扇装反或扇叶变形 （5）节温器失效，大循环受阻 （6）水套积垢过多或分水管堵塞 （7）水泵损坏 （8）气缸垫烧坏或缸体、缸盖出现裂缝，使高温气体进入冷却系 （9）供油时间过迟 （10）燃烧室积炭过多 （11）严重超载	（1）检查百叶窗风扇 （2）检查散热器各部件温度是否均匀 （3）清除水套水垢 （4）更换损坏的缸垫、缸盖等 （5）调整供油时间
11	冷却液温度过低	冬季运行，冷却液长时间温度过低，发动机工作无力	（1）寒冷季节，散热器前未安装保温罩或百叶窗未关闭 （2）发动机未装节温器，或者节温器失灵，使冷却液始终处于大循环冷却 （3）水温表及其传感器损坏	（1）检查百叶窗，加装保温罩 （2）检查更换节温器 （3）检查水温表及其传感器

续表

序号	故障	故障现象	故障原因	排除方法
12	增压器喘振	（1）增压器在运转中出现有规律的振抖 （2）伴有"呜、呜"的响声 （3）发动机动力下降	（1）空气滤清器堵塞或进气管内层脱落堵塞进气管 （2）轴承损坏或转子与壳相互摩擦 （3）负荷变化太大或紧急停车 （4）个别缸不工作 （5）气门关闭不严	（1）检查空滤清器进气管 （2）检查增压器轴承 （3）检查喷油器、气门间隙
13	增压器增压压力降低	（1）发动机动力下降 （2）排气管冒黑烟	（1）空气滤清器堵塞 （2）中冷器堵塞 （3）进气管漏气 （4）增压器故障使增压比下降	（1）检查空气滤清器 （2）检查进气管 （3）检查增压器 （4）检查中冷器

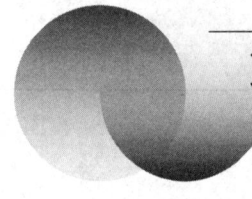

第二节 液压系统故障诊断与排除

液压系统使用维护不当，不仅会使内燃装卸机械设备故障频率增加，而且会降低设备的使用寿命。比如，使用设备时超载、超速，环境过差，违章操作，维护保养不及时等，都可能加速液压系统性能的劣化。结合目前内燃装卸机械使用维护的实际状况，本节对内燃装卸机械液压系统的故障诊断方法进行系统的归纳。

一、液压系统故障诊断方法

1. 直观检查法

直观检查法是内燃装卸机械液压系统故障诊断的一种最简易、最方便的方法。通常用眼看、手摸、耳听、嗅闻等手段对零部件的外表进行检查，判断一些较简单的故障，如破裂、漏油、松脱、变形等。直观检查法可在内燃装卸机械设备工作或不工作状态下进行。

用眼观察有无破裂、漏油、松脱、变形、动作缓慢或不均、爬行等现象，应在设备不工作状态下进行。

手摸可以用来感觉漏油部位的漏油情况，特别适用于眼睛不能直接观察到的地方。手摸还可以判断油管油路的通断，由于液压系统油压较高且具有一定的脉动性，因此当油管内（特别是胶管）有液压油通过时，用手握住，会有振动或类似摸脉搏的感觉，而无油液流过或压力过低时则没有这种感觉。

耳听主要用于根据机械零部件损坏造成的异常响声判断故障点，以及可能出现的故障形式、损坏程度。液压系统故障不像机械故障那样响声明显，但有些故障还是可以利用耳听来判断的。例如，液压泵吸空、溢流阀开启、元件发卡等故障，都会发出不同的响声，如冲击声或"水锤声"等。当遇到金属元件破裂时，还可敲击可能有故障的部位，倾听是否有"嘶哑"的破裂声。

嗅闻可以根据有些部件因过热、摩擦润滑不良、气蚀等发出的异味来判断故障点。比如，有"焦化"油味，可能是液压泵或马达因吸入空气而产生气蚀，气蚀后产生高温把周围的油液烤焦而导致的。此外，还要注意有无橡胶味及其他不正常的气味。

2. 操作调整检查法

操作调整检查法主要是在无负荷动作和有负荷动作两种条件下进行故障复现操作，而且最好由本机操作人员实施，以便与平时的工作状况相比较，更快、更准地找出故障。检查时，首先应在无负荷条件下将与液压系统有关的各操纵杆均操作一遍，将不正常的动作找出来，然后再实施有负荷动作检查。要注意，进行故障复现操作与正常操作是有区别的。正常工作时，要求动作轻柔、准确，一般不要过载工作。而在检查故障时，有时则要故意过载操作，使溢流阀开启或故障复现，从这些特殊状态中查找故障。

3. 对比替换检查法

这是一种在缺乏测试仪器时，检查液压系统故障的有效方法。一种情况是，用两台型号、性能参数相同的机械进行对比试验，从中查找故障。试验过程中可对机械可能有故障的元件用新件或完好机械的元件进行替换，再开机试验，若性能变好，则故障即知。否则，可继续用同样的方法或其他方法检查其余部件。另一种情况是，目前许多大中型机械的液压系统采用了双泵或多泵双回路系统，对于这样的系统，采用对比替换法更加方便。而且，现在许多系统都采用了高压软管连接，为对比替换法的实施提供了更加方便的条件。当遇到可能有故障的元件，要更换另一回路的完好元件时，不需要拆卸元件，只需要更换相应的软管接头即可。

4. 仪表测量检查法

仪表测量检查法是检测液压系统故障最准确的方法，主要通过对系统各部分液压油的压力、流量、油温的测量来判断故障点。其中压力测量应用较广泛，而流量大小可通过执行元件动作的快慢作出粗略的判断（但元件内泄漏只能通过流量测量来判断）。液压系统压力测量一般是在整个液压系统中选择几个关键点（如泵的出口、执行元件的入口、多回路系统中每个回路的入口、可能有故障元件的出入口等部位）来进行的。将所测数据与液压系统原理图上标注的相应点的数据进行对比，可以判定所测点前后油路上的故障情况。

5. 专家系统分析法

对于复杂的故障类型，由于其机理复杂而难于诊断，因此需要一些经验性知识和诊断策略。专家系统在诊断领域的应用可以解决复杂故障的诊断问题。

内燃装卸机械液压系统故障诊断专家系统由知识库和推理机组成。知识库中存放各种故障现象、引起故障的原因及原因和现象间的关系，这些都来自有经验的维修人员和领域专家，它集中了多个专家在故障诊断领域的知识，收集了大量的资料，排除了个人解决问题时的主观偏见，使诊断结果更接近实际。

一旦液压系统发生故障，通过人机接口将故障现象输入计算机，由计算机根据输入的故障现象及知识库中的知识，按推理机中存放的推理方法（正向推理、反向推理或正反混合推理），推算出故障原因并报告给用户，还可提出维修或预防措施。内燃装卸机械液压系统故障诊断专家系统在进行诊断时，传感器测得的数据即输入专家系统网络，运行故障诊断规则，通过智能型用户接口将诊断结果报告给用户，也可给出维修建议。

目前，故障诊断专家系统存在的问题是缺乏有效的诊断知识表达方法及不确定性推理方法，诊断知识获取困难。

近年来发展起来的神经网络方法，其知识的获取与表达采用双向联想记忆模型，能够储存作为变换概念的客体之间的因果关系，处理不精确的、矛盾的甚至错误的数据，从而提高了专家系统的智能水平和实时处理能力，是故障诊断专家系统的发展方向。

二、液压系统故障诊断与排除

1. 挖掘机液压系统故障诊断与排除

（1）挖掘机工作无力

1）发动机功率足够，运转正常，但挖掘机作业速度缓慢，挖掘无力。

①挖掘机的液压泵多为变量柱塞泵，工作一定时间以后，泵内零件不可避免地产生磨损，造成内泄漏，各参数数据不协调，导致流量不足、油温过高、速度缓慢，不能建立高压，所以动作缓慢无力。

排除方式：对于这类问题，需卸下液压泵进行数据测量，确认问题所在，更换不能继续使用的配件，或者修复可以继续使用的配件，重新组装后上校验台调试，匹配各回路参数（压力、流量、功率及变量等）。

②挖掘机上配有一个重要液压元件——多路分配阀，上面有主安全阀、二次阀、溢流阀、补油阀等。若这些阀所设定的压力达不到标准压力，则会导致挖掘无力。另外，若阀杆与阀孔之间因磨损而间隙过大，阀杆回位不完全、换向不到位，造成大量内泄漏，就会导致流量不足，动作缓慢。

排除方法：对于这类问题，应当卸下多路分配阀，送到调试台进行调试，重新设定所有阀的压力至标准压力，消除阀杆与阀孔之间的间隙即可。

③挖掘机上的液压泵配有先导齿轮泵，此泵主要用于参与液压泵的变量和作为先导油打开多路分配阀的阀杆使其换向。若先导齿轮泵磨损过度建立不起一定的压力，或者先导齿轮泵上的安全阀设定达不到一定的压力，就会导致液压泵始终处于低流量状态，阀杆也不能完全换向，造成流量不足、动作缓慢、压力不足、挖掘无力。

排除方法：对于这类问题，只需要更换先导齿轮泵或重新设定先导安全阀即可。

2）冷机时一切正常，热机时动作缓慢，挖掘无力。

排除方法：出现这样的问题表明液压泵内部配件磨损严重，须更换泵内易损件，并重新组装后上调试台校验调试。

挖掘机整机出现工作缓慢无力现象的另一个主要原因是液压油变质，因此，要注意监控液压油油质（黏度、流动性及有无悬浮物等），按时更换符合规定的液压油，就能在很大程度上避免此类故障的发生。

（2）挖掘机行走跑偏

1）液压泵有故障。一般情况下挖掘机都是采用双联泵，行走跑偏常为一个泵有故障，最简单的判断方法是将液压泵的两根高压出油管对调，如果原来慢的变快，原来快的变慢，则证明有一个泵有故障。

排除方法：卸下液压泵，更换损坏件，再上调试台调试即可。

2）行走马达安全阀漏油。行走马达安全阀漏油将导致系统内的压力过低，使行走马达的转速不够，从而出现行走跑偏。判断时可以将左、右行走马达安全阀位置对调，看反向行走时是否偏转。

排除方法：更换已损坏的行走马达安全阀。

3）挖掘机向一侧跑偏。如果行走主阀内的弹簧变软或折断，或者阀芯被卡住，都有可能引起油压降低，使挖掘机出现行走跑偏。检查时要测量行走主阀油路的压力，正常值是 32.5 MPa。

排除方法：如果行走主阀损坏，需要更换或修理。

由以上分析可知，80% 的挖掘机故障都是由保养不及时或操作不当引起的，因此，应当做好挖掘机的保养工作，同时提高操作人员的技术水平，减少故障的发生，保障工程建设的顺利进行。挖掘机是土石方工程中的主要施工机械,广泛应用于建筑、筑路、水利、露天采矿和国防工程。挖掘机若不及时保养就可能会出现各种故障。

2. 装载机液压系统故障诊断与排除

(1) 液压缸动作缓慢或举升无力

1) 故障现象。铲斗装满料从最低位置上升到最高位置的时间超过 14 s,或者装满料举不起来。应观察动臂和转斗油缸是否有一部分动作慢或无力,还是两部分动作都慢或无力。

2) 故障原因及排除

故障现象1:两部分动作都慢或无力。

①油箱油量少

判断方法:从检视口可以观察到。

排除方法:应将工作油液加到油箱总容量的 1/3 以上。

②油箱通气孔堵塞

判断方法:打开油箱盖故障马上消失。

排除方法:应清理通气孔。

③滤网堵塞或进油管太软变形

判断方法:油门越大,动作越慢,且伴随有振动和尖叫声。

排除方法:应清理滤网,更换新进油管。

④油泵磨损严重

判断方法:油门大时动作能够快一些。

排除方法:应维修或更换油泵

⑤溢流阀磨损泄漏或卡滞

排除方法:首先,调整溢流阀压力到标准值,或者更换弹簧、阀芯;其次,调整溢流阀压力到标准值;最后,更换溢流阀总成。

故障现象2:只有其中一部分动作慢或无力。

①油缸内泄漏

判断方法:将铲斗举到顶,拆下有杆腔油管,加大油门,看是否漏油。

排除方法:若故障不能排除,则应更换油缸油封。

②操纵软轴调整不合适或损坏

判断方法:可以直接观察到操纵软轴损坏,且阀杆运动量小。

排除方法：应更换操纵软轴并调整

③滑阀磨损，泄漏严重

判断方法：拆卸滑阀后能发现明显磨损。

排除方法：更换引路分配阀总成。

（2）动臂自动下沉

1）故障现象。铲斗装满料举升到最大高度，装载机熄火后，动臂油缸活塞杆下沉量超过150 mm/h。

2）故障原因及排除

①油缸活塞油封损坏，油缸拉伤

判断方法：将铲斗举升到最大高度，拆下有杆腔油管，柴油机加大油门，油管有大量油液漏出。

排除方法：更换油封或修理油缸内腔。

②滑阀磨损、中立位置不正确

排除方法：若在油缸油封不漏油的情况下，故障只出现在滑阀上，则应更换引路分配阀总成。

（3）油温过高

1）故障现象。装载机工作时间并不长，工作油液温度却达到100~120 ℃，且工作无力。

2）故障原因及排除

①系统压力低

判断方法：压力表显示的压力低，并且有压力低引起的其他故障同时出现。

排除方法：排除系统压力低故障。

②工作油量偏少，散热效果差

判断方法：从检视口能观察到。

排除方法：加够足量的工作油液。

③环境温度高，连续作业时间长

判断方法：断续作业或夜间作业时未出现故障。

排除方法：改变作业方式。

④系统内泄漏量大

判断方法：装载机刚开始作业就无力，且系统压力低。

排除方法：参照工作无力故障的检查与维修方法。

第三节 电气系统故障诊断与排除

一、一般电气系统故障诊断与排除

1. 充电系统常见故障与排除

（1）发电机不充电

1）故障现象。发动机中速运转时，电流表指示放电或充电指示灯一直亮。

2）可能原因

①发电机 V 带过松而打滑。

②蓄电池与发电机之间的连接导线断裂或脱落。

③发电机不发电。其原因可能是硅二极管短路、断路；定子绕组或磁场绕组有短路、断路和故障；电刷在电刷架内卡住或 F 接线柱的绝缘损坏而搭铁等。

④调节器或继电器损坏等。

3）故障排除方法

①调整发电机 V 带的松紧度，使其挠度符合要求（10~15 mm）。

②使蓄电池与发电机之间的连接导线可靠连接。

③断开发电机至调节器的连线，若此时发电机发电，则说明调节器有故障，进一步判断调节器；若发电机仍不发电，则说明发电机故障（注意发电机至调节器的接地形式）。

④可用元件替代法进行判断，对损坏的器件进行更换。

（2）充电电流过大

1）故障现象。车辆行驶中，各处导线连接正常，但电流表指示充电电流始终在 10 A 以上。

2）可能原因

①蓄电池内部短路。

②电压调节器失效。

3）故障排除方法

①检查蓄电池内部是否短路，若蓄电池正常，则按以下步骤继续检查。

②脱开调节器，断开连接发电机"+"与 F 的接线柱，让发电机单独发电并对蓄

电池进行充电。

③若充电电流不变，则说明调节器损坏，应更换调节器。

④若充电电流加大，则说明调节器尚有控制能力，只是电子元件参数变化所致，应更换电子元件。

（3）充电电流过小

1）故障现象。在已知蓄电池亏电或连续启动几次后，发动机在中速以上运转，充电电流仍很小。

2）可能原因

①发电机V带过松或导线接头松动。

②调节器或继电器有故障。

③发电机发电不良等。

3）故障排除方法

①调整发电机V带的松紧度，使其挠度符合要求（10~15 mm），并检查发电机各接线柱的接线。

②断开发电机至调节器连线，若此时发电机发电，则说明调节器有故障，进一步判断调节器；若发电机仍不发电，则说明发电机故障（注意发电机至调节器的接地形式）。

③若充电电流增大，则说明调节器损坏，应更换调节器。

④若充电电流仍很小，则说明发电机有故障，应更换发电机。

（4）充电电流不稳

1）故障现象。发动机中速以上运转时，电流表指示充电，但指针不稳定，左右摆动，充电电流时大时小，充电指示灯忽明忽暗。

2）可能原因

①发电机V带过松、打滑，充电线路中的接头松动。

②发电机内部接触不良，如电刷弹簧弹力过弱，绕组接头松动，滑环积污过多，电刷磨损过度，励磁绕组或定子绕组即将断路、短路等。

③调节器有故障，如触点脏污或烧蚀，电磁线圈或电阻各接头有接触不良的现象，调节电阻断路；电子调节器中元件虚焊；元件稳定性差等。

3）故障排除方法

①调整发电机V带的松紧度，使其挠度符合要求（10~15 mm），并检查发电机各接线柱的接线。

②断开发电机"+"输出端，将试灯接在"+"与调节器F之间，逐渐提高发电机转速。

③若试灯闪烁，则说明发电机有故障，应更换发电机。

④若试灯发光稳定而充电不稳定，则说明充电电路的连接线头松动。

⑤若试灯发光稳定且充电稳定，则说明磁场电路的连接线头松动或调节器内部故障。

2. 起动系统故障诊断与排除

（1）起动继电器的检查

1）测量继电器磁化线圈的电阻，用万用表 R×1 Ω 挡测量，应在 10~15 Ω 之间。

2）测量继电器触点的接触电阻，用万用表 R×1 Ω 挡测量，不得超过 0.05 Ω。

（2）常见故障现象及原因

1）启动无力

①故障现象。接通起动开关，起动机能转动，但转速过低，甚至稍转即停。

②故障原因

a. 蓄电池亏电或线路连接不紧。

b. 换向器过脏。

c. 电刷磨损严重或电刷弹簧压力不足，使电刷接触不良。

d. 励磁绕组或电枢绕组有局部短路。

e. 起动机电磁开关的触点烧蚀。

f. 发动机装配过紧或温度过低，使转动阻力过大。

③排除方法

a. 按喇叭或开大灯，比较启动前后声音或灯光的变化。

b. 若变化较大，则说明蓄电池亏电或线路连接不良。

c. 若变化不大，则用粗导体将起动主开关短接后再启动。

d. 此时若启动正常，则说明起动开关接触不良。

e. 此时若启动仍不正常，则说明起动机有故障，应进一步检查起动机。

2）无自动保护功能

①故障现象。发动机启动后，不松开点火开关，起动机不能自动停止运转；发动机运转时，若将点火开关旋至启动挡，则发出齿轮撞击声。

②故障原因

a. 充电系统发生故障，发电机中性点无电压。

b. 发电机中性点接线柱 N 至组合继电器中性点接线柱 N 之间的导线断路或接触不良。

c. 组合继电器中保护继电器的触点烧结，或者磁化线圈断路、短路、搭铁。

d. 组合继电器搭铁不良。

③排除方法

a. 测试发电机中性点接线柱 N 是否有输出。若中性点电压输出正常（等于发电机输出电压的 1/2），则再按以下步骤检测；否则，发电机损坏。

b. 测试起动继电器输出点电压。若电压正常，则重点检查继电器搭铁线；否则，更换起动继电器。

二、电气系统故障诊断与排除

电气系统故障诊断与排除见表 7-3-1。

表 7-3-1　电气系统故障诊断与排除

序号	故障现象	故障原因	排除方法
1	发动机高速运转时，照明灯不亮	（1）导线故障 （2）蓄电池变质 （3）风扇皮带松弛	（1）检查并修理松动的端子及断路处 （2）更换蓄电池 （3）检查风扇皮带张力，必要时须更换
2	发动机运转时，照明灯闪亮		
3	发动机运转时，充电监控器不熄灭	（1）交流发电机故障 （2）导线故障	（1）更换交流发电机 （2）检查并修理导线
4	交流发电机产生异常噪声	交流发电机故障	更换交流发电机
5	起动开关转到 ON 时，起动电动机不运转	（1）导线故障 （2）起动电动机故障 （3）蓄电池充电不足	（1）检查并修理导线 （2）更换起动电动机 （3）蓄电池充电
6	起动电动机小齿轮有时运转，有时不运转	（1）蓄电池充电不足 （2）安全继电器故障	（1）蓄电池充电 （2）更换安全继电器
7	起动电动机缓慢地带动发动机	（1）蓄电池充电不足 （2）起动电动机故障	（1）蓄电池充电 （2）更换起动电动机
8	发动机启动前，起动电动机脱开	（1）导线故障，环形小齿轮故障 （2）蓄电池充电不足	（1）检查并修理相关零件 （2）蓄电池充电
9	预热监控器不亮	（1）导线故障 （2）加热器继电器故障 （3）监控器故障	（1）检查并修理导线 （2）更换加热继电器 （3）更换监控器
10	关闭发动机时，机油压力监控器不亮（起动开关在 ON 位置）	（1）监控器故障 （2）警示灯开关故障	（1）更换监控器 （2）更换警示灯开关
11	用手摸时，电加热器的外部不热	（1）导线故障 （2）电加热器内断路 （3）电加热器继电器开关故障	（1）检查并修理导线 （2）更换电加热器 （3）更换电加热器继电器开关

第四节 传动系统故障诊断与排除

一、装载机传动系统故障诊断与排除

1. 传动系统故障诊断与排除

（1）装载机作业爬坡无力

1）故障现象。装载机压力正常但作业爬坡或行走无力。

2）故障原因及排除方法

①柴油机动力不足。装载机作业时，油门踩得较大，但负载增加后柴油机排气管明显冒黑烟、转速下降，并且声音沉闷。具体原因和判断方法见本章第一节。

②液力变矩器动力输出不足。在装载机作业时间不长的情况下，使柴油机熄火，从检视窗口摸液力变矩箱泵轮壳，温度明显比变速箱壳体的温度高，说明柴油机的动能在液力变矩器内损失明显，并转化成热量。

③变速箱动力输出不足

a. 系统压力低导致离合器主、从动摩擦片打滑，手摸变速箱离合的壳体，温度明显比液力变矩器壳体的温度高，先排除系统压力低的故障。

b. 变速箱、离合器分离不彻底。当某个离合器接合时，其他不应接合的离合器如果分离不彻底，就会产生干扰和抵消，从而影响动力的输出，并且变速箱油温也会过高。

排除方法：应检修换挡离合器，更换变形的摩擦片和回位弹簧等零件。

④超越离合器卡死或失效。正常情况下，超越离合器的两个齿轮只相对一边能转动，另一边不能转动。当超越离合器卡死后，两个齿轮之间不能相对运动，装载机作业无力。若超越离合器失效，则两个齿轮之间能相对运动，但装载机平路上行驶无力。

⑤制动解除不彻底。如果行车制动器的制动解除不彻底，那么动力传递到车轮就会产生轻踩制动的效果。在装载机行驶距离不长，且几乎没有使用制动的情况下，手摸行车制动器的制动盘感觉很热，装载机行走时甚至能听到车轮有明显的制动摩擦声。

排除方法：应检修制动系统和车轮制动器。

（2）装载机挂挡时等挡

1）故障现象。装载机挂挡后，不是立即平稳起步，而是等一定的时间后突然起步。装载机出现等挡，操作手柄轻微抖动，同时装载机也因起步冲击而加速损坏。

2）故障原因及排除方法

①操纵杆系自由行程过大。由于球头磨损，操纵杆系各处的自由行程增大，操纵阀的阀杆会突然接合，工作油液会突然进入挡位离合器，使离合器接合过快，出现等挡。

排除方法：应对球头进行调整或更换。

②挡位离合器的齿圈或齿毂磨损出现台阶。离合器接合时犯卡，出现突然的接合。

排除方法：应对变速箱进行检修，更换损坏的零件或总成。

③动力传动系统各连接和啮合部位间隙过大。传动轴的十字轴、传动轴节叉、变速箱齿轮、主传动的啮合齿轮、差速器、轮边减速器，这些接合部位如果间隙过大，间隙累加起来就更大。装载机起步时要消除这些间隙，就有可能出现等挡。

排除方法：要清除这些间隙，只能对装载机进行全面的调整和检修。

④变矩器导轮的单向离合器磨损。单向离合器磨损过重，处于似接合非接合状态时，容易出现这种情况。

排除方法：出现这种情况时应对变矩器进行大修。

⑤超越离合器接近失效时，单向离合器磨损过重、处于似接合非接合状态。

排除方法：出现这种情况时应对变速箱进行大修。

2. 传动轴、驱动桥故障诊断与排除

（1）传动轴异常响声

1）故障现象。装载机在行驶和作业时，机身发抖，并有撞击声；行驶中产生周期性或者连续性的响声，速度越快，响声越大，严重时会使机身发抖、驾驶室振动，手握转向盘有振麻的感觉。

2）故障原因及排除方法

①万向节、传动轴花键松旷导致的响声。装载机起步时机身发抖，并有撞击声，速度突然降低，响声更加明显。

停车检查：将撬杆插到十字轴与节叉中间，撬动传动轴左右晃动；或者用手抱住传动轴左右晃动，能够感到万向节、传动轴花键松旷。

主要原因：万向节十字轴及滚针轴承因缺油而磨损松旷或滚针损坏；传动轴花键与键槽因缺油而磨损过重；传动轴连接螺栓紧固不牢而引起螺栓松动。

排除方法：应更换十字轴和传动轴螺栓。

②传动轴转动不平衡导致的响声。装载机在行驶中产生周期性的响声，速度越快，

响声越大,严重时将使机身发抖、驾驶室振动,手握转向盘有振麻的感觉。

停车检查:将装载机的前、后桥支起,挂上高速挡,用听、看的方法,检查传动轴的摆振情况,特别要看转速突然下降时,摆振是否会更大。

主要原因:一是传动轴在使用中的磨损、变形、安装不当、中间支承固定螺栓松动等,使传动轴不平衡量增加,从而出现不同程度的振动和响声;二是十字轴的各轴颈端面与中心线不对称,或者是万向节轴承和轴颈磨损后产生较大的松旷量、十字轴松动,都会使传动轴的旋转轴心线与传动轴轴心线不重合。

排除方法:应重新按要求装配传动轴。

③中间支承轴承安装不当或损坏而发出的响声。装载机在行驶中产生连续性的响声,速度越快,响声越大,严重时也会使机身发抖、驾驶室振动。

停车检查:将撬杆插到传动轴靠近中间支承处,撬动传动轴上下晃动,能够感到传动轴支承轴承处松旷。

主要原因:安装不正确(开始安装时前、后盖固定螺栓不要拧太紧,待传动轴试运转后再紧固),轴承缺油,支架垫圈损坏及前、后盖固定螺栓松动。

排除方法:应对传动轴进行维护保养。

传动轴的损坏一般是可见的,只要加强使用中的维护保养,减少作业中的冲击载荷,故障出现的概率就会大大降低。

(2)前、后桥主传动异常响声

1)故障现象。随着装载机作业时间和行驶里程的增加,驱动桥可能会出现异常响声等故障。驱动桥的响声比较复杂,零部件不符合规格、装配时安装和调整不当、磨损过重等,在作业或行驶时都会导致出现各种不正常的响声。有的在加大油门时严重,有的在减小油门时严重,有的较均匀,有的不均匀,但它们的共同点是响声随着运动速度的提高而增大。

2)故障原因及排除方法

①主减速器异响

a.齿轮啮合间隙过大。发出无节奏的"咯噔、咯噔"的撞击声,在装载机运动速度相对稳定时,一般不易出现,在变换速度的瞬间或速度不稳定时容易出现。

排除方法:应更换已磨损的零件,重新对各部位的间隙进行调整。

b.齿轮啮合间隙过小。发出连续的"嗷、嗷"的金属挤压声,严重时好像消防车上警笛的叫声,这主要是齿轮啮合间隙调整过小或润滑油不足所致。响声随装载机运动速度的提高而增大,加速或减速时均存在。在这种情况下,驱动桥一般会有发热现象。这种故障大多出现在刚对前、后桥进行过维修的装载机上。

排除方法:应重新进行装配和调整。

c.齿轮啮合间隙不均。发出有节奏的"哽、哽、哽"声,响声随装载机运动速度的提高而增大,加速或减速时均存在,严重时驱动桥有摆动现象。主要是由于从动锥齿轮装配不当,或者工作中从动锥齿轮因固定螺栓松动而出现偏摆,使其与主动锥齿轮啮合不均而发出响声。

排除方法:从动锥齿轮在装配时,与差速器壳的连接如果是铆钉连接,则应在专门的压床上进行。如果没有专门设备,手工铆接,要求从动锥齿轮与差速器壳的接合面贴合紧密,不能偏歪、有缝隙。

②差速器异响。差速器常出现齿轮啮合不良、行星齿轮与十字轴卡滞、齿面擦伤等引起的异常响声。

a.齿轮啮合不良。当直线行驶速度达到15~20 km/h时,一般出现"嗯、嗯"的响声,装载机速度越快,响声越大,减小油门时响声比较严重,转弯时除此响声外,又出现"咯噔、咯噔"的撞击声,严重时驱动桥还伴随抖动现象。

b.行星齿轮与十字轴存在卡滞现象。转弯时出现"咔吧、咔吧"的响声,直线低速行驶有时也能听到,但行驶速度提高后,响声一般消失。

c.齿面擦伤。直线高速行驶时,出现"呜、呜"的响声,减小油门时响声严重,转弯时又变为"嗯、嗯"的声音。

排除方法:应对差速器进行检修。

③轴承异响

a.轴承间隙过小。发出较均匀、连续的"嘎、嘎"的声音,比齿轮啮合间隙过小时的声音尖锐,装载机运动速度越快,响声越大,加速或减速时均存在,同时驱动桥会出现发热现象。

b.轴承间隙过大。发出非常杂乱的"哈啦、哈啦"的声音,装载机运动速度越快,响声越大,突然加速或减速时响声比较严重。

排除方法:前、后桥主传动出现异常响声,说明装载机已经有了故障,不能继续作业和使用,否则会加剧前、后桥的损坏,应该尽快检修。

(3)前、后桥主传动异常过热

1)故障现象。装载机行驶和作业时间并不长,手摸桥壳时感觉很烫,表面温度为70 ℃以上,即为驱动桥异常过热。

2)故障原因及排除方法

①维修之后发现驱动桥过热,主要是轴承装配过紧、主动锥齿轮与从动锥齿轮啮合间隙过小所致。

排除方法:应重新进行装配和调整。

②在使用过程中发现驱动桥过热,主要是润滑油不足或润滑油过稀、桥壳或半轴

变形所致。

排除方法：应加注合格的润滑油；如果响声没有消失，则应检修驱动桥。

（4）驱动桥漏油

1）故障现象。检修装载机时，发现驱动桥油封处、壳体接合面或主动锥齿轮轴的接盘处有较严重的漏油现象。

2）故障原因及排除方法。导致装载机驱动桥漏油的主要原因是油封损坏、轴颈磨损、衬垫损坏、螺栓松动。当发现有漏油现象时，应根据漏油的部位和漏油的严重程度，采取相应的方法予以消除，以免造成润滑油量不足，导致润滑条件变差，加剧零件的磨损和损坏。

如果同一部位出现经常性的漏油，也就是说前一次修理好后没有多长时间同一部位又出现漏油，则是因为：

①油封质量不合格，应使用质量合格的油封；

②轴颈密封部位磨损，应更换主动锥齿轮轴；

③衬垫损坏或接合面变形不平，应换用合格的衬垫并加注密封胶；

④齿轮啮合间隙不均匀，引起螺栓松等原因造成的漏油，应检查从动锥齿轮的铆接是否不合格。

找到故障的真正原因，并有针对性地采取相应措施加以排除。

二、挖掘机传动系统故障诊断与排除

挖掘机传动系统故障诊断与排除见表7-4-1。

表7-4-1 挖掘机传动系统故障诊断与排除

序号	故障现象	故障原因	排除方法
1	行走、回转、动臂、斗杆、铲斗的速度慢	液压油不足	加油至规定的油位
2	泵产生异常噪声（吸入空气）	液压油箱粗滤芯堵塞，液压油不足	清洁滤芯，清洗液压油箱滤网
3	液压油温度过高	风扇皮带松动；油冷却器过脏；液压油不足	检查风扇皮带张力；更换或清洁油冷却器；加油至规定的油位
4	履带脱开	履带太松	调整履带张力，检查和调整履带板张紧度
5	链轮磨损异常		
6	铲斗提升慢或不提升	液压油不足	加油至规定的油位
7	不回转	回转锁定开关还在起作用	将回转锁定开关置于OFF位置

三、自卸车传动系统故障诊断与排除

1. 离合器操纵机构的检查

（1）检查液压助力式离合器操纵机构的油液

检视离合器输油胶管有无破损、漏油、老化，若有，则应更换油管；检视储液罐内的油液面是否在规定位置，EQ1092 型等自卸车应加至"MAX"标志处。

（2）检查离合器踏板的自由行程

1）用直尺支在驾驶室的底板上，其倾斜度以直尺与踏板踏下时的弧线相切为准。

2）量出踏板完全放松时的高度。

3）用手轻推离合器踏板，感觉阻力增大时，停止推压，测量踏板面的高度。

4）两次测量之差，即为离合器踏板的自由行程。

EQ1092 型自卸车离合器的自由行程在 35~40 mm；CA1092 型自卸车离合器的自由行程在 30~40 mm。

（3）检查离合器的分离状况

通常可用变速箱挂挡试验，其操作方法：启动发动机，踏下离合器踏板挂挡，如果挂挡困难，或者挂上低速挡未抬离合器踏板就有起步、熄火现象，即为离合器分离不彻底或不分离。若很容易就能挂上挡，则为离合器分离彻底。

（4）检查离合器踏板的回位状况

踏下和放松离合器踏板，检查离合器操纵机构及踏板回位弹簧的回动力，应活动灵活、无松旷且踏板复位正常。若明显松旷或踏板不能复位，则应调整或更换回位弹簧，并视情况拆检液压操纵系统。

2. 离合器发抖故障的诊断与排除

（1）故障现象

按正常的操作使车辆起步时，离合器不能平稳接合，并使车辆发生抖振和闯动。

（2）故障原因

1）离合器分离轴承与导管之间锈蚀或有油污，使分离轴承移动困难。

2）分离杠杆（或膜片弹簧）内端不在同一平面上。

3）离合器从动盘破裂、变形、有油污或铆钉外露。

4）动盘花键孔与变速箱输入轴花键齿之间磨损松旷，从动盘摇摆。

5）压盘弹簧弹力不均，个别弹簧变软或折断。

6）扭转减振器弹簧弹力下降或失效。

7）飞轮或压盘端面翘曲不平或磨损起沟槽。

8）离合器盖与飞轮的连接螺钉松动。

9）变速箱与飞轮壳固定螺钉（或螺栓）松动，或者发动机支承固定螺栓松动。

（3）故障诊断与排除

1）检查变速箱与飞轮壳的固定螺钉（或螺栓），以及发动机支承的固定螺栓是否松动。若有松动则应加以紧固。

2）连续踏、抬离合器踏板，检查分离轴承移动是否灵活。若发涩，则表明分离轴承与导管间锈蚀或有油污，应进行清洁。

3）若分离轴承移动灵活，则应拆下离合器壳底盖，检查离合器盖与飞轮的连接螺钉是否松动。若有松动则应加以紧固。

4）若故障仍未排除，则应检查分离杠杆（或膜片弹簧）内端高低是否一致。若不一致，则应予以调整。

5）经上述检查、调整后，若仍然发抖，则应将离合器拆下，检查离合器从动盘摩擦片是否有破裂、变形、油污或铆钉外露，以及从动盘花键孔与变速箱输入轴花键齿的配合情况，视情况予以修理或更换。

6）若离合器从动盘良好，则应分解离合器，分别检查压盘弹簧（或膜片弹簧）和扭转减振器弹簧的弹力、飞轮表面和压盘表面是否翘曲变形。若不符合要求，则应予以修理或更换。

第五节 行走系统故障诊断与排除

一、行走系统故障诊断与排除

行走系统常见故障主要有跑偏和轮胎异常磨损等。

1. 跑偏

（1）故障现象

行驶时偏向一侧，司机要握住转向盘或将转向盘加力于一侧，装载机才能正常行驶，否则极易偏离行驶方向。

（2）故障原因

1）装用不合规格或磨损的轮胎，造成两侧轮胎大小不一；两侧轮胎气压不同，以及一侧轮胎磨损过重。

2）转向轮轮毂轴承调整不当，过紧或过松，两侧转向轮定位不同或发生变化。

3）车架一侧断裂，车架变形不正。

4）驱动桥壳弯曲变形或断裂。

5）驱动桥与车架错位。

（3）故障诊断与排除

1）将轮胎换位，使轮胎气压一致。

2）调整转向轮轮毂轴承。

3）维修车架，校正变形。

4）校正或更换驱动桥壳。

5）检查并调整驱动桥与车架的相对位置。

2. 轮胎异常磨损

轮胎不正常的磨损模式和矫正方法见表 7-5-1。

表 7-5-1 轮胎不正常的磨损模式和矫正方法

状态	两肩快速磨损	中间快速磨损	秃斑
结果			
原因	气压不足或换位不够	气压太足或换位不够	车轮不平衡或轮胎歪斜
矫正	在冷状态下调整到规定压力		轮胎静平衡、动平衡

在行驶中轮胎会出现一些异常磨损情况，表 7-5-1 列出了几种典型的异常磨损。但由于使用情况不同，往往轮胎的磨损表现形式不够典型或几种现象同时发生，这时就应综合检查、分析并及时予以排除。

（1）轮毂的检查

1）检查轮毂与制动鼓的连接是否牢固、可靠。

2）检查轮毂是否有裂纹，若有裂纹，则应更换。

3）检查轮毂轴承孔与轴承外圈的配合情况，是否有松动现象。

4）检查轮毂油封是否完好无损，否则应更换。

5）检查轮毂轴承滚子是否有麻点、烧蚀，保持架是否良好、无变形，否则应更换。

（2）轮毂轴承预紧度的调整

1）调整时，将前轮顶起，取下轮毂盖1，敲平锁紧垫圈3，取下锁紧螺母2及锁环4，如图7-5-1所示。

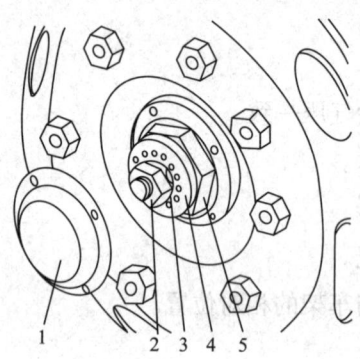

图7-5-1 轮毂轴承预紧度的调整

1—轮毂盖 2—锁紧螺母 3—锁紧垫圈 4—锁环 5—调整螺母

2）用100~150 N·m的力矩拧紧调整螺母5。在拧紧时，正反两个方向转动轮毂，使轴承滚子处于正确位置。

3）把调整螺母5拧回1/4~1/3圈，使螺母上的止动销与锁环上的邻近孔重合，此时轮毂应能自由转动，并无明显摇摆。

4）装上锁紧垫圈3，以100~150 N·m的力矩拧紧螺母2，并将锁紧垫圈3折弯。

（3）后轮轮毂轴承的调整

1）调整时，将后轮顶起，抽出半轴，拆下螺母锁片，如图7-5-2所示。

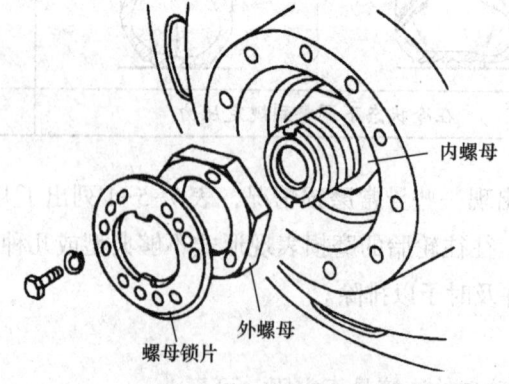

图7-5-2 后轮轮毂轴承调整

2）用250 N·m的力矩拧紧内螺母。在拧紧时，正反两个方向转动轮毂，使轴承滚子处于正确位置。

3）把外螺母退回约1/7圈，使外螺母上的螺孔与螺母锁片上的孔对准，装上3个螺栓。此时轮毂应能自由转动，无明显摇摆。

(4)轮毂轴承的润滑

将轴承清洗干净,除去轮毂内腔中脏污和变质的润滑脂。加注2号锂基润滑脂,使其完全充满轴承的座圈与保持架滚子之间的空隙。

二、驱动桥故障诊断与排除

1. 驱动桥异响

故障分析排除指导如下。

(1)行驶中,如果中、后驱动桥出现连续的响声,用手摸驱动桥壳,有发热现象,可能是缺少润滑油,应停车检查油平面。

(2)行驶中,如果出现有节奏的撞击声,一般是由于齿轮间隙过大,响声严重时,应拆检减速器。

(3)行驶中,如果响声随车速的提高而变大,滑行时声音变小或消失,有可能是轴承磨损和齿隙变化所致,应拆检、更换轴承,调整齿隙。

(4)在转弯行驶中,驱动桥出现响声,有可能是差速器行星齿轮间隙过大,半周齿轮键槽和半轴齿磨损过重,应拆卸相应零部件并检修。

(5)行驶中,如果突然发生异常的响声,有可能是齿轮打坏、轴承散架。

(6)轮边减速器行星齿轮和内齿圈啮合间隙大也会出现随着车速提高而异响增强的故障。

2. 驱动桥漏油

(1)故障现象

1)润滑油从后驱动桥主减速器、半轴油封或其他衬垫处向外渗漏。

2)后驱动桥有漏油痕迹。

(2)故障原因

1)主减速器内润滑油加注过多,运转中大量润滑油被齿轮搅动,使壳体内压力增高,导致润滑油从主减速器各密封垫处渗漏。

2)放油螺塞松动。

3)壳体有裂纹,润滑油从裂缝中渗出。

4)油封老化、变质、磨损松旷或装配不当,导致油封封油不良而渗漏。

5)与油封配合的主动锥齿轮轴轴颈磨损或表面起沟槽。

6)衬垫损坏或紧固螺栓松动,导致接合面不严密而渗漏。

7)后驱动桥通气塞堵塞,壳体内、外空气流通不畅造成内部油压升高,润滑油从密封垫处渗漏。

(3)故障诊断与排除

1)清洁后驱动桥与主减速器壳体外表,并检查是否有裂纹。若有裂纹,则应予以更换。

2）检查后驱动桥的通气孔是否堵塞，如图7-5-3所示。若有堵塞，则应予以清洗并疏通桥壳上的通气孔。

3）检查放油螺塞是否松动或滑扣。若松动则加以紧固，若滑扣则予以修复或更换。

4）检查后驱动桥内的润滑油量。若油量过多，则应按规定减少润滑油。

5）检查主减速器主动锥齿轮轴或后驱动桥主动轴伸出部位是否漏油。若漏油，则应拆检油封，如图7-5-4所示。若油封损坏，则应予以更换。

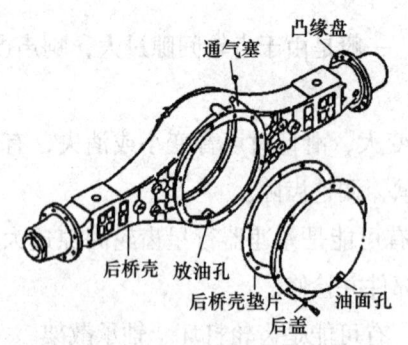
图7-5-3 检查通气孔是否堵塞

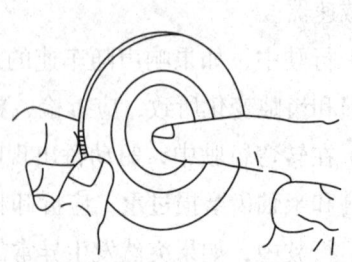
图7-5-4 检查主动锥齿轮轴油封

6）半轴油封处漏油，应检查油封是否安装歪斜或损坏。若安装歪斜，则应重新安装油封；若损坏，则应予以更换。

7）后驱动桥接合面漏油，应检查连接螺栓或螺母是否松动，衬垫是否损坏，接合面是否不平。若衬垫损坏，则应予以更换；若接合面不平，则应进行修理。

（4）注意事项

1）严格遵守操作程序，注意安全。

2）正确使用工具和量具。

3）拆检时，为了防止错乱，应做好标记；装配时，应对准记号按原位置装配。

4）在拆装过程中，应对各部位调整垫片的数量、总厚度做好记录，以免错乱。

3. 轮边减速器过热

当发现轮边减速器过热时（正常温度应不高于60 ℃），应从如下几方面查找原因并排除。

（1）检查轮边减速器内是否缺油。

（2）检查轮边减速器中润滑油的品质是否发生变化。

（3）检查轴承调整是否过紧。

（4）检查行星齿轮套、座孔是否磨损，导致间隙变大。

（5）检查制动摩擦片是否回位不良，造成过多热量传递到轮边减速器。

第六节 转向系统故障诊断与排除

一、液压助力式转向系统故障诊断

1. 转向盘游动间隙（以下简称游隙）过大

（1）故障现象

转向盘游隙过大将导致转向不灵敏，或者转向盘不动而车轮自动偏转，直接影响行车安全。

（2）故障原因及判断方法

引起转向盘游隙过大的原因主要有以下4点。

1）齿条螺母与扇形齿轮啮合间隙过大。齿条螺母与扇形齿轮啮合间隙过大，将导致从转动转向盘到随动阀油路打开的时间延长，在消除齿条螺母与扇形齿轮啮合间隙后，转向液压油才能进入油缸。

判断方法：柴油机熄火后，一个人左右转动转向盘至极限位置，另一个人用手抓住转向器摇臂，感觉转动转向盘与摇臂的摆动是否基本同步。如果时间差比较大，则表明齿条螺母与扇形齿轮啮合间隙过大。

2）反馈杆、万向节间隙过大或调整不当。反馈杆、万向节间隙过大或调整不当，将导致转向系统的反馈迟钝，反映到转向盘上就是转向停止不及时。

判断方法：反馈杆、万向节的间隙可以通过用手晃动来感觉。

3）转向杆端部锁紧螺母松动。转向杆端部锁紧螺母如果没有拧紧或锁好，则会产生松动，甚至转向盘不转向时也会自动转向。

判断方法：将转向器下盖拆下后，就能观察到锁紧螺母是否松动。

4）转向油缸固定销轴与孔配合间隙过大。转向油缸固定销轴与孔配合间隙过大，要消除较大的间隙，就会出现转向油缸的活塞杆开始动作，而前车架并没有动作的现象。

判断方法：用长柄起子或用撬杆拨动活塞杆，能感觉到间隙。

2. 转向沉重

（1）故障现象

转向盘操纵力超标或转向盘转动而液压缸移动缓慢。

（2）故障原因及判断方法

1）机械方面的原因

①扇形齿轮与齿条螺母啮合间隙过小，使转向轴的径向间隙过小，导致转向发紧。

判断方法：将扇形齿轮与齿条螺母啮合间隙调大一些，如果故障消除，则表明是此原因所致。

②反馈杆的球头螺母锁得过紧，转向阻力大，导致转向沉重。

判断方法：将反馈杆的球头螺母调松，如果故障消除，则表明是此原因所致。

③转向杆的齿条螺母与螺杆的滚珠轴承卡死，同样会使转向沉重。

2）液压系统方面的原因

①转向齿轮泵烧伤或磨损过重、效率过低。转向齿轮泵使用时间太长，磨损过重，内泄漏过大，效率过低。

判断方法：如果转向齿轮泵磨损过重，那么油门大时转向会轻一些，油门小时转向会重一些。

②转向油缸油封损坏，恒流阀的调压阀门无法完全封闭。转向油缸油封损坏，泄漏量大，以及恒流阀的调压阀门无法完全封闭，都会使进入油缸的有效液压油减少，压力也随之降低。

③转向器处的单向阀的锥弹簧损坏，使系统压力上不去或油液流量供应不足。

如果在修理以后发现转向沉重，其原因可能是装配不当，各摩擦副配合间隙过小。如果在使用中发现转向沉重，其原因可能是机件缺油、变形或损坏等。

判断方法：检查时，可拆下直拉杆，转动转向盘。若转动过紧，则故障在转向器本身；若转动轻松，则故障在传动机构或液压系统。

3. 一边转向轻，一边转向重

（1）故障现象

设备向左（右）转向时轻，而向右（左）转向时重。

（2）故障原因及排除方法

1）转向阀上下两端弹簧压力不同，柱塞卡死的状况也不同。转向盘转动时，通过转向杆带动转向阀芯上下滑动，使转向阀门打开或关闭，此时需克服上下两端面各4个滚柱对其施加的回位弹簧压力。如果上下两端面的弹簧压力或柱塞卡死情况不同，则左右转向时的轻重必然不同。

2）转向油缸一腔漏油，另一腔完好。

排除方法：一是检查转向阀滚柱与阀体的配合间隙，标准间隙为 0.03~0.04 mm，弹簧长度应一致，且不能断裂或变形；二是更换油缸密封件。

二、全液压式转向系统故障诊断与排除

1. 转向沉重

（1）故障现象

转向沉重实际上是指两种现象：一是缓慢转动转向盘时比较轻，快速转动转向盘时就沉重；二是柴油机油门小时转不动，柴油机油门大时能转动。

（2）故障原因及排除方法

前一种现象的根本原因是系统的流量不够，后一种现象的根本原因是系统的压力不够。其具体原因有如下 6 点。

1）工作油量不够或低压油管接头进空气。如果工作油量不够，油面刚好处于低压油管进油口的上下位置，油泵工作时可能就要吸进空气，空气进入系统被压缩，使转向液压缸的动作变慢。

工作油量不够时可用检视尺检查出来，同时，油箱中的油液会产生大量泡沫。如果油量够但油液中有空气，则是低压油管接头进空气所致。

2）进油管变软。油泵通过低压油管从油箱内吸油。这种低压油管是耐油管，使用寿命较长。但如果长期在高温状态下工作，那么油管也易变软；或者因为外力作用，油管损坏，而更换后的新油管不是耐油管，只是普通油管或水管，虽然工作时间并不长，但是也易变软。油泵吸油时，低压管内要产生一定的真空度，油泵的转速越高，产生的真空度就越大。油管变软后，在管外大气压力的作用下极易变扁，从而使过油能力变小。柴油机怠速时，缓慢转动转向盘时还比较轻；柴油机转速越高，进油管就越容易变扁，油泵吸油就越少，转向就越沉重。

3）油泵磨损严重。只要柴油机转动，油泵就开始工作并产生磨损。如果工作油液中有杂质，或者油泵的驱动轴轴承间隙过大，驱动轴偏心，那么油泵的磨损就会更严重。如果油泵磨损严重，则油泵本身的内泄漏量就会增加，系统的压力和液压油流量都会变小。柴油机转速低时，转向明显无力；柴油机转速高时，转向明显轻快一些，转向液压缸的力量要大一些。

4）单路稳定分流阀及阀块工作不正常。单路稳定分流阀的过载阀、阀块的溢流阀和双向缓冲阀阀芯磨损过重、阀芯卡滞，弹簧折断，系统压力调整过低，都会使系统压力降低。

单路稳定分流阀的阀芯卡滞，将会使进入转向系统的工作油液减少，而进入工作装置液压系统的工作油液增加，系统分油过多。如果用压力表测量系统的压力，柴油机的转速再高，压力也达不到额定值。

单路稳定分流阀的弹簧变软，分流压力调整过小，极易使阀芯在不大的压力下就被压缩，从而导致液压油过早、过多地流向工作装置液压系统，使转向系统液压油流

量过小。

单路稳定分流阀及阀块工作不正常，应视情况进行清洗、研磨阀芯，更换弹簧，调试压力，或者更换单路稳定分流阀总成。

5）转向器工作不正常。转向器的转阀和摆线齿轮马达的密封及配合面磨损过重，液压油从内部泄漏过多，进入转向液压缸的液压油压力降低、流量减少。如果转向器磨损严重，转向器本身的内泄漏量就会增加。柴油机转速低时，转向明显无力；柴油机转速高时，转向明显轻快一些，转向液压缸的力量要大一些。

转向器的转阀和摆线齿轮马达的密封及配合面磨损过重，应换用新的转向器总成。

6）转向液压缸密封不严。转向液压缸活塞处密封不严，同样也会使液压油泄漏。其原因：一是密封圈老化失去弹性；二是密封圈磨损严重；三是液压缸内壁拉伤、磨损严重。

油封损伤时可以更换新的油封。液压缸内壁拉伤和磨损只能换用新的缸体。

判断液压缸漏油故障时，为了与转向器和转向油泵泄漏故障区别，还应将转向液压缸转到一端的极限位置，拧下回油管一端的接头后，继续转动转向盘，看回油管是否明显回油。如果回油明显，则表明转向活塞处漏油严重。

2. 转向失灵

（1）故障现象

转向失灵是指转向不受转向盘的控制，不需要转向时自动转向，需要转向时反而不转向。

（2）故障原因及排除方法

1）不需要转向时自动转向。转向盘并没有转动，而装载机却不受控制地自动转向。其根本原因是工作油液自行进入转向液压缸。具体原因有如下 3 点。

①转向器内弹簧片折断、拔销折断或变形。转向器不转动时，由于弹簧片的限位作用，转阀的进、出油口都被封闭，工作油液不会进入转向液压缸。一旦弹簧片折断、拔销折断或变形，转阀的进、出油口就会被打开，工作油液就会进入转向液压缸，从而自行转向。

②转向器装配错误。有时因为转向器漏油等，对转向器进行了分解并更换密封件后，就随意地将转向器装上，而没有按照要求将摆线齿轮马达的转子与定子的对称中心线垂直于传动轴的拔销切槽。

转向器装配错误，与转向器内弹簧片折断、拔销折断或变形所产生的故障现象不同的是，不转动转向盘时不会自行转向，但只要一转动转向盘，就会一直不受控制地连续转向，直到转到极限位置，而转向盘并没有随着转动，说明摆线齿轮马达失去了有效的反馈作用。

③转向液压缸内的活塞脱落。转向液压缸内的活塞靠挡圈、卡键帽、卡键定位。如果挡圈折断或松脱，活塞就会从活塞杆上脱出。转向液压缸内的活塞脱落后，转向时，液压油从有杆腔不受控制地进入无杆腔，无法实现转向。当液压油从无杆腔进入有杆腔时，又可能能够实现转向。在这种情况下，如果将活塞杆的固定销冲开，用手就能轻松地将活塞杆从液压缸内拔出。

2）需要转向时不转向。转动转向盘时，转向液压缸一点动作都没有，其根本原因是液压油没有进入转向液压缸；或者是液压油虽然进入了转向液压缸，但不足以克服外负荷而实现转向。具体原因有如下3点。

①转向油泵不泵油。

a.油泵没有动力。液力变矩器的弹性连接盘螺栓被切断，柴油机的动力传不过来。此时，工作装置也没有动作，装载机也不行走。

b.油箱的油量少。油量的多少可以从油箱的检视窗口观察到，并且可以根据工作装置是否工作正常间接地进行判断。

c.油泵磨损严重。如果油泵磨损严重，并且装载机已经很长时间没有启动，油泵齿轮间的油膜不能保持，装载机启动后转向油泵不能泵油，或者由于油泵驱动轴的键被切断，动力传不过来。

判断方法：拧松油泵出油管接头，如果没有液压油喷出，那么就是油泵不泵油。从油泵的进油口或出油口用手拨动齿轮，如果能转动，则说明动力传不过来；如果不能转动，则是油泵不能泵油。

②单路稳定分流阀故障。单路稳定分流阀的弹簧折断、阀芯卡滞（有脏物或密封圈损坏），都有可能使阀的B口（通向转向器的油口）封闭。

判断方法：拧松单路稳定分流阀到转向器的油管接头。如果没有液压油喷出，则表明单路稳定分流阀有故障。

③前、后桥差速器烧蚀，不起差速作用。转向系统本身没有故障，但如果前桥差速器或后桥差速器烧蚀，不起差速作用，那么转向液压缸的作用力就不足以克服前、后桥差速器咬死的力量，同样不能实现转向。

判断方法：将前、后桥支起，轮胎离开地面，拆下传动轴，用手推动两个前轮反向旋转，看两个前轮是否能往相反的方向转动。如果两个前轮不能往相反的方向转动，则是前桥差速器烧蚀。用同样的方法可检查后桥差速器是否咬死。